Franz M. Wuketits · Verdammt zur Unmoral?

Franz M. Wuketits

Verdammt zur Unmoral?

Zur Naturgeschichte von Gut und Böse

Mit 5 Abbildungen

Piper
München Zürich

ISBN 3-492-02977-9
© R. Piper GmbH & Co. KG, München 1993
Gesetzt aus der Baskerville Antiqua
Gesamtherstellung: Kösel, Kempten
Printed in Germany

Für Maria

Moral predigen ist leicht, Moral begründen schwer.

ARTHUR SCHOPENHAUER

Man vergebe mir die Entdeckung, daß alle Moralphilosophie bisher langweilig war und zu den Schlafmitteln gehörte.

FRIEDRICH NIETZSCHE

Der Glaube an den Sinn des Lebens setzt immer eine Wertskala voraus, eine Wahl, unsere Vorlieben.

ALBERT CAMUS

Inhalt

Vorwort

Dieses Buch ist der Versuch, Moralverhalten biologisch zu erklären. Nicht, daß es an solchen Versuchen bislang fehlte; aber ich habe den Eindruck, daß die meisten Autoren nicht die letzten Konsequenzen daraus zu ziehen wagen. Wenn wir die Evolution und den stammesgeschichtlichen Ursprung des Menschen wirklich ernst nehmen, dann bleibt nämlich von der traditionellen Ethik nicht viel übrig. Ich gehe aber, was noch schwerer wiegt, einen Schritt weiter und behaupte, daß die biologische Evolutionstheorie nicht bei der Beschreibung und Erklärung der (biologischen) Voraussetzungen unseres Handelns stehenbleiben muß, sondern *normative* Ansprüche erheben darf.

Wir Menschen sind Affen und verhalten uns auch so. Daran vermochten die paar Jahrtausende unserer Zivilisation nicht viel zu ändern. Im Gegenteil, es scheint, daß durch unsere Zivilisation verschiedene der – vielen von uns unangenehmen und ethisch verwerflichen – stammesgeschichtlichen Verhaltensantriebe erst zum Durchbruch gekommen sind. Dabei ist vor allem an aggressive und destruktive Potentiale zu denken, welche heute im Verhalten des Menschen gegenüber seinen eigenen Artgenossen ebenso wie gegenüber der ihn umgebenden Natur besonders deutlich zum Vorschein kommen. Statt vom »neuen Menschen« zu träumen, hätten wir uns den »alten« besser ansehen sollen, der in uns allen steckt und die untilgbaren Spuren seiner Stammesgeschichte mit sich trägt. Wir haben unsere Sozialsysteme weitgehend ohne Rücksicht auf die daraus ausgehende Kraft organisiert und müssen damit *naturgemäß* scheitern. Der Mensch ist nicht für das Leben in anonymen Massengesellschaften geschaffen. Statt aus dieser Erkenntnis die – ethischen – Konsequenzen zu ziehen, wird die Vermassung durch die Politik und die Wirtschaft, die immer größere Systeme hervorbringt und den einzelnen mehr und mehr erdrückt, immer stärker gefördert. Das Resultat sind Entfremdung, Frustration, Verelendung, Gewalt – der »Verlust aller Werte«. Die biologische Natur des Menschen ist nicht zu beschwindeln.

Ich begann vor einigen Jahren, mich für den Zusammenhang zwischen Evolution und Moral, Evolutionstheorie und Ethik zu interessieren. Für einen Vertreter der *evolutionären Erkenntnistheorie,* die menschliches Erkennen und Denken auf ein biologisches Fundament stellt, ist dieses Interesse naheliegend. Und es überrascht nicht, daß parallel zu dieser Theorie schon seit einiger Zeit eine *evolutionäre Ethik* diskutiert wird, die sich mit den biologischen, evolutionären Anfangsgründen menschlichen Moralverhaltens beschäftigt. Von einigen älteren Autoren (z. B. Herbert Spencer) abgesehen, waren es in erster Linie Biologen, die dazu wichtige Beiträge geleistet haben. Die meisten Philosophen halten sich bedeckt oder bringen ihre Ablehnung deutlich zum Ausdruck. Für sie wird mein Buch ein Ärgernis sein. Es nützt bei solchen Anlässen wenig zu versichern, daß es nicht meine Absicht war, jemanden zu verärgern.

In einigen kleineren, diesem Buch vorausgegangenen Publikationen zum Thema hielt ich daran fest, daß Moral, ungeachtet ihrer biologischen Ursprünge, von der Biologie abgehoben zu begründen sei. Ich gehe heute, wie gesagt, einen Schritt weiter: Moral ist eine *biologische Kategorie,* eine Ethik ohne biologische Basis ist ein Luftschloß. Unsere Biologie, unsere Stammesgeschichte übt einen stärkeren Einfluß auf uns aus, als uns lieb sein kann. Es ist an der Zeit, daraus die Konsequenzen zu ziehen.

Als ich den Entschluß faßte, dieses Buch zu schreiben, ahnte ich nicht, auf wie dramatische Weise die politische und soziale Entwicklung in vielen Ländern der Welt meine Vermutungen bestätigen würde, vor allem die Vermutung, daß die Idee des Fortschritts in der Menschheitsgeschichte eine Illusion sei und der Mensch aus seiner Geschichte tatsächlich nichts gelernt habe. Am Persischen Golf brach der Krieg aus, Jugoslawien stürzte sich ins Chaos; bürgerkriegsähnliche Zustände herrschen in mehreren Republiken und Teilrepubliken der ehemaligen Sowjetunion, nationalistisches Denken ist durchgebrochen; Unruhen in Kalifornien, Gewalt gegen Ausländer in Deutschland, Hunger in Somalia . . . Die Hoffnung also, daß die Entwicklung des Menschengeschlechts zu immer »Besserem« fortschreite, halte ich für begraben. Es ist die menschliche *Natur,* die unseren Hoffnungen und Utopien einen Strich durch die Rechnung macht. Da hilft es wenig, dem Menschen mit erhobenem Zeigefinger zuzurufen »Du sollst . . .!« oder »Du sollst nicht . . .!«

Ich bin mir darüber im klaren, daß ich ein heikles Thema behandle, welches viele Emotionen auslöst. Angesichts unserer unruhigen Welt und der Ratlosigkeit des Menschen in moralischen Fragen ist aber eine kritische Diskussion dieses Themas dringend notwendig. So hoffe ich, daß man auch dort, wo man mit mir hinsichtlich der Schlußfolgerungen nicht übereinstimmt, das Buch zumindest als Diskussionsgrundlage nehmen wird. Selbstverständlich möchte ich keine »letzten Wahrheiten« verkünden, und sicher ist das Buch nicht frei von Fehlern. Aber ich bitte den kritischen Leser, sich bei der Entdeckung von Fehlern zu fragen, ob sie etwas am Gesamtzusammenhang ändern, in dem es ja um Wesentliches geht.

Im übrigen war ich bemüht, den Fachjargon diverser Spezialgebiete gering zu halten, um mich dem allgemein interessierten Leser verständlich zu machen. Das Glossar erklärt die wichtigsten Begriffe und soll der raschen terminologischen Orientierung dienen; denn auf ein Minimum an Fachtermini konnte nicht verzichtet werden.

Das Buch hat natürlich vom Gedankenaustausch mit vielen Kollegen und Freunden profitiert, deren Beitrag ich im einzelnen gar nicht mehr abzuschätzen vermag. So danke ich ihnen allen ungenannt. Namentlich danken möchte ich aber meinem Freund Werner Leinfellner für so manches; er wird seine eigene Auffassung über Moral und die Begründung einer »zeitgemäßen« Ethik an verschiedenen Stellen dieses Buches wiederfinden. Ferner danke ich Frau Dr. Heidi Bohnet (Bonn), die das Manuskript kritisch gelesen und mich auf manche Ungereimtheiten hingewiesen hat. Dank gilt auch dem Piper-Verlag für das diesem Buch entgegengebrachte Interesse. Mein wärmster Dank geht schließlich an meine Frau Maria, deren Anteilnahme an meiner Arbeit offenbar keine Grenzen kennt.

Deutsch Brodersdorf, im September 1992   Franz M. Wuketits

Prolog:
Der Mensch, von Natur aus böse?

Der Mensch ist des Menschen Wolf.

THOMAS HOBBES

Seit Jahrtausenden sucht der Mensch – mit mäßigem Erfolg – nach ethischen Richtlinien für sein Handeln. Zu den ältesten Zeugnissen seines Strebens nach moralischer Orientierung gehören die Zehn Gebote des Alten Testaments, denen bis heute viele Menschen höchste Autorität in moralischen Fragen zuerkennen. Den Zehn Geboten ähnlich, wenn auch unterschiedlich formuliert, gibt es bei allen uns bekannten Völkern und Kulturen Normen, deren Befolgung vom einzelnen erwartet wird und deren Mißachtung als verwerflich gilt und auf die eine oder andere Art bestraft werden kann. Allen in der Kulturgeschichte erfundenen Normen und Normensystemen liegt – ausgesprochen oder nicht – ein Bild des idealen, des *guten* Menschen zugrunde. Der gute Mensch – das ist immer der, der alle im jeweiligen Normenkodex verankerten Regeln (womöglich aus »reinem Pflichtgefühl« heraus) befolgt.

Solche Regeln stehen nicht selten mit der Annahme eines »höheren Wesens« im Zusammenhang und sind häufig mit dem Versprechen verbunden, dem, der sie befolgt, Belohnung, »Seelenheil« zu bringen – wenn nicht hier und sofort, dann eben später, im Jenseits. Ethische Systeme können also in enger Beziehung zu einer illusionären Weltauffassung stehen (Topitsch 1979). Dennoch muß man der Ethik zuallererst eine eminent praktische Bedeutung zugestehen.

Moral- bzw. Normensysteme haben die Aufgabe, das Zusammenleben der Menschen in Gruppen zu regeln, wobei die Gruppengröße von untergeordneter Bedeutung ist. Ethische

13

Prinzipien gibt es in Familien und Sippen, kleinen Interessenge-
meinschaften, Verbrecherorganisationen, Gemeinden, anonymen Großgesellschaften, Staaten. In jedem Fall erscheint Moral
unverzichtbar, wobei dahingestellt bleiben darf, was moralisches Verhalten im einzelnen meint. Aber, wie Mohr (1987, S. 1)
schreibt, »der auf das Leben in einer Gemeinschaft angelegte
Mensch ist darauf angewiesen, daß die Grundlinien des Verhaltens seiner Mitmenschen vorhersehbar sind, und er empfindet
deshalb eine unberechenbare Einstellung zu moralischen Fragen als verwerflich.« Daraus aber ließe sich leicht die Vermutung ableiten, daß der Mensch von Natur aus keineswegs gewillt
ist, ethisch richtig zu handeln — was immer das im einzelnen
bedeuten mag –, sondern erst durch die Notwendigkeit des
Lebens in Gemeinschaft dazu gezwungen wird. Häufig bedarf
es offenbar einer Drohung, um den einzelnen auf den ethisch
richtigen Weg zu bringen. So folgt der Verkündigung der Zehn
Gebote im Alten Testament (2. Mose 20) die Bemerkung:
»Denn um euch zu prüfen, ist Gott gekommen; damit die
Furcht vor ihm bei euch herrsche, auf daß ihr nicht sündigt!«
Die Furcht vor Gott also soll die Menschen vor der Sünde
bewahren. Wäre der Mensch im Alten Testament nicht ein
Geschöpf Gottes, sondern wie in der modernen Biologie schon
ein Resultat der Evolution, dann könnte man glauben, daß diese
Evolution einen bösen Menschen hervorgebracht hat, den nun
Gott ehrfurchtgebietend in die Schranken weisen muß. Aber
wir sollten uns keine Illusionen machen. Der Mensch hat, kor-
rekter ausgedrückt: *viele Menschen haben* immerzu gegen die
jeweiligen moralischen Regeln verstoßen, mögen sie gottes-
fürchtig gewesen sein oder nicht. Mit anderen Worten, dem
fortgesetzten Bemühen einiger Menschen, ein Ideal für ethisch
richtiges Handeln zu schaffen, stehen wiederholte Verstöße
vieler Menschen gegen dieses Ideal zur Seite.

Gewiß, was in einer bestimmten Kultur als (ethisches) Ideal
gilt, muß nicht auch anderswo zur Maxime der Sittlichkeit
erhoben werden. Normen und Werte sind *kulturrelativ*. Dennoch gibt es einige Grundnormen, die in verschiedenen Kultu-

ren auf ähnliche Weise zur Regelung des sozialen Lebens herangezogen werden, beispielsweise das Tötungsverbot oder das Verbot zu lügen. Diese Verbote gelten allerdings in erster Linie für den Umgang mit Angehörigen der eigenen Gruppe; dem »Fremden« gegenüber verlieren sie an Bedeutung. Wir werden darauf später noch zurückkommen. Einmal abgesehen davon, daß natürlich auch innerhalb von Gruppen immer wieder gegen Normen verstoßen wird, ist es sicher bemerkenswert, daß die jeweilige Handlungsnorm gegenüber einem Gruppenfremden nicht eingehalten zu werden braucht; und daß in Kriegen (die bis in unsere Zeit nicht selten unter Berufung auf Gott geführt werden!) getötet werden *soll*. Jener so oft herbeigesehnte *humane* Mensch, der in Eintracht mit allen seinen Artgenossen lebt und alle Angehörigen seiner Spezies, unabhängig von ihrer Hautfarbe oder Religion, als Brüder und Schwestern akzeptiert – hat er jemals irgendwo existiert? Und besteht die Hoffnung, daß er einst existieren wird? Oder ist er nur ein Hirngespinst unverbesserlicher Romantiker und Utopisten?

Der englische Staatsmann und Philosoph Thomas Hobbes (1588–1679) hat versucht, die Dinge nüchtern zu sehen. Die menschliche Natur, so meinte er, sei von Selbstsucht bestimmt, jeder Mensch sei des anderen Menschen Wolf *(homo homini lupus est)*, und ursprünglich habe sich jeder gegen jeden im Krieg befunden *(bellum omnium contra omnes)*. Die menschliche Gesellschaft hat nach Hobbes Vertragscharakter: Die Menschen schließen sich im Staat zusammen, leisten einem Herrscher Gehorsam und gewinnen so die Möglichkeit eines humanen Lebens. Da schwingt nun doch ein Hauch von Romantik mit. Garantiert denn ein Herrscher Humanität? Von Alexander dem Großen bis zu Nicolae Ceauşescu zieht sich ein blutroter Faden von Greueltaten, die keine Spur von humanem Regieren erkennen lassen. Wahnsinnige wie Napoleon Bonaparte und Adolf Hitler führten »ihre« Völker in den Krieg und hinterließen Verwüstung und Trauer. Die Hekatomben von Menschen, die auf den Schlachtfeldern dieses Planeten ihr Leben für »ihren« Staat gelassen haben, sprechen ihre eigene Sprache. Thomas Hobbes hatte also nicht ganz recht. Es mag zwar sein, daß ursprünglich jeder gegen jeden Krieg geführt hat, doch später, als sich Staatsgebilde formierten, begannen eben *die Staaten* gegeneinander Krieg zu führen und ihre Bürger in den kollektiven Wahnsinn zu treiben. Als Preis für den »Gesellschaftsvertrag« sind in über 14000 kriegerischen Auseinandersetzungen innerhalb von nur fünfeinhalbtausend Jahren dreieinhalb Milliarden (!) Menschen auf der Strecke geblieben (Löwenhard 1982). Humanes Leben ist damit nicht gerade ein hervorstechendes Merkmal des Zusammenschlusses vieler Individuen zu einem Staatsgebilde. »Stehende Heere...«, forderte Kant in seiner Schrift *Zum ewigen Frieden* (1795, vgl. 1968 IX, S. 197), »sollen mit der Zeit ganz aufhören. Denn sie bedrohen andere Staaten unaufhörlich mit Krieg, durch die Bereitschaft, immer dazu gerüstet zu erscheinen.« Die auf Kant folgenden zweihundert Jahre haben aber gezeigt, daß seine Forderung in den Wind gesprochen war. Die »stehenden« Heere sind nicht nur nicht verschwunden, sondern gerieten ständig in Bewegung. In unserem Jahrhundert kam man zusätzlich auf die Idee, Atomwaffenarsenale anzulegen, um gegen den größten Feind des Menschen, eben den Menschen selbst, gerüstet zu sein.

Ist also der Mensch von Natur aus böse? Darwin (1871, vgl. 1966, S. 121) sagte, »daß von allen Unterschieden zwischen dem Menschen und den Tieren das moralische Gefühl oder das Gewissen der weitaus bedeutungsvollste sei«. Das mag richtig sein. Aber dieses »moralische Gefühl« hat viele Menschen nicht daran gehindert, sich denkbar grausam gegen ihre Artgenossen zu verhalten. Dabei ist »Grausamkeit« ein relativer Begriff. Während den Europäern der von vielen Völkern noch in jüngster Zeit praktizierte Kannibalismus unzivilisiert und grausam erscheint, haben die meisten – angeblich zivilisierten – Europäer nichts dabei gefunden, andere (und zwar nicht nur menschenfressende) Völker auszurotten oder ihnen zumindest den Lebensraum wegzunehmen und sie ins Verderben zu treiben. Oder wenn im alten Sardinien der vom römischen Schriftsteller Claudius Aelianus (2./3. Jh. unserer Zeitrechnung) überlieferte

Brauch, altersschwache Familienmitglieder zu erschlagen, von uns als grausam betrachtet wird und wir meinen, daß wir inzwischen längst auf einer höheren Stufe der Zivilisation angelangt seien, dann sollten wir nicht vergessen, daß viele von uns ihre Alten als bloße Last empfinden und bereit wären, ihnen »Sterbehilfe« zu leisten. Und wenn schließlich feinfühlige Naturen unserer Breiten der Ohnmacht nahe sind angesichts hungernder Kinder der Dritten Welt, die sie das Fernsehen gelegentlich für ein paar Minuten hautnah im Wohnzimmer erleben läßt, dann sollten alle sensiblen Gemüter auch zur Kenntnis nehmen, daß *ihre* Zivilisation *(Zivilisation?)* Waffen in jene Regionen der Erde liefert und dafür sorgt, daß die Ärmsten der Armen immer weniger zu essen haben und immer mehr ihrer Kinder verhungern. All das braucht uns gar nicht zu wundern, hat doch sogar schon mancher selbsternannte Moralist und Weltverbesserer seine eigene Familie malträtiert und Menschen seiner nächsten Umgebung das Leben schwer gemacht. Moral hat eben unterschiedliche Gesichter. Alles scheint nur eine Frage der Perspektive. Wirklich nur der Perspektive? Objektive Maßstäbe sind jedenfalls schwer zu finden.

Doch gibt es etwas – ein moralisches *Gefühl?* –, das den meisten von uns hilft, Gut und Böse voneinander zu unterscheiden, Recht und Unrecht, Gerechtigkeit und Ungerechtigkeit auseinanderzuhalten. Daher meinen wir, daß das Verhalten vieler Menschen moralisch verwerflich sei. Unsere Ratlosigkeit steigt indes angesichts der laut Statistik steigenden Kriminalitätsrate, und viele sind geneigt zu glauben, daß die Unmoral in dieser Welt überhandnimmt. Denn außer von kriegerischen Auseinandersetzungen, von denen auch Europa noch im späten 20. Jahrhundert nicht verschont bleibt, unterrichten uns die Massenmedien täglich von Abscheulichkeiten wie Kindesmißhandlung, Vergewaltigung, Raubmord, Überfall, Einbruch, Mord und Totschlag, ganz zu schweigen von kleineren Delikten wie Diebstahl. Dazu kommen Betrug und Korruption bis in die höchsten Etagen der nationalen und internationalen Wirtschaft und Politik, die selbst Juristen ratlos machen (vgl. Kaiser 1991), obwohl der Jurist freilich weniger mit Moralität als mit Legalität befaßt ist.

Oberflächlich betrachtet erscheint unsere Zivilisation als Wurzel allen Übels. Die von der Ideologie des unaufhörlichen Wirtschaftswachstums besessene, von Kapital und Profit gelenkte Industriegesellschaft liefert plausible Erklärungen für die moralischen Entgleisungen vieler (auch junger und sehr junger) Menschen, weil sie sie auch, um ein Schlagwort zu gebrauchen, in eine »Sinnkrise« drängt, die dann, nach innen gelenkt, im Extremfall mit Selbstmord endet oder eben, nach außen gerichtet, sich in aggressiven Handlungen gegen andere äußert. Das Resultat der in den letzten Jahrzehnten mit ungeheurer Geschwindigkeit sich entwickelnden technischen Zivilisation wäre also, mit Lorenz (1983) gesprochen. Ein *Abbau des Menschlichen*. Wenn aber das Menschliche »abgebaut« werden kann, dann muß es auch einmal »aufgebaut« worden sein und in irgendeiner Form existiert haben. Hier freilich kommen wir zu dem Problem, wie denn dieses Menschliche zu bemessen sei. Und wann war der Mensch »menschlich«?

Man weiß, daß Reisen in früheren Jahrhunderten höchst gefährlich war. Eine längere Reise anzutreten hieß in vielen Fällen, sein Testament zu machen. Die Wahrscheinlichkeit, von Wegelagerern überfallen und nicht nur ausgeraubt, sondern auch getötet zu werden, war nicht gering, und zwar nicht nur im Wilden Westen, sondern auch in Europa. Manche Anthropologen und Soziologen des 20. Jahrhunderts trösteten sich und andere mit dem Glauben, daß die vielfältigen kriminellen Aktivitäten und jedes aggressive Verhalten des Menschen von der Zivilisation bewirkt würden, daß erst durch ökonomische Faktoren, vor allem Besitzansprüche, die Menschen aggressiv geworden seien – was sich aber ändern ließe, wenn wir nur unsere Gesellschaften anders gestalten würden. Die so argumentierenden Milieutheoretiker und Kulturdeterministen haben gemeint, daß es sehr wohl paradiesische Zustände gäbe, in denen Menschen frei von jeder Habgier und jedem Wettbewerb leben; sie fanden Belege dafür bei vielen sogenannten Naturvölkern und behaupteten ferner, daß der prähistorische Mensch ebenso ein Leben in Eintracht und Friedfertigkeit gelebt haben müsse. Freilich meinte schon Jean-Jacques Rousseau (1712–1778), daß im »Naturzustand« alles gut gewesen sei und der Verfall der Sitten erst mit dem Fortschreiten der Kultur eingesetzt habe. Seine bekannte Forderung »Zurück zur Natur!« bedeutet, daß wir sozusagen auf die Stimme der Natur zu hören hätten und unsere natürlichen Anlagen, die gut seien, fördern müßten.

Moderne Untersuchungen des prähistorischen Menschen und Studien der noch heute mehr oder weniger unter steinzeitlichen Bedingungen lebenden menschlichen Gesellschaften bieten allerdings für eine derartige Naturromantik keine Anhaltspunkte. Im Gegenteil, es scheint, daß aggressives Verhalten, wenngleich oft nur relativ gering ausgeprägt, überall vorkommt und auch unser steinzeitlicher Vorfahre keineswegs ein friedfertiges Geschöpf war. An zahlreichen Knochenfunden wurden Verletzungen festgestellt, die auf äußere Gewalteinwirkung schließen lassen, und mehrere altsteinzeitliche Felszeichnungen stellen Menschen in Kampfposen dar (vgl. Eibl-Eibesfeldt 1984b). Gewaltlosigkeit auf steinzeitlichem Niveau gehört also weniger in den Bereich fundierter wissenschaftlicher Theorien als vielmehr ins Reich der Mythen und Märchen. Und die Vorstellung, daß erst unsere Zivilisation die Natur zu zerstören begonnen hätte, ist zwar insofern richtig, als wir erst seit kurzem die technischen Mittel dazu haben und unsere Spezies sich auch erst in jüngster Zeit sehr stark vermehrt. Daß jedoch unsere steinzeitlichen Ahnen Naturschützer gewesen wären, dürfte einer romantischen Verklärung entspringen. Plausibler erscheint, daß sie nicht viel anrichten konnten, eben weil ihnen die Möglichkeiten dazu fehlten und sie nicht so zahlreich vertreten waren wie wir heute. Man sollte bedenken, daß der steinzeitliche Mensch im Wettbewerb mit anderen Arten stand, denen gegenüber er sich kaum durch Freundlichkeit hätte behaupten können. So erscheint die These des Anthropologen Raymond A. Dart, des Entdeckers des *Australopithecus africanus* (eines unserer ältesten Vorfahren), wonach den Menschen in der Hauptsache seine ursprüngliche »Raubtiernatur« auszeichnet, keineswegs aus der Luft gegriffen. Wir sind also nicht erst durch unsere Zivilisation böse geworden – wir müssen es schon immer gewesen sein, nur hat unter den Bedingungen der Zivilisation unsere »Anlage zum Bösen« erst ihre Durchschlagskraft gewonnen.

Wir kennen, so könnte man weiter argumentieren, unsere Bösartigkeit, viele von uns schämen sich darob und haben daher Moralvorschriften ausgegeben, die jeder befolgen müßte, um das Schlimmste zu vermeiden. Jener Umstand, daß bislang keine – noch so wohlbegründete – Ethik in der Lage war, Kriege und andere Gewalttätigkeiten zu verhindern, mag ja doch wieder nur ein Hinweis darauf sein, daß wir von Natur aus unausrottbar böse sind. Wenn man ferner bedenkt, daß Gewalttätigkeiten nicht selten sogar unter den Vorzeichen der Moral begangen, daß im Namen der Gerechtigkeit Kriege geführt und Menschen gefoltert werden, dann kann man einmal mehr die Überzeugung gewinnen, daß, wenn wir uns schon um sittliches Verhalten bemühen, diese Sittlichkeit mehrere Gesichter hat, da sie aus der Ratlosigkeit eines Wesens geboren wurde, das ursprünglich eine Moral – oder die Moral, die wir meinen – nicht kannte.

Irgendwann in grauer Vorzeit ist die Entwicklung dieses Wesens, das sich zwar moralischer Gefühle brüstet, sie aber bis heute nicht zur vollen Reife gebracht hat, ein erstes Mal vorentschieden worden:

Eigenschaften wie Opferbereitschaft und Mitgefühl, Nächstenliebe, Verantwortung, Freundschaft, Liebe, soziale Eintracht und gegenseitige Abhängigkeit haben sich, ebenso wie die Form unserer Füße, die Muskeln unseres Gesäßes und die Vergrößerung unseres Gehirns, aus der Begegnung entwickelt, die auf dem alten afrikanischen Hochland zwischen dem biologischen Erbe der Primaten und den Möglichkeiten der Menschwerdung stattfand (Ardrey 1972, S. 340f.).

Damit ist auch eine der Grundthesen des vorliegenden Buches vorweggenommen: daß Moral – oder, besser, *Moralität* (hier verstanden als Anlage zur sittlichen Gesinnung, wie immer sich diese dann im einzelnen äußern mag) – in erster Linie eine *biologische Kategorie* sei (Wuketits 1990a). Moralverhalten ist ein spezifischer Ausdruck des menschlichen Verhaltens und hat mit diesem seine Wurzeln in der organischen Evolution. Dies ist der Angelpunkt einer *evolutionären Ethik,* die in Umrissen schon im 19. Jahrhundert dargelegt wurde und wesentliche Impulse Darwin verdankt (vgl. Ruse 1986a, b). Moral wird in diesem Rahmen als Eigenschaft eines lebendigen Systems – des Menschen – betrachtet, die sich, wie alle übrigen Eigenschaften solcher Systeme, in der Evolution entwickelt hat und eine biologische Funktion aufweist. Das heißt nicht, daß Moral *nur* eine biologische Funktion hätte und kulturelle Aspekte in der Diskussion des Moralverhaltens irrelevant wären. Wenn wir aber den Umstand, daß der Mensch – nicht nur in seinem Körperbau, sondern auch hinsichtlich seines Verhaltens (welches ja in jedem Falle an anatomische Strukturen gebunden ist) – der Evolution entstammt, ernst nehmen, dann kommen wir nicht umhin, dem biologischen Aspekt entsprechende Beachtung zu schenken. Da der Mensch in erster Linie ein biologisches Wesen ist und sich Kultur in seiner Evolution erst später entwickelt hat (ohne das biologische, stammesgeschichtliche Erbe ihres Trägers auszulöschen), kommt der biologischen Behandlung der Probleme des Moralverhaltens sogar Priorität zu.

Ich bin mir dessen bewußt, daß ich ein heikles Thema behandle. Ich bin mir auch darüber im klaren, daß es manche abstoßend finden werden, Moral als ein biologisches Phänomen diskutiert zu sehen, als ob es dabei nicht um mehr ginge als eine Beschreibung unserer Gesäßmuskeln. Möge aber doch einer von denen, die, dem Denkrahmen einer *idealistischen Ethik* verpflichtet, über Moral gesprochen und geschrieben haben, beweisen, daß er auch am menschlichen Wesen irgend etwas geändert und den Menschen auf den ethisch richtigen Weg geführt hat! Ich meine, es geht um Grundsatzfragen. Ein Ethiker, gleich welcher Schule der Moralphilosophie er anhängt, ist nicht notwendigerweise auch ein *Moralist.* Ihm geht es nicht zuletzt darum, im Vorfeld konkreter moralischer Anweisungen

Fragen zu klären: etwa die Frage, wie und unter welchen Umständen sich Menschen moralisch oder unmoralisch verhalten oder was unter Moral oder Unmoral verstanden werden kann. Schließlich wird sich jeder Ethiker auch Gedanken darüber machen müssen, welche Eigenschaften überhaupt den Menschen auszeichnen, aus welcher Quelle seine Unterscheidung zwischen Gut und Böse gespeist wird usw. Die Beantwortung solcher Fragen kann unter verschiedenen Gesichtspunkten versucht werden. Einer davon – und ich persönlich halte ihn für eminent wichtig – ist der biologische Gesichtspunkt.

Machen wir uns nichts vor, unsere Gattung hat durch einige Jahrmillionen sozusagen auf einer tierischen Entwicklungsstufe gelebt und erst spät Einsicht in die Bedingungen ihrer eigenen Existenz gewonnen. Erst der frühe *Homo sapiens* hat – zu einer Zeit, die vielleicht 100000 oder 200000 Jahre zurückliegt – dunkel geahnt, daß er dieses oder jenes tun oder unterlassen *sollte,* und die Kategorien »gut« und »böse« erfunden, die vorher in der Evolution des Lebenden keine Rolle gespielt hatten und bis heute bei keinem anderen Geschöpf eine Rolle spielen. Ich stimme mit denen, die – wie etwa Vogel (1989a) – der Meinung sind, daß die Natur moralisch absolut indifferent sei, auf jeden Fall überein. Nicht »die Natur« kann gut oder böse sein. Diese Unterscheidung bleibt ein Privileg des denkenden, seine eigene Existenz reflektierenden Menschen. Der Mensch ist hilflos, wenn er sieht, daß er mit seinen ethischen Forderungen allein ist, auf sich gestellt, wenn er Böses von Gutem unterscheiden will. Daher sucht er nach Haltegriffen, entweder bei einem (von ihm erfundenen) »höheren Wesen« oder in der Natur, die ja ebenfalls als gottähnlich verehrt werden kann. Eine von Gott oder von »der Natur« inspirierte Ethik hat jedoch schon manches in der Geschichte angerichtet. Also ist Vorsicht angebracht.

Um hier Mißverständnissen vorzubeugen, beeile ich mich zu betonen, daß ich in diesem Buch keine »Naturethik« verteidigen möchte. Ich bin davon überzeugt, daß uns die Natur keinerlei Richtlinien für moralisches Verhalten bieten kann. Ich meine aber, daß die moralischen Normen, die der Mensch erfunden hat, *in seiner eigenen Natur* liegen. Diese spielt ihm oft einen Streich. Wir meinen, so oder so handeln zu sollen, um als »gut« apostrophiert zu werden, finden uns aber – der eine oft, der andere weniger häufig – in der Situation, daß wir ganz anders handeln. Daher die Frage, ob wir vielleicht schon von Natur aus böse sind. Wobei »böse« dann freilich doch nur das meint, was wir auch als böse *empfinden*.

Manche werden dünnhäutig, wenn Fragen der Moral unter einem biologischen Gesichtspunkt diskutiert werden. Sie meinen, daß unsere Natur zur Rechtfertigung unserer Handlungen herangezogen werden könnte – und setzen dabei wohl stillschweigend voraus, daß diese nicht gut ist (weswegen sonst sollten sie auf den postulierten Zusammenhang von Natur und Moral so ängstlich reagieren?). Vielleicht aber wäre uns manches erspart geblieben, wenn wir von vornherein nicht nur der Frage, was wir tun *sollen,* unsere Aufmerksamkeit geschenkt, sondern uns mehr damit befaßt hätten, wer wir wirklich sind und was wir *können.* Viele sind geneigt, »bestimmte Theorien der Verhaltensforschung allzu leichtfertig als reaktionär [abzu-stempeln]: Theorien, nach denen in der Gattung (in jeder Gattung) ein gewisses Maß an Gewalt existiert, das sich irgend-wie äußern muß«; aber »die Gewalt als biologische Kraft zu erkennen, *das* ist wahrer Materialismus«. Diese Zeilen stammen nicht von Darwin oder Lorenz, auch nicht von Eibl-Eibesfeldt; sie finden sich bei Umberto Eco, in seinen Essays *Über Gott und die Welt* (1987, S. 133 f. bzw. 138). Eco will genausowenig wie ein Verhaltensforscher oder Evolutionsbiologe heute Aggression und Gewalt rechtfertigen; er will aber – durchaus im Sinne des Materialismus moderner Verhaltensforscher und Evolutions-biologen – darauf hinweisen, daß es keinen Sinn hat, unsere Natur zu verschönern und bloß Idealen nachzulaufen. Wenn wir bestimmte Verhaltensweisen, die in jedem von uns latent, von der Anlage her vorhanden sind (und bei manchem zum Durchbruch gelangen) erkennen und ernst nehmen als Teil unserer biologischen Mitgift und bewußt nach Alternativen suchen, dann – aber nur dann – werden wir Erfolg haben auf dem Weg zum *humanen* Menschen, den die meisten von uns herbeisehnen.

Eine Erörterung der *Biologie der Moral* kann also nicht auf eine Rechtfertigung von Unmoral hinauslaufen, auch nicht auf eine Rechtfertigung dessen, was vielleicht bloß wenige Menschen als unmoralisch empfinden – was auch immer das sein mag. Natürlich ist nicht zu übersehen, daß – und hier fällt einem unweigerlich der *Sozialdarwinismus* ein – biologische Theorien in der Tat als Basis für Normen herhalten mußten, was bekanntlich zu verheerenden Konsequenzen geführt hat. Aber das liegt nicht an jenen biologischen Theorien, vor allem nicht in der dort überstrapazierten Selektionstheorie Darwins, sondern vielmehr in der voreiligen und falschen *Anwendung* von Theorien und biologischen Tatsachen, die eben in den Theorien ihre Erklärung finden. Die (theoretische) Erklärung von Tatsachen kann auch falsch sein, daher ist stets Vorsicht geboten, wenn jemand damit die Welt verbessern will.

Evolutionsbiologie und Verhaltensforschung stehen mittlerweile auf einer soliden Basis. Es ist an der Zeit, die Konsequenzen zu ziehen aus dem, was uns diese Disziplinen über unsere eigene Natur mitteilen. Viele liebgewonnene Vorstellungen sind aufzugeben, darunter die Idee, daß die Evolution sozusagen automatisch zum »Besseren« fortschreite. Wir sind, was die Forderungen unserer Moralsysteme betrifft, tatsächlich alleingelassen. Die Hoffnung, daß wir nur ein wenig zu warten bräuchten, damit aus uns der humane Mensch wird, weil die Evolution grundsätzlich das Gute fördert, ist trügerisch. Es ist daher besser, den Tatsachen ins Auge zu sehen und zu erkennen, wie wir wirklich sind, als uns sozusagen im Schoß der Natur auszuruhen und zu hoffen, daß diese Natur für uns das Beste will. Niemand will irgend etwas für uns, nur wir selbst können *wollen.*

Ich möchte also in diesem Buch darlegen, auf welchem biologischen Fundament unser Moralverhalten steht und welche biologischen Rahmenbedingungen das, was wir als moralisch oder unmoralisch empfinden, beeinflussen. Dabei wird den auf diesem Gebiet schon geleisteten Beiträgen gebührend Rechnung zu tragen sein. Manches, was zum Thema bereits gesagt wurde, werde ich jedoch zurückweisen, anderes aber ergänzen und in manchem auch über die Schlußfolgerungen hinausgehen, die Vertreter einer evolutionären Ethik bislang zu ziehen gewagt haben.

Ich will nicht den Eindruck erwecken, daß ich die Tradition in der Ethik oder Moralphilosophie, einer altehrwürdigen Disziplin, in der es (frei nach Sokrates gesagt) um nicht weniger geht als um die Frage, wie man leben soll, außer acht ließe oder die verschiedenen seit der Antike etablierten Moralsysteme als unwichtig ansähe. Wie im 1. Kapitel auseinandergesetzt wird, sind in diesem Rahmen wichtige Vorfragen geklärt und ethische Imperative aufgestellt worden, die heute nach wie vor Beachtung verdienen. Unter dem Aspekt der Zielsetzungen des vorliegenden Buches wird aber die Frage »Was *soll* ich tun?« stets von der Frage »Was *kann* ich tun?« begleitet werden müssen. Antworten auf diese Frage sind, wie das 2. Kapitel zeigen wird, Antworten der Biologie, vor allem der Evolutionsbiologie und der Verhaltensforschung. Um besonders dem mit Problemen der Evolution weniger vertrauten Leser das Verständnis meiner Argumentationen zu erleichtern, wird das 3. Kapitel einen kurzen Überblick geben über die Entwicklungswege des Menschen, sowohl in der organischen, als auch in der sozialen und kulturellen Evolution. Jener verhängnisvolle Glaube, wonach in der Evolution bereits die Linien unserer Entwicklung im vorhinein festgelegt sind und Evolution automatisch zum »Besseren« führt, ist Gegenstand des 4. Kapitels. Im 5. Kapitel werde ich die Argumente der Soziobiologen und ihrer Kritiker kurz erörtern, weil die Soziobiologie (ein Teilgebiet der Verhaltensforschung) die Diskussion um eine evolutionäre Ethik in den letzten Jahren besonders angeheizt hat. Das 6. Kapitel ist eine geraffte Darstellung dieser evolutionären Ethik, während im 7. Kapitel der Versuch unternommen werden wird, die Relevanz der biologischen Überlegungen für die Praxis der Ethik herauszuarbeiten. Das ist sicher ein besonders heikles Kapitel.

Ich werde, soviel noch vorweg, in diesem Buch sicher nicht moralisierend den Zeigefinger erheben. Es wäre völlig falsch, das Buch als eine Moralfibel lesen zu wollen. Und sollte jemand meinen, ich sei einer bestimmten Ideologie verpflichtet, dann ist er oder sie im Irrtum – obwohl natürlich kein Autor seinen Lesern verbieten kann, *ihre* Schlußfolgerungen aus seinem Text zu ziehen. Ich kann meine Leser nur bitten, in dieses Buch keine Absichten hineinzugeheimnissen, die mir selbst fremd sind.

Im übrigen weise ich an dieser Stelle nachdrücklich auf die Bedeutung hin, welche der Biologie in ethischen Diskussionen längst zukommen müßte. Wie Alexander (1987, S. XVII) bemerkt:

> Die Biologie liefert über den Menschen eine große Informationsquelle, für die es keinen Ersatz gibt. Sie klärt seit langer Zeit bestehende Paradoxien. Sie zeigt, daß einige Dinge in den Debatten über Moral tatsächlich gefehlt haben, und zwar deswegen, weil man den Prozeß der organischen Evolution, der alle Formen des Lebenden hervorgebracht hat, aus den Diskussionen ausklammerte.*

Es ist also vonnöten, sich an eine »Naturgeschichte der Moral« zu wagen, die Tatsache, daß der Mensch ein Resultat der organischen Evolution ist, wirklich ernst zu nehmen. Wir können es uns nicht mehr leisten, auf die Einsichten der Evolutionsbiologie zu verzichten, wenn wir ein tiefgreifendes Selbstverständnis gewinnen wollen, ein Verständnis der Bedingungen und Konsequenzen unseres eigenen Lebens. Wenn dabei einige der überkommenen Denktraditionen zurückgewiesen werden, dann nicht, weil wir jetzt sozusagen von einer höheren Warte aus – der Warte der Biologie – jüngstes Gericht über die traditionelle Ethik halten wollen, sondern weil es darum geht, Probleme zu lösen, die tief in die menschliche Existenz hineinreichen. Unsere eigene Existenz zu erhellen müßte uns soviel wert sein, daß wir darob liebgewonnene Ansichten vergessen.

---

* Alle Zitate aus fremdsprachigen Arbeiten wurden von mir frei ins Deutsche übertragen.

1. Was soll ich tun? – Antworten der Ethik

Der im Spiel verloren hat, kann sich wohl über sich selbst ... ärgern, aber wenn er sich bewußt ist, im Spiel betrogen (obzwar dadurch gewonnen) zu haben, so muß er sich selbst verachten, sobald er sich mit dem sittlichen Gesetz vergleicht.

IMMANUEL KANT

Ethik ist eine Disziplin der praktischen Philosophie. Während sich andere philosophische Disziplinen (z. B. Naturphilosophie, Erkenntnistheorie usw.) und die einzelnen Wissenschaften mit dem beschäftigen, was *ist,* und die Phänomene der realen Welt beschreiben und kausal erklären wollen, befaßt sich die Ethik damit, was *der Mensch tun soll.* Es geht ihr also um Werte und Normen, um Sittlichkeit und Moral, um eine Abgrenzung des Bösen vom Guten; auch um eine Klärung verschiedener Grundfragen wie etwa, was überhaupt eine normative Aussage bedeutet, wie Normen zu begründen sind, warum aus der Beschreibung von Tatsachen keine Normen ableitbar sind, was unter Gut und Böse verstanden werden kann usw. Diese und ähnliche Fragen sind unter Ethikern kontrovers diskutiert worden, und es hat sich eine Reihe von (ethischen) Theorien herausgebildet, die die Moralphilosophie als ein recht buntes Feld von Meinungen und Kontroversen erscheinen lassen. (Zur Übersicht siehe z. B. Hudson 1970, v. Kutschera 1982 und Mackie 1981.) Die Ethik enthält natürlich auch eine Reihe von Hypothesen über den Menschen und sein Wesen. Dieses Kapitel soll eine kurze Auseinandersetzung mit solchen Hypothesen bieten, wobei nur einige der wichtigsten Momente eingefangen werden können, die jedoch auch in weiteren Kapiteln des Buches ihre Rolle spielen werden. Ich folge hier zunächst den Antworten, die im Rahmen traditioneller ethischer Systeme auf die Frage nach dem menschlichen Wesen gegeben wurden bzw. diesen Systemen zugrunde liegen. Aspekte der modernen Biologie bleiben in diesem Kapitel noch im wesentlichen ausgespart.

Der Mensch in der Verantwortung

Beginnen wir mit dem Offenkundigen: Jeder Mensch, so heißt es gemeinhin, hat *Verantwortung* zu tragen, ein Flugkapitän für seine Passagiere, ein Schäfer für seine Schafe, ein Finanzminister für den Staatshaushalt, eine Mutter und ein Vater für ihre Kinder. Daran gibt es nicht viel zu deuteln, und wir meinen ziemlich genau zu wissen, wann sich ein Mensch *verantwortungslos* benimmt. Niemand wird widersprechen, daß der Flugkapitän, der sich betrunken ins Cockpit setzt, verantwortungslos handelt, ebenso wie die Mutter, die ihr zweijähriges Kind unbeaufsichtigt läßt, oder der Autofahrer, der mit Tempo 100 durch ein belebtes Dorf rast. Wenngleich Verantwortungslosigkeit unterschiedliche Konsequenzen haben kann und nicht in allen Fällen gleich schwer wiegt, tolerieren wir sie im allgemeinen nicht. Freilich setzen wir stillschweigend voraus, daß der Mensch fähig ist, Verantwortung wahrzunehmen, während wir beispielsweise einem Hund kaum Verantwortung delegieren werden. Auch Kinder sind weder für sich selbst noch für andere verantwortlich, so daß sie auch aus den üblichen Strafrechtsbestimmungen herausfallen.

Mit Verantwortung ist eine fundamentale Kategorie jeder philosophischen Anthropologie gegeben, die, wie wir noch sehen werden, mit der Kategorie der Freiheit eng zusammenhängt. Dabei könnte man – nach Jonas (1984) – zwischen natürlicher und vertraglicher Verantwortung unterscheiden: Natürlich wäre die Verantwortung der Eltern für ihre Kinder, denn sie bedarf keiner vorhergehenden Abmachung und ist unkündbar; von vertraglicher Verantwortung würde man jedoch beispielsweise bei der Übernahme eines Amtes sprechen, das mit bestimmten Pflichten und Verpflichtungen verbunden ist, jedoch gekündigt werden kann. Wie hoch wir vor allem die natürliche Verantwortung bewerten, zeigt sich schon darin, daß Tiere, die Brutpflege betreiben, bei den meisten Menschen eher Interesse und Sympathie finden als Tiere, die ihre Brut ihrem eigenen Schicksal überlassen. In diesem Fall wird Verantwortung oder ein Verantwortungsgefühl in die Natur projiziert, unabhängig davon, ob wir dort überhaupt auch nur etwas Analoges zu unserer Verantwortung erwarten dürfen. Aber wie dem auch sei, daß *der Mensch* ein Wesen mit Verantwortung ist, das scheint unbestritten.

Mit der Kategorie der Verantwortung wird in der Philosophie aber eine dreifache Beziehung reflektiert, und zwar die Beziehung des (individuellen) Menschen zu sich selbst, zu seinen Mitmenschen bzw. zur »Gesellschaft« und zur Natur. Damit gewinnt Verantwortung auch unterschiedliche Dimensionen. Verantwortung des Einzelmenschen sich selbst gegenüber ist sicher etwas anderes als die Verantwortung, die jemand für seine Mitmenschen trägt: Im Gegenüber zu anderen Menschen wiegt meine Verantwortung schwerer, Verantwortungslosigkeit wird nicht toleriert, während ich mir selbst gegenüber »verantwortungslos« handeln kann, ohne dafür anderen Rechenschaft geben zu müssen, wobei andere mein Verhalten, auch wenn es für mich selbst schädlich sein kann, zu tolerieren geneigt sein werden. Allerdings kann auch die Eigenverantwortung andere Menschen einschließen, Verantwortungslosigkeit sich selbst gegenüber auch andere Menschen betreffen: Ein Extrembergsteiger, der Vater von drei Kindern ist, riskiert nicht nur sein Leben, sondern auch das Wohlergehen seiner Kinder. Die Verantwortung, die der Einzelmensch, aber auch die Menschheit, für die Natur trägt, ist sicher ein besonders schwieriges Problem, das uns heute tief ins Bewußtsein dringen müßte, das Bewußtsein vieler Menschen aber offenbar noch immer nicht erfassen will.

Ich lasse diese speziellen Aspekte der Verantwortung jedoch jetzt beiseite. Die Philosophie haben auch die *Voraussetzungen* für Verantwortung interessiert, und diese liegen nach landläufiger (philosophischer) Meinung darin, daß der Mensch über seine eigenen Handlungen reflektieren kann, also über ein *Bewußtsein* verfügt. Schopenhauer sprach in seiner Schrift *Über die Freiheit des menschlichen Willens* (1839, vgl. 1980, S. 618) vom deutlichen und sicheren »Gefühl der *Verantwortlichkeit* für das, was wir tun, der *Zurechnungsfähigkeit* für unsere Handlungen, beruhend auf der unerschütterlichen Gewißheit, daß wir selbst *die Täter unserer Taten* sind«. Sicher, nur der, der *weiß*, was er tut, kann Verantwortung übernehmen bzw. zur Verantwortung gezogen werden. Da nur der Mensch über sein Handeln (bewußt) reflektieren kann, ist er das einzige Wesen auf diesem Planeten, das auch Verantwortung zu übernehmen und tragen vermag. Denn das Bewußtsein des eigenen Handelns schließt ein Wissen um die möglichen Folgen des Handelns ein, was zumindest unterstellt werden kann, weil das menschliche Bewußtsein absichtsvoll und zielorientiert Handlungen bewirkt.

Daß die Kategorie der Verantwortung für die Ethik von fundamentaler Bedeutung ist, steht außer Frage. Wer verantwortungslos handelt, handelt zugleich unmoralisch. Wer seine Verantwortung ernst nimmt, ist auf dem besten Weg, ein guter Mensch zu werden. Umgekehrt kann man freilich auch sagen, daß das Gefühl für Verantwortung schon einen guten Menschen voraussetzt. In der christlichen Ethik ist Verantwortung gegenüber Gott von überragender Bedeutung, daher ist ein guter Mensch zugleich der, der zu Gott hin orientiert ist, seine Verantwortung gleichsam im Namen Gottes wahrnimmt. Philosophen aller Zeiten, mögen sie nun theistisch orientiert gewesen sein oder nicht, haben immer wieder an die Verantwortung, das *Gewissen* des Menschen appelliert, was uns aber nicht wunder nehmen sollte, denn wie sonst könnte ein Mensch überhaupt dazu bewegt werden, moralisch zu handeln!? Damit kommen wir auch zu einigen weiteren zentralen Kategorien der Ethik.

Pflichtgefühl und Sittlichkeit

Kant meinte, daß unsere Handlungen aus Achtung für das »praktische Gesetz« die *Pflicht* ausmachen. In seiner *Grundlegung zur Metaphysik der Sitten* (1785, vgl. 1968 VI, S. 30) schrieb er:

Was ich also zu tun habe, damit mein Wollen sittlich gut sei, dazu brauche ich gar keine weit ausholende Scharfsinnigkeit. Unerfahren in Ansehung des Weltlaufs, unfähig, auf alle sich eräugnende Vorfälle derselben gefaßt zu sein, frage ich mich nur: Kannst du auch wollen, daß deine Maxime ein allgemeines Gesetz werde? Wo nicht, so ist sie verwerflich ... weil sie nicht als Prinzip in eine mögliche allgemeine Gesetzgebung passen kann, für diese aber zwingt mir die Vernunft unmittelbare Achtung ab, von der ich zwar jetzt noch nicht einsehe, worauf sie sich gründe..., wenigstens aber doch so viel verstehe: daß es eine Schätzung des Wertes sei, *welcher* allen Wert dessen, was durch Neigung angepriesen wird, weit überwiegt, und daß die Notwendigkeit meiner Handlungen aus reiner Achtung für das praktische Gesetz dasjenige sei, was die Pflicht ausmacht, der jeder andere Bewegungsgrund weichen muß, weil sie die Bedingung an sich guten Willens ist, dessen Wert über alles geht.

Das »praktische Gesetz«, von dem Kant sprach, ist der berühmte *kategorische Imperativ,* den er in der zitierten Schrift (S. 51) folgendermaßen definierte: *»Handle nur nach derjenigen Maxime, durch die du zugleich wollen kannst, daß sie ein allgemeines Gesetz werde.«* Oder: *»Handle so, als ob die Maxime deiner Handlung durch deinen Willen zum allgemeinen Naturgesetz werden sollte.«*

Ein derartiger Imperativ, der gleichsam als oberstes Gebot der Sittlichkeit gelten soll, ist freilich mehrmals aufgestellt worden. So hat schon Konfuzius (551–479 v. Chr.) postuliert, man solle nie so handeln, wie man es auch von anderen nicht wünscht. Die Volksweisheit hat das mit dem Spruch ausgedrückt »Was ihr nicht wollt, daß man euch tu', das fügt auch keinem andren zu.« Und schließlich lautet die *goldene Regel* des

Neuen Testaments (Matthäus 7, 12): »Alles nun, was ihr wollt, daß euch die Menschen tun, sollt ebenso auch ihr ihnen tun; denn das ist das Gesetz und die Propheten.«

Diese ähnlich lautenden Imperative oder, wenn man so will, Sittengesetze sind allgemeine Anweisungen, entstanden angesichts der Tatsache, daß andere Menschen von unseren Handlungen betroffen sind. Ethik im engeren Sinne hat es mit Pflichten des Einzelmenschen gegenüber anderen zu tun (v. Kutschera 1982). Ihre Grundfrage ist also, was wir tun sollen, zumal andere von unserem Handeln betroffen sind oder sein können. Der kategorische Imperativ oder die goldene Regel sind Antworten auf diese Grundfrage. Natürlich setzt all das voraus, daß der einzelne sich bewußt macht, daß er die möglichen Auswirkungen seines Verhaltens auf andere Menschen stets bedenken muß, er also nicht so handeln kann, als sei er allein auf der Welt. Jeder hat anderen Menschen gegenüber die Pflicht, seine eigenen Handlungen so zu vollführen, daß niemand dabei zu Schaden kommt; mitunter ist es auch vonnöten, eine Handlung überhaupt zu unterlassen. Es geht also darum, daß wir *Rücksicht* auf andere Menschen zu nehmen haben. Wenn man nun jedem einzelnen Menschen das Recht zuerkennt, zu tun, was ihm beliebt, dann stets mit der Einschränkung: nur solange durch dein Tun niemandem Schaden zugefügt wird! Das hat allerdings zur Voraussetzung, daß man weiß – oder zumindest fühlt –, wann jemandem durch das eigene Handeln ein Schaden zugefügt werden könnte. Daher gehörte es zu einem ethischen Grundgesetz auch, sich mit den Wünschen und Vorstellungen anderer Menschen zu beschäftigen, um diese in die eigene Handlung einzubeziehen. Eine wichtige Voraussetzung sittlichen Handelns ist es, den anderen als Person zu achten. Auch bei Kant spielt die Idee der *Persönlichkeit* eine wichtige Rolle. Kant (1788, vgl. 1968 VI, S. 211) schrieb:

Diese Achtung erweckende Idee der Persönlichkeit, welche uns die Erhabenheit unserer Natur (ihrer Bestimmung nach) vor Augen stellt, indem sie uns zugleich den Mangel der Angemessenheit unseres Verhaltens in Ansehung derselben bemerken läßt, und dadurch den Eigendünkel niederschlägt, ist selbst der gemeinsten Menschenvernunft natürlich und leicht bemerklich. Hat nicht jeder auch nur mittelmäßig ehrlicher Mann bisweilen gefunden, daß er eine sonst unschädliche Lüge, dadurch er sich entweder selbst aus einem unverdrießlichen Handel ziehen, oder wohl gar einem geliebten und verdienstvollen Freunde Nutzen schaffen konnte, bloß darum unterließ, um sich in Geheim in seinen Augen nicht verachten zu dürfen?

Man könnte das auch anders sagen, nämlich, daß die Achtung vor der eigenen Person den Menschen zur Sittlichkeit antreibt, die sich dann auch in der Achtung der Person des anderen zeigt.

Bei Kant kommt hier als wichtiges Moment noch der *Zweck* hinzu: Der Mensch, als vernunftbegabtes Wesen, ist »Zweck an sich selbst« und »Subjekt des moralischen Gesetzes«. Daher postuliert Kant auch, daß man stets so zu handeln habe, daß die Menschheit sowohl in der eigenen als auch in der Person jedes anderen nicht bloß als Mittel, sondern jederzeit als Zweck gebraucht wird. Freilich ist das vernünftige Wesen, der Mensch, zugleich das Subjekt des Sittengesetzes und der Gesetzgeber. Der Mensch gibt sich seine Gesetze im Reich der Zwecke, welches der natürlichen Ordnung entgegengesetzt werden kann. Die Begründung der Ethik ist bei Kant insgesamt nur auf der Basis eines Menschenbildes zu verstehen, das den Menschen als Vernunftwesen zeichnet. Moral liegt also nicht im »natürlichen Menschen«, sondern im Vernunftwesen, Pflichten werden gleichsam in formaler Weise abgeleitet. Der kategorische Imperativ ist absolut, sittliches Handeln ist bedingungslos notwendig. Kant kann daher als bedeutender neuzeitlicher Repräsentant einer *idealistischen Ethik* gelten, die allgemein durch die Setzung nicht mehr hinterfragbarer Ideale oder Prinzipien charakterisiert ist und häufig Gott als oberste Instanz in sittlichen Fragen anruft. Idealistische Auffassungen in der Ethik finden sich schon in der Antike, so vor allem bei Platon (427–347 v. Chr.), der an die Spitze aller ethischen Reflexionen die göttliche Idee des Guten stellte. Platon betrachtete die Seele als Grundlage der von ihm aufgestellten vier *Kardinaltugenden* Weisheit, Tapferkeit, Einsicht und Gerechtigkeit. Die Tugend, so läßt er in einem seiner Dialoge Sokrates sagen, scheint »durch eine göttliche Schickung denen einzuwohnen, denen sie einwohnt« (Platon, vgl. 1957 II, S. 42).

Diese kurzen Streiflichter auf die Geschichte der Ethik mögen zumindest eines verdeutlichen: Man ist sich in der Philosophie seit alters darüber einig, daß der Mensch als Wesen mit Vernunft sittlich handeln kann und zu handeln hat, Verantwortung trägt und Pflichten übernehmen muß, wobei die oberste Pflicht die zur Sittlichkeit selbst wäre. Ich habe hier bewußt nur einige wenige Beispiele aus der Philosophiegeschichte herausgegriffen, die die Auffassung zeigen, daß moralisches Handeln für Menschen unabdingbar sei und auf absoluten Prinzipien beruhe.

Die Antwort traditioneller, idealistischer Systeme der Ethik auf die Frage »Was sollen wir tun?« lautet also ungefähr so: Wir müssen sittlich handeln, gemäß einem allgemeinen Sittengesetz (z. B. kategorischer Imperativ), wir müssen unser Handeln vor uns und anderen – und nicht zuletzt vor Gott – verantworten.

Was uns in diesem Buch vorrangig interessiert, ist das Problem, wie und warum überhaupt Werte und Normen zustande kommen und woher man das Postulat nimmt, der Mensch *müsse* moralisch handeln. Wollen wir dazu die Antworten der traditionellen Ethik sondieren, dann mag das hier Gesagte vorläufig genügen: Viele Philosophen setzten Moral und Sittlichkeit einfach fest (wenngleich oft mit umständlichen Begründungen) und stützten sich dabei meist auf ein höheres Wesen, Gott oder, wie Hegel (1770–1831), den »objektiven Geist«, aus dem alle Moral ableitbar sei. Auch Kant – den ich deswegen in den Vordergrund stellte, weil seine Ethik bis heute die Moralphilosophie nachhaltig beeinflußt – führt das Sittengesetz in letzter Instanz zu Gott. Denn trotz aller Betonung der Vernunft des Menschen, wird bei Kant Gott selbst zur Grundlage sittlichen Handelns.

Untrennbar mit allen ethischen Forderungen verknüpft ist

nun, wie bereits angedeutet wurde, die Idee der Freiheit. Freiheit ist eine anthropologische bzw. philosophische Grundkategorie, die die Postulate von Verantwortung, Pflicht und Sittlichkeit überhaupt erst möglich macht.

Freiheit des Denkens, Notwendigkeit des Handelns

Aus der Freiheit meines Denkens, so etwa ließe sich eine Reihe von Aussagen zu diesem Problem zusammenfassen, folgt die Notwendigkeit, sittlich zu handeln. Auch Schopenhauer – wiewohl er einer nihilistischen Weltsicht huldigte – sprach von der »wahren moralischen Freiheit«, die »höherer Art« sei (1839, vgl. 1980, S. 618); höher als das sonstige, nicht von Verantwortlichkeit berührte Handeln des Menschen, welches streng determiniert sei.

Das Problem der Freiheit zeigt in der Philosophie viele Facetten; ich glaube nicht, daß bislang eine philosophische Lösung gelungen ist. Sicher aber ist Freiheit im engeren Sinne ein Problem, das unter allen Lebewesen nur den Menschen beschäftigt, der sich kraft seines reflektierenden Bewußtseins die Frage stellen kann »bin ich frei?« und zwischen *Gedanken-* und *Handlungsfreiheit* zu unterscheiden vermag (Wuketits 1981a). Denn auch der, der von der Freiheit seiner Gedanken überzeugt ist, wird einsehen, daß er nicht immer und unter allen Umständen jeden Gedanken in die Tat umsetzen kann. Das verbieten ja nicht zuletzt moralische Prinzipien. Gedanklich kann man beispielsweise stehlen, es aber auch *wirklich* zu tun, ist etwas anderes.

Es kann nicht überraschen, daß Freiheit, und zwar als *Willensfreiheit,* oft als Grundvoraussetzung moralischen Handelns genommen worden ist. So schrieb z. B. Windelband (1905, S. 220), daß das Individuum nur soweit verantwortlich gemacht werden darf, aber auch soweit verantwortlich gemacht werden muß, als es wirklich als wollendes Wesen, seinem Charakter nach, Ursache der Wahl und der Handlung gewesen ist, daß also jede Beeinträchtigung seiner Wahlfreiheit oder gar seiner Freiheit des Handelns auch eine Herabsetzung seiner Verantwortlichkeit bedeutet und als solche in Betracht gezogen werden muß. Es ist deshalb nicht nur Sache der sittlichen Billigkeit, bei der moralischen Beurteilung auf diese Verhältnisse in der gewissenhaftesten Weise Rücksicht zu nehmen, sondern auch eine fundamentale Forderung der politischen Gerechtigkeit, daß die Rechtsprechung der Prüfung des Maßes der Verantwortlichkeit, das mit demjenigen der Freiheit des Wählens und des Handelns geboten ist, auf das allersorgfältigste Rechnung trage.

Die moderne Rechtsprechung nimmt denn auch – ich vermute, in den meisten Ländern – darauf Rücksicht, ob jemand im Augenblick seiner Tat »frei« war oder nicht, ob seine Handlung in irgendeiner Weise beeinflußt war. Derjenige, dessen »Spielraum« durch äußere Umstände eingeengt ist, kann nur bedingt zur Verantwortung gezogen werden. So findet sich zumindest sporadisch auch in alten Gesetzgebungstheorien das Wissen um die Notwendigkeit von Spielräumen (vgl. Helsper 1989), also, sagen wir, von »Freiräumen« des einzelnen in seinem Handeln.

Nun könnte man aber theoretisch die Willensfreiheit leugnen und von der Determiniertheit allen Weltgeschehens überzeugt sein, in dem der einzelne in seinem Denken und Handeln gleichsam vorgegebenen Gesetzen folgte. Einen Beweis dafür, daß unser Denken und Handeln frei sind, gibt es eben nicht, auch wenn man umgekehrt keinen letzten Beweis für Unfreiheit finden wird. Es ist sehr wohl möglich, theoretisch am Determinismus festzuhalten, ohne deshalb die *praktische* Notwendigkeit ethischer Regeln in Frage zu stellen. Eine solche Haltung hat in neuerer Zeit der Biologe und Naturphilosoph Rensch (1977, 1979, 1988) eingenommen. Rensch spricht die Überzeugung aus, daß das Weltgeschehen insgesamt determiniert sei, daß demnach auch unser Denken und Wollen nicht frei sein könnten, sondern wir lediglich das Gefühl hätten, »frei denken und daher dem Ablauf der Assoziationen jederzeit willentlich eine andere Richtung geben zu können« (1988, S. 45).

Die Notwendigkeit von Ethik leugnet aber auch Rensch nicht, im Gegenteil, er meint, daß gerade jener Umstand, daß bei allen Völkern Moralprinzipien festgelegt worden sind, auch auf eine Determiniertheit der Ethik hinweist. Wenn also auch Freiheit, zumal Gedankenfreiheit, nicht angenommen werden könne, dann müsse man zumindest die praktische Notwendigkeit von Ethik, von Werten und Normen, einsehen.

Interessant ist es also zu sehen, daß selbst dort, wo Freiheit angezweifelt wird, die Notwendigkeit von Ethik unbestritten bleibt. Man tut sich aber bei der Begründung eines ethischen Systems wohl leichter, wenn man Freiheit unterstellt. Schon Aristoteles (384–322 v. Chr.) meinte, daß die Freiheit die Voraussetzung ethischer Tugenden sei, und widmete in seiner *Nikomachischen Ethik* (vgl. 1977, S. 233 ff.) der Willensfreiheit einen eigenen Abschnitt. Auch Kant sah, daß ohne Freiheit das »moralische Gesetz« in uns gar nicht anzutreffen wäre (vgl. 1968 VI, S. 108). Viele weitere Stimmen aus der Philosophiegeschichte ließen sich dazu hören, die im wesentlichen dasselbe sagen: »Voraussetzung für die Ethik ist die Freiheit des Menschen« (Wenzl 1949, S. 22).

Auch viele Biologen, die ihre Disziplin in ihren philosophischen Grundlagen und Konsequenzen weiterverfolgt haben, haben einen engen Zusammenhang zwischen Freiheit und Sittlichkeit gesehen. Beispielsweise schrieb Gradmann (1962, S. 410): »Durch überlegtes Handeln macht der Mensch sich frei von dem Zwang der einzelnen Triebe und sieht darin seine höchste, seine *sittliche Freiheit*.« Wobei dem Menschen in der Welt der Lebewesen insofern auch eine »Sonderstellung« eingeräumt wird, als er *in der Lage* sein soll, sich frei zu entscheiden, bestimmte Handlungen auszuführen, vieles aber auch – aus moralischen Gründen – zu unterlassen. »Umweltgebunden und instinktgesichert«, meinte Portmann (1956, S. 67), »so können wir in vereinfachender Kürze das Verhalten des Tieres bezeichnen. Das des Menschen mag demgegenüber weltoffen und entscheidungsfrei genannt werden« (im Original kursiv). So daß der Mensch, der verbreiteten Überzeugung zufolge, *im*

Gegensatz zu den anderen Lebewesen sein Leben nicht nur einfach zu leben, sondern auch zu *führen* in der Lage wäre. Sozusagen das Höchste wäre dann schließlich eine *moralische Lebensführung.*

Es fällt auf, daß der Zusammenhang zwischen Freiheit und Moral oft als wechselseitig gesehen wird: Ist auf der einen Seite Freiheit eine Voraussetzung für die Ethik bzw. für ethisch richtiges Verhalten, so ist auf der anderen Seite Sittlichkeit doch erst der Ausdruck für Freiheit, wenn nicht sogar deren Vollendung. Daß nun zwischen Freiheit und Handeln ein Zusammenhang besteht, ist nicht zu leugnen. Voltaire meinte – in seinem nach wie vor überaus lesenswerten *Dictionnaire philosophique portatif* (1764, vgl. 1985, S. 236) –, daß »Freiheit, richtig verstanden, nur die Fähigkeit zu handeln« bedeute. Man mag darüber denken, wie man will. Sicher aber werden diejenigen, die dem Menschen Freiheit im Denken bzw. Entscheidungsfreiheit einräumen, daraus die Notwendigkeit des sittlichen Handelns ableiten können. Das Unterlassen einer Handlung gehört allerdings auch zur Freiheit:

Wir sagen, jemand sei frei etwas zu tun, wenn er es tun, aber auch unterlassen kann; wenn sein Verhalten weder durch äußeren Zwang, noch durch innere Antriebe determiniert wird, die sich seiner Kontrolle entziehen. Eine Handlung ist also frei, wenn man sie auch hätte unterlassen können. Faßt man den Begriff der *Handlung* enger als jenen des *Verhaltens,* so bestimmt man Handeln oft als freies Verhalten, so daß Handlungen *per definitionem* frei sind (v. Kutschera 1982, S. 266).

Wie schon vorhin gesagt wurde, kann jemand den Gedanken haben, etwas zu stehlen (ein rigoroser Moralist würde selbst das als verwerflich betrachten), aber wenn die Handlung des Diebstahls ausbleibt, dann hat er/sie am Ende sittlich richtig »gehandelt«. In anderen Fällen kann das Unterlassen einer Handlung sittlich falsch sein, wenn jemand einem Verletzten Hilfe verweigert, einem Ertrinkenden nicht aus dem Wasser hilft, als Zeuge eines Autounfalls nicht die Rettung verständigt usw.

Man hat diese Zusammenhänge zwischen Denken und Handeln stets gesehen und die Notwendigkeit einer Handlung – oder des Unterlassens derselben – aus der postulierten menschlichen Freiheit abgeleitet. Ich betone: *postulierte* Freiheit; denn inwieweit der Mensch tatsächlich frei ist, vor allem, was unter »Willensfreiheit« zu verstehen wäre, ist praktisch nie entschieden worden. Aber zumindest bleibt das Postulat der Freiheit eine wichtige Hilfskonstruktion in der Ethik. Und es bleibt die Forderung, sich stets so zu entscheiden, daß die der Entscheidung folgende Handlung »ethisch richtig« ist.

Wertschöpfung und gesellschaftliche Norm

Unabhängig davon, wie verschiedene (philosophische) Vorfragen der Ethik – z. B. das Freiheitsproblem – entschieden werden, gilt der Mensch jedoch sozusagen als wertschöpfendes Lebewesen. Wir *bewerten* verschiedene Vorgänge um uns, in der Natur, vor allem jedoch das Verhalten bzw. Handeln anderer Menschen. Viele von uns empfinden Sympathie einem Menschen gegenüber, der, wie man sagt, seinen Prinzipien treu ist, sich »nicht kaufen läßt«, sein »Amt« ernst nimmt und selbst im Umgang mit ihm persönlich unsympathischen Menschen »korrekt« bleibt. Weniger Sympathie empfinden wir hingegen für Leute, die ständig ihre Meinung ändern, sich in ein und derselben Sache mal so, mal anders verhalten und gleichsam moralisch unberechenbar sind. Der Mensch in der Gemeinschaft ist auf bestimmte Regelmäßigkeiten im Verhalten seiner Mitmenschen angewiesen und rechnet damit, daß sich die anderen seinen Erwartungen gemäß verhalten werden. Wo das nicht der Fall ist, dort herrscht Ratlosigkeit, man ist enttäuscht, wenn man sich selbst »richtig« zu verhalten glaubt, die anderen aber ein »unkorrektes« Verhalten an den Tag legen.

An dieser Stelle müssen wir aber auch zwischen *Werten* und *Normen* unterscheiden (siehe auch Wuketits 1984). Nehmen wir z. B. an, wir könnten uns darauf einigen, daß das menschliche Leben, und zwar das Leben *jedes* Individuums, den höchsten

Wert darstellt. Das wäre ein grundlegender Konsens in der Ethik, also ein Konsens über Werte. Allerdings ist man vielerorten der Meinung, daß das individuelle Leben einen Grundwert darstellt – ohne diese Meinung aber unter allen Umständen in eine Norm umzusetzen. Wie ich schon im Prolog gesagt habe, herrscht in Kriegssituationen das Gebot, den anderen, den angeblichen Feind, unschädlich zu machen. Was also ist dieser andere wert? Was zählt dann das individuelle (menschliche) Leben? So gut wie nichts. Eine Norm – sie soll meinetwegen »Kriegsnorm« heißen – kann jederzeit einen Wert, also den des (menschlichen) Lebens verletzen. In den Sozialwissenschaften werden Werte etwa als »allgemeine, einzeln symbolisierte Gesichtspunkte des Vorziehens von Zuständen oder Ereignissen« (Luhmann 1987, S. 433) definiert, während Normen so etwas wie Erwartungen ausdrücken, die jeder einzelne von seiner Gruppe (oder die Gruppe vom einzelnen) hegt. Anders gesagt: Normen sind Handlungsregeln; sie können Werten entsprungen sein, sie können bei häufiger Praktizierung auch Wertvorstellungen stabilisieren. Kriegssituationen können Werte aufheben oder andere Wertpräferenzen schaffen. Schon Adam Smith (1759, vgl. 1926 I, S. 135 f.) schrieb:

Es gibt ... Fälle, in denen wir bloß im Hinblick auf das allgemeine Interesse der Gesellschaft Strafen und Bestrafungen gutheißen, da dieses, wie wir meinen, auf andere Weise nicht geschützt werden kann. Von dieser Art sind all die Bestrafungen, die wegen Vergehen gegen die sogenannte bürgerliche Polizeiordnung oder gegen die Kriegszucht verhängt werden ... So wird zum Beispiel ein Wachposten, der während seines Dienstes einschläft, nach den Kriegsgesetzen mit dem Tode bestraft, weil solche Unachtsamkeit das ganze Heer in Gefahr bringen kann. Diese Strenge kann in vielen Fällen notwendig und deshalb gerecht und angemessen erscheinen. Wenn die Erhaltung des Individuums unvereinbar ist mit der Sicherheit einer großen Menge, dann kann nichts gerechter sein, als daß die Vielen dem Einen vorgezogen werden. So notwendig aber auch immer diese Bestrafung sein mag, so wird sie uns doch stets als äußerst streng erscheinen. Die Bosheit und Abscheulichkeit, die in dem Verbrechen selbst liegt, scheint uns so gering und die Bestrafung so schwer zu sein, daß es unser Herz eine starke Selbstüberwindung kostet, sich mit dieser Strafe abzufinden.

Eine Norm – hier: Norm der Bestrafung – kann also auch den Wert des individuellen Lebens aufheben, selbst wenn dieses unter allen anderen Umständen durchaus akzeptiert wird. Was militärische Organisationen betrifft, so haben diese sicher ihre eigenen sozialen Prozesse, aber ebenso werden ihre Ziele von den Werten der Gesamtgesellschaft gefördert oder behindert (Meyer 1977, 1990).

Offensichtlich aber haben gerade Militärorganisationen – aus Gründen, die hier nicht weiterverfolgt werden können – die Zustimmung der Gesamtgesellschaft vielfach erfahren, selbst in Fällen, wo beispielsweise der Wert des Lebens tatsächlich sozusagen gesamtgesellschaftlich verankert ist. So gilt für die katholische Kirche das im Dekalog verankerte Tötungsverbot als eines der wichtigsten Verbote (und dementsprechend der Schutz des menschlichen Lebens als eine Grundforderung); dennoch hat sich, auch in unseren Tagen, schon so mancher Bischof herabgelassen, militärische Einrichtungen einzuweihen und zu segnen und ihnen im Namen Gottes buchstäblich seinen Sanktus zu erteilen. Mag sein, daß man Kriege und militärische Organisationen als extreme Beispiele betrachten wird, aber gerade diese demonstrieren die häufig vorkommende Kollision von Normen und Werten – bzw. die Möglichkeit, Werte jederzeit zu verändern oder durch andere zu ersetzen – besonders drastisch.

Gewiß sind Wertschöpfung und gesellschaftliche Norm nicht getrennt voneinander zu betrachten. Aber das *individuelle* Empfinden und die *individuellen* Wertpräferenzen stehen oft im Widerspruch zur gesellschaftlichen Norm und werden nicht selten von dieser gar aufgehoben. Auf diese Weise kann eine Ethik entstehen, die den Wert des Individuums minimiert; eine Ethik, die sich auf überindividuelle »Gewalten« gründet, sei es auf Gott, »die Geschichte«, den Staat, die als zentrale ethische Bezugskategorien das Individuum in die Ohnmacht treiben und jede seiner möglichen spontanen Regungen im Keim ersticken. Eine solche Ethik ist idealistisch in dem Sinne, daß sie »Ideen« vom individuellen »Geist« loslöst und diesem überordnet. Selbstredend wird eine derartige Ethik die »natürlichen Regungen« des einzelnen ignorieren oder, wo sie nicht ignoriert werden können, unterdrücken. Die Konsequenzen einer so fundierten Ethik sind ebenso greifbar wie diese Ethik selber, sie sind im Gruselkabinett der Geschichte in klaren Konturen vorhanden. Um das mindeste zu sagen: Es ist höchst bedenklich, dem Grundsatz zu folgen, daß unsere Wertungen der Wirklichkeit angepaßt werden müßten, »wenn dieser von der Weltverklärung auf die Handlungssteuerung übertragen wird. Da es sich nämlich nicht bewirken läßt, daß das Gerechte stets auch die Macht habe, so muß man, um beide zur Deckung zu bringen, eben die Macht stets für gerecht erklären« (Topitsch 1979, S. 194). Und sicher sind viele Versuche, eine Ethik zu begründen, einer *Weltverklärung* entsprungen; die Welt mußte so gedeutet werden, daß sie mit den Machtgelüsten kirchlicher und weltlicher Priester und Propheten vereinbar war. Endlich verklärt, erlaubte diese Welt dann natürlich auch Folterungen, um den einzelnen auf den »rechten Weg« zu bringen, oder schlimmstenfalls den Holocaust ganzer Sozietäten, Völker und Kulturen.

Das Elend der idealistischen Ethik

Die meisten ethischen Systeme, die bislang – insbesondere im Abendland – formuliert worden sind, sind einem Idealismus verpflichtet. Jedenfalls gilt das meines Erachtens für diejenigen Ethiken, die unser Leben tatsächlich auch nachdrücklich beeinflussen wollen. Unter *Idealismus* ist nun im wesentlichen jede Festsetzung von Werten und Normen zu verstehen, die sich auf das Postulat der Existenz von unserem Leben übergeordneten Prinzipien gründet. Diese postulierten Prinzipien können, wie angedeutet, in einem personifizierten Gottesbild ihren Kristallisationspunkt finden oder in einem Geschichtsbild, das die Geschichte dem Einzelmenschen überordnet; sie können als bloße Satzungen manifest werden, als unhinterfragbare Imperative, die der einzelne zu befolgen hat, ob sie ihm passen oder nicht.

Ich spreche hier vom Elend der idealistischen Ethik, weil keines der idealistisch begründeten Moralsysteme wirklich zu überzeugen vermochte. Um dabei nicht mißverstanden zu werden, möchte ich jedoch betonen, daß ich sehr wohl verschiedene der in solchen Moralsystemen ausgesprochenen ethischen Forderungen ernst nehme und ihnen zu folgen bereit bin. Kants kategorischer Imperativ erweckt meine Sympathie ebenso wie die goldene Regel, und ich glaube, daß die Berechtigung solcher Imperative außer Frage steht, wenn wir uns bemühen wollen, einen ethischen Minimalkonsens zu finden. »Prüfen sie selbst, ob in unserer gefährdeten Welt eine Alternative bleibt zur Herrschaft einer ›praktischen Vernunft‹, die Immanuel Kant begriff als die Übereinstimmung von Wollen und Handeln mit dem Sittengesetz« – der das schreibt, nämlich Mohr (1987, S. 178), ist keiner idealistischen Philosophie verpflichtet, sondern steht fest auf dem Boden der biologischen Evolutionslehre. Man sage nicht, daß das notwendigerweise Widersprüche aufwirft. Denn der Umstand, daß – wie in diesem Buch auszuführen bleibt – unser Moralverhalten biologischen Ursprungs ist, bedeutet nicht, daß wir keine Sittengesetze fordern dürfen. Im Gegenteil, unsere unsicher gewordene Welt bedarf der ethischen Besinnung, sie bedarf der ethischen Orientierung, nur hat es sich gezeigt, daß verschiedene der angebotenen Orientierungslinien ins Nirgendwohin führen. Um es weniger drastisch auszudrücken: Viele Menschen nehmen imperativ formulierte Regeln der Sittlichkeit zur Kenntnis, doch befolgen sie sie nicht und verweisen sie ins Reich unzeitgemäßen Moralisierens. *Warum?* Es erscheint plausibel, daß eine Ethik, die sich aus der Quelle abstrakter Prinzipien speist, von vielen unverstanden bleibt; daß aber umgekehrt »die Akzeptanz und Wirkungsdauer moralischer Normen immer dann ermöglicht wird, wenn sie mit biologisch bestimmten menschlichen Verhaltensweisen übereinstimmen« (Ayala 1987, S. 237). Ja, aber wenn diese Verhaltensweisen gerade auch destruktives und aggressives Handeln nach sich ziehen – sollen wir sie dann akzeptieren und jede Ethik, die solchem Handeln entgegenwirken will, ins Reich der Illusionen abschieben? Und sollen wir von vornherein nur eine Ethik *(Ethik?)* anstreben, die unserer Natur folgt?

Man muß sich nun nicht gänzlich in die Hoffnungslosigkeit stürzen. Denn immerhin gehört das Streben nach moralischem Verhalten *auch* zu unserer Natur. Wir Menschen sind Angehörige der einzigen uns bekannten Spezies mit moralischen Ansprüchen, die Fähigkeit oder gar Notwendigkeit, ethische Maximen aufzustellen, ist wesentlicher Bestandteil unserer Natur (Simpson 1972) oder folgt zumindest aus der Evolution unserer Gattung gleichsam als deren natürliches Ergebnis. Das Elend der idealistischen Ethik bestand – und besteht – darin, daß ihre Vertreter diesen Gesichtspunkten zu wenig oder gar keine Beachtung geschenkt und statt dessen angenommen haben, daß Moral übernatürliche Wurzeln haben müsse und nur unter Rückgriff auf solche Wurzeln zu begründen sei. So entstanden auch ethische Forderungen, die einfach nicht *lebbar* sind. Die *Sexualethik* der katholischen Kirche, das Verbot, »Unkeuschheit« zu treiben, ist – wie ich unterstelle – von den allermeisten Menschen aus biologischen Gründen nicht lebbar, da können die Vertreter dieser Ethik machen, was sie wollen (auch sie selbst mögen wiederholt festgestellt haben, daß sie damit in Schwierigkeiten kommen). Das Keuschheitsgebot stützt sich auf die Annahme, daß der Geschlechtsakt nur im Dienste der Fortpflanzung legitim sei: »Seinen Sinn empfängt der Geschlechtstrieb eben erst als Trieb zur Fortpflanzung, und seinen Makel verliert er für den Menschen, der sich dieses Sinnes bewußt ist, wenn er in der Bejahung des kommenden Menschen gewollt wird« (Wenzl 1949, S. 146). Der Geschlechtstrieb als solcher soll also mit einem Makel behaftet sein. Wie kommt man denn zu einer derartigen Auffassung? Wohl doch nur, indem man die biologische Tatsache nicht wahrhaben will, daß, jedenfalls in bestimmten zeitlich nicht streng abgrenzbaren Lebensphasen, den Menschen die ständige Bereitschaft zum Geschlechtsverkehr charakterisiert. Das zu leugnen oder negativ zu bewerten ist nur jenen möglich, die eine vom Leben abgehobene Ethik wollen, eine idealistische Ethik, die den Menschen sozusagen von oben herab behandelt und in gewissem Sinne inhuman ist oder zumindest inhumane Konsequenzen nach sich ziehen kann, weil sie das Individuum vergewaltigt.

Demgegenüber hat aber beispielsweise Moritz Schlick (1882–1936) betont, daß menschliches Moralverhalten wesentlich durch Lust- und Unlustgefühle und Lust- und Unlustwerte reguliert werde, so daß Ethik stets dem individuellen Verhalten und Handeln Rechnung zu tragen hätte (vgl. Leinfellner 1985). Vertreter einer idealistischen Ethik haben sich nur zu oft empirisch feststellbaren Merkmalen des Menschen verschlossen. Sie haben biologisch begründete Neigungen des Menschen ignoriert oder gemeint, daß diese durch ethische Imperative sozusagen korrigiert werden könnten, wobei von der *Unbedingtheit* der Moral auszugehen sei (Knapp 1989); und, wie Jonas (1984) fordert, »Ehrfurcht« und »Schaudern« seien (wieder) zu lernen, um uns vor den Irrwegen unserer eigenen Macht zu schützen. So plausibel diese Forderung für viele auch sein mag – wie wollen wir sie begründen? Jede Sollensforderung muß von dem, dem sie gilt, auch verstanden und gelebt werden können, d. h. derjenige, der Sollensforderungen aufstellt, steht vor dem Problem, sie *begründen* zu müssen. Aber begründen kann man ethische Forderungen wiederum nur um so besser, je mehr man auch auf die tatsächlichen Wünsche, Ziele und Abneigungen der Menschen Rücksicht nimmt. Andernfalls kann zwar ein ethisches System für eine bestimmte Zeit künstlich aufrechterhalten werden, um dann aber wie ein Kartenhaus zusammenzubrechen, wenn sich die Menschen auf ihre Wünsche, Ziele und Abneigungen ernsthaft besinnen und das Gefühl sich zu regen beginnt, um etwas betrogen worden zu sein, worauf man ein Anrecht zu haben glaubt. Gerade die jüngste Entwicklung in vielen Ländern der Erde zeigt, daß durch bloße Ideen und Hoffnungen auf den »neuen Menschen« auf Dauer keine Politik zu machen ist, weil, mit Bertolt Brecht gesagt, zuerst das Fressen kommt und dann die Moral. Es ist eine biologische Trivialität, daß der Mensch elementare Bedürfnisse hat, die für ihn über allem anderen stehen.

In diesem Sinne schreibt Leinfellner (1990, S. 184), mit Blick auf das Versagen traditioneller, idealistischer Moralsysteme und im Ausblick auf eine praktikable Sozialethik:

Trotz des göttlichen Ursprungs ihrer Sollensgebote funktionieren christliche Ethiken eudämonistisch. Die Befolgung guter Taten wird ... mit lustvoller Belohnung, d. h. Aussicht auf Gewinn ewigen sozialen Lebens im Jenseits versehen, und detto die Nicht-Befolgung mit Bestrafung und Verlust desselben. Daraus folgt aber: Lassen wir die Optimierung, das »Plus« an sozialer Lust, Freude, Gewinn weg oder glaubt man nicht mehr an die jenseitige Belohnung, dann schließen wir auch die inneren Motivationen, die uns antreiben, ethisch zu handeln, aus. Dies dürfte ein ... Grund sein, warum wegen zunehmenden Unglaubens die traditionelle und die christliche Ethik heute inmitten ihrer schwersten Krise steckt.

Und das dürfte, wie ich ergänzen möchte, auch einer der Gründe sein, warum bestimmte politische Systeme zusammenbrechen: Wo nämlich eine illusionäre Weltsicht, die den Menschen »auf später« vertröstet, aber immer stärkere Illusionen braucht, um sich selbst – und die, die daran glauben sollen – über Wasser zu halten, wo also eine derartige Weltsicht elementare menschliche Bedürfnisse hier und jetzt nicht zu befriedigen vermag, dort wird der Mensch früher oder später zu rebellieren beginnen. Diese Rebellion ist dann weniger ein »Aufstand des Geistes«, sondern vielmehr der Durchbruch tiefsitzender, in der Stammesgeschichte unserer Gattung entstandener Antriebe.

Wer von diesen Antrieben nichts weiß oder nichts wissen will und dennoch hofft, eine Ethik begründen zu können, der muß mit Enttäuschungen rechnen und wird sich letztlich unter seinen Hoffnungen und Illusionen begraben finden.

Das Elend der idealistischen Ethik, die sich seit Jahrtausenden auf absolute, unbedingte und unhinterfragbare Prinzipien zurückzieht und ebensolang schon den Menschen Ehrfurcht und Schaudern zu lehren versucht, besteht aber nicht zuletzt auch darin, daß sie hinter dem faktischen Verlauf der Menschheitsentwicklung und insbesondere den rasch sich wandelnden empirischen Wissenschaften nachhinkt. Seit dem 19. Jahrhundert vertiefen sich unsere Einsichten in die biologischen Existenzbedingungen unserer Spezies, und die These, daß auch unser Erkennen und Denken, Fühlen und Wollen, unser Moralverhalten nur innerhalb bestimmter biologischer Rahmenbedingungen entstanden sein können, ist nicht mehr von der Hand zu weisen – manche sprechen aber immer noch unentwegt vom »Absoluten«, vom »Geist«, der unabhängig vom Gehirn existieren soll, von der Unabdingbarkeit eines Sittengesetzes usw. Es ist höchste Zeit, den Anachronismus dieser Redeweisen und der ihnen zugrundeliegenden Überzeugungen klarzustellen und zugleich zu sehen, welche biologischen Momente eine Ethik heute ernst nehmen muß. Es gibt eine Reihe empirischer Hinweise darauf, daß die Art und Weise, wie der Mensch denkt, seine sozialen Systeme organisiert und sich seinen Artgenossen gegenüber verhält, tiefe Wurzeln in der Stammesgeschichte hat und ohne Berücksichtigung dieser nicht hinreichend erklärt und verstanden werden kann. Eine Ethik oder Moralphilosophie dürfte nicht an jenen Hinweisen vorbeigehen. Mehr noch, die Forderung, Moralphilosophie als eine *angewandte Wissenschaft* zu betreiben (Ruse und Wilson 1986), gewinnt an Substanz. Das muß nicht bedeuten, daß der als *naturalistischer Fehlschluß* ausgewiesene Schluß vom Sein auf das Sollen gezogen wird (Näheres dazu im 2. Kapitel). Aber wir können die in den empirischen Wissenschaften – hier insbesondere der Biologie – gewonnenen Einsichten in unser eigenes Wesen berücksichtigen und die Existenz von Werten und Normen aus der Evolution unserer Gattung ableiten.

Ich habe schon im Prolog bemerkt, daß das Unterfangen einer evolutionären Ethik bei vielen auf Widerstand stößt, was nicht zuletzt mit den Ängsten vor einem Sozialdarwinismus oder ähnlichen Ideologen zu tun hat. Diese Ängste mögen nicht unbegründet sein, weil uns die menschenverachtenden Doktrinen jener Ideologen, die biologische Theorien in Normen umfunktioniert haben, nur zu gut bekannt sind. Ich glaube, daß eine »Biologisierung« der Moral keineswegs zu solchen Doktrinen führen muß, sondern sie ganz im Gegenteil als unhaltbar ausweist, wenn man sich nämlich bemüht zu verstehen, was uns die Biologie *wirklich* über uns selbst zu sagen hat. Diejenigen, die meinen, sich auf die Tradition(en) der idealistischen Ethik zurückziehen zu können und dort besser aufgehoben zu sein, mögen indes zur Kenntnis nehmen, daß die dort erhobenen ethischen Forderungen nicht nur oft im luftleeren Raum stehengeblieben sind, sondern daß so mancher Vertreter oder Begründer jener Tradition(en) auch menschenverachtende Ideologien gestützt hat. Der mit Idealen beseelte Platon hat die Sklavenhalter-Gesellschaften seiner Zeit befürwortet und fand offenbar nichts dabei, daß viele Menschen – die seinem Verständnis nach gar keine vollwertigen Menschen waren – ausgebeutet, ihrer Individualität beraubt, gefoltert oder getötet wurden. Und man denke daran, daß es Vertreter der christlichen Ethik, dem Gebot der Nächstenliebe zum Trotz, mühelos verantworten konnten, Andersdenkende zu verfolgen, »Hexen« zu verbrennen, Frauen zu verachten und zu Menschen zweiter Klasse zu degradieren. Auch das sind Antworten der (traditionellen, idealistischen) Ethik.

Sicher können Traditionen erneuert werden, man kann ihnen neue Elemente beigeben. Wenn wir heute die Ethik erneuern wollen, dann wird das nicht mehr möglich sein, ohne die Biologie ernst zu nehmen. Von der traditionellen, idealistischen Ethik wird dann aber nicht mehr viel bleiben.

Zusammenfassung. Ethik befaßt sich mit der Frage, was der Mensch tun soll, um sittlich zu handeln, und versucht im Vorfeld dieser Frage auch verschiedene Voraussetzungen der Sittlichkeit zu klären. Dabei wird meist davon ausgegangen, daß der Mensch in seinem Denken und Handeln frei ist und gerade deshalb Verantwortung zu übernehmen hat. Die meisten traditionellen ethischen Systeme sind einem Idealismus verpflichtet. Moral wird in diesen Systemen von einer göttlichen oder jedenfalls übernatürlichen »Idee« hergeleitet, die Pflicht, sittlich richtig zu handeln, gilt als unabdingbar und unhinterfragbar. Damit sind die ethischen Imperative, die dem einzelnen vorschreiben, wie er zu handeln hat, vom Leben abgehoben, sie sind Sollensforderungen, die vielfach keine Rücksicht auf die konkreten Daseinsbedingungen des einzelnen Menschen nehmen und das Individuum einem überindividuellen, übernatürlichen Gesetz unterordnen. Solche ethischen Systeme sind – auch wenn sie viele Forderungen enthalten, die für das Leben des Menschen in Gemeinschaft nützlich und notwendig sind – meines Erachtens zum Scheitern verurteilt. Wenn Moral aus abstrakten Prinzipien abgeleitet wird oder man gar ein von den konkreten Dingen dieser Welt abgehobenes »Reich der Werte« postuliert, dann bietet das auf Dauer eine schwache Begründung dafür, warum ich mich so oder so verhalten soll. Daher plädiere ich dafür, den Menschen als Lebewesen zu betrachten und eine Klärung seiner biologischen Existenzbedingungen jeder Reflexion über Sittlichkeit und jeder Sollensforderung voranzustellen.

Dabei kann es selbstredend nicht darum gehen, die Ethik aufzuheben, sehr wohl aber darum, sie auf ein neues Fundament zu stellen, von wo aus »lebensnahe« Moralforderungen möglich sein müßten.

2. Was kann ich tun? – Antworten der Biologie

Ehe wir die höheren moralischen Zwecke, die mit Beihilfe der tierischen Natur erreicht werden, zu erforschen suchen, müssen wir zuerst ihre physische Notwendigkeit festsetzen.

FRIEDRICH SCHILLER

Biologie befaßt sich mit Lebewesen und den an ihnen beobachtbaren Erscheinungen. Wie jede Naturwissenschaft beschreibt sie die Phänomene in ihrem Objektbereich und versucht, Erklärungen dafür zu finden. Sie ist daher eine *explanatorische* Wissenschaft und zielt letztlich darauf ab, allgemeine Gesetzmäßigkeiten in der Vielfalt der Erscheinungsformen des Lebens zu ergründen. Die Besonderheit der Biologie als Naturwissenschaft liegt unter anderem darin, daß sie auch die Natur des Menschen beschreibt und zu erklären versucht, so daß der Mensch zugleich Subjekt und Objekt der biologischen Forschung ist. Aufregung verursachte bekanntlich die von Darwin – aber auch schon von einigen Naturhistorikern vor ihm – formulierte These, daß der Mensch, wie alle anderen Lebewesen, ein Resultat der organischen Evolution sei; und affenartige Wesen als Vorfahren habe. Diese These ist inzwischen unbestritten (auch wenn sie nach wie vor viele nicht wahrhaben wollen). Unsere »niedere Abkunft« zeigt sich in unserem Körperbau, unserem Verhalten, unserem Erkennen und Denken, unseren sozialen Organisationen – und unserer Ratlosigkeit in moralischen Fragen. Die Biologie liefert keine Normen für menschliches Verhalten, sondern ist, wie jede Naturwissenschaft, eine nicht-normative Wissenschaftsdisziplin. Aber es ist ihr legitimes Anliegen, nach einer Antwort auf die Frage zu suchen, woher die (menschlichen) Werte und Normen kommen, wie und unter welchen Bedingungen der Evolution sie sich entwickelt haben und inwieweit sie lebenserhaltende Funktionen erfüllen. Mithin ist die Biologie eine wichtige Disziplin in der Diskussion ethischer Fragen. Die grundsätzliche Relevanz der Biologie für die Ethik soll in diesem Kapitel behandelt werden. Die Biologie zeigt, daß menschliche Existenz nur innerhalb bestimmter natürlicher Rahmenbedingungen erklärbar ist, unser Denken, Fühlen und Wollen, unser Verhalten und Handeln – auch hinsichtlich der speziellen Formen moralischen Verhaltens bzw. Handelns – von diesen Rahmenbedingungen *(constraints)* abhängt. Die Konsequenzen dieser Einsicht sind schwerwiegend.

Der Mensch im Fadenkreuz der Natur

Es ist eines zu sagen, daß sich die Organismenarten im Laufe langer Zeiträume verändert haben (Evolution), daß dem Menschen aber eine »Sonderstellung« in der Welt des Lebenden zukomme; etwas anderes ist es zu behaupten, daß der Mensch das Resultat der gleichen Evolutionsmechanismen sei wie alle anderen Organismen und daß *alle* Aspekte seines Lebens letztlich eine evolutionäre Erklärung finden. Man hat dem »Naturwesen« Mensch wiederholt sein »Kulturwesen« gegenübergestellt, seine Kultur als »zweite Natur« (Gehlen 1971) apostrophiert, die ihn jedoch zugleich von den Fesseln der *Natur* bzw. der organischen Evolution befreien solle. Der Streit darüber, was den Menschen mehr beeinflusse, seine (biologische) Natur oder seine Kultur, der Streit also zwischen »Biologisten« und »Kulturisten« (Winkler 1986), ist endlos lang – und unergiebig. Er muß an dieser Stelle nicht näher charakterisiert werden; ich habe das ihm zugrundeliegende Dilemma anderswo (Wuketits 1990b) kurz beschrieben.

Unbestritten ist, daß der Mensch ein Lebewesen ist, welches um seine eigene Existenz *weiß,* bewußt über sich selbst und die Welt, in der es lebt, zu reflektieren in der Lage ist; das ist eine Fähigkeit, die wir an anderen Lebewesen nicht kennen. Sein »geistiges Leben« zeichnet den Menschen sicher gegenüber anderen Lebewesen aus, es ist, wie Lorenz (1973) bemerkt, eine

»neue Art von Leben«. Man hat daher im Menschen auch das »Ebenbild Gottes« gesehen. Diese Metapher hat sich bis heute gehalten, sie wird bisweilen auch für die Begründung der Ethik explizit gemacht. »Der Glaube an die Schöpfung des Menschen nach dem Bilde Gottes«, meint etwa Knapp (1989, S. 284), »[impliziert], daß der Mensch in seinem Tun und in seiner Verantwortung fungiert wie ein Statthalter Gottes gegenüber den Geschöpfen«. Meines Erachtens ist dieser Glaube aber in erster Linie ein Beweis für die menschliche Selbstherrlichkeit, Ausdruck jenes Bemühens, sich um jeden Preis aus der Natur herauszukatapultieren, sich auf die Stufe eines angenommenen übernatürlichen Wesens zu stellen (vgl. Wuketits 1985b, 1988c). Was also bleibt von jenem der idealistischen Philosophie entsprungenen Menschenbild, das den Menschen gleichsam als Gott porträtiert? Nichts. Wilson (1975, S. 3) schreibt:

Der Biologe, der sich mit Fragen der Physiologie und Evolutionsgeschichte beschäftigt, bemerkt, daß Selbsterkenntnis von den emotionalen Kontrollzentren im Hypothalamus und limbischen System des Gehirns limitiert und geformt wird. Diese Zentren überfluten unser Bewußtsein mit all den Emotionen – Haß, Liebe, Schuldgefühl, Angst und andere –, die von Moralphilosophen angerufen werden, die die Maßstäbe für gut und böse zu erfassen wünschen. Was, so müssen wir daher fragen, hat den Hypothalamus und das limbische System gemacht? Sie evolvierten durch natürliche Auslese.

Es war diese *naturalistische* Erklärung der Lebewesen (einschließlich des Menschen), wodurch Darwin seine Zeitgenossen (und nicht nur diese) so erschreckt hat: Die natürliche Auslese oder Selektion, als gleichsam mechanisch wirkende Kraft, erklärt demnach nicht nur das Auftreten und den Wandel der Tier- und Pflanzenarten, sondern ebenso die Entstehung und Entwicklung des Menschen mit allen seinen spezifischen Eigenschaften wie Sprache, Denken und Moralität (Darwin 1859, 1871). Kurz gesagt, der Mensch ist, seiner Selbstverherrlichung zum Trotz, nicht ein Geschöpf Gottes, sondern ein Resultat von »Naturkräften«. Diese Schmach haben viele Angehörige seiner

Spezies bis heute nicht verkraftet und versuchen zu retten, was gerettet werden kann – beispielsweise ein von Gott inspiriertes Sittengesetz.

Andere, für die der Glaube an Gott oder die Distanzierung davon weniger ein Problem ist, klammern sich an die Hoffnung, daß das Verhalten des Menschen »sozial bedingt« sei und der Mensch aus dem Fadennetz der Natur auf diese Weise befreit werden könne. Dabei wird »sozial« unsinnigerweise als Gegenteil zu »natürlich« betrachtet oder zumindest unterstellt, daß alle sozialen Phänomene beim Menschen von dessen biologischer Natur unabhängig wären. Ich möchte demgegenüber betonen, daß der Mensch in seiner *biologischen* Evolution von vornherein ein soziales Wesen war und daß umgekehrt jede seiner sozialen Verhaltensweisen ein *biologisches* Phänomen ist. Das »Soziale« ist also im Grunde schon etwas »Biologisches«, und alles, was wir als »Kultur« bezeichnen, existiert ja nicht unabhängig von unserer Existenz als *lebende* Wesen (Vogel 1986, 1989b). Was auch immer Menschen tun, wie auch immer sie sich sozial verhalten, welche Kulturleistungen sie auch hervorbringen mögen – sie tun das alles als *Lebewesen*. Daß diese Trivialität auch heute noch auf so viel Widerstand stößt, daß man Natur und Kultur nach wie vor als Gegensätze aufzufassen bereit ist, das hängt wohl mit der Kraft der christlich-abendländischen, idealistischen Denktradition zusammen, die den Menschen als »Krone der Schöpfung« glorifiziert hat. Es hängt aber ebenso mit jener Ideologie zusammen, die von der »gesellschaftlichen Formbarkeit« des Menschen ausgeht und deren Vertreter die Hoffnung zu wecken vermochten, daß sie einen »besseren Menschen« schaffen würden; wobei sie selbst ja auch von jenen Emotionen durchflutet waren und sind, die dem Hypothalamus und limbischen System entspringen und allerlei Hoffnungen und Illusionen zu nähren vermögen.

Nun sind Hoffnungen und Illusionen sicher ein wichtiger Bestandteil des menschlichen Lebens. Der, den jede Hoffnung verläßt, mag einzig im Selbstmord noch einen Ausweg sehen. Und eine Menschheit ohne Illusionen würde wohl an sich selbst verzweifeln. Seit der Mensch seine Existenz bewußt wahrnimmt, ist er bestrebt, sein Leben, einmal als Individuum, dann aber auch als Menschheit, zu verbessern – wenngleich die Verbesserung der Lebensbedingungen der gesamten Menschheit stets ein Anliegen nur einiger weniger Individuen war. Sein Bedürfnis nach Illusionen hat den Menschen aber oft dazu verleitet, ein Übermaß an »besseren Welten« zu konstruieren und darob diese eine Welt, in der er lebt und die ihn trägt, zu vergessen; zu übersehen, daß er selbst Bestandteil dieser Welt, der Natur, ist. Der Mensch ist dieser Natur entsprungen, er ist mit ihr untrennbar verbunden, alles, was er heute denkt und tut, ist ein Ergebnis seiner Naturgeschichte. Es erscheint plausibel, »daß die Wurzeln der menschlichen Weltauffassung und Selbstdeutung bis in die Anfänge alles Lebens zurückreichen« (Topitsch 1979, S. 36). Die *Interessen,* die der Mensch verfolgt, sind in seine Lebensgeschichte, seine Lebensabläufe eingebettet (Alexander 1983, 1987, 1988). Ich meine also, daß selbst diejenigen Ideologien, die sich, ohne die Naturgeschichte des Menschen zu berücksichtigen, um den »neuen Menschen« bemühen, die »Welt verbessern« wollen usw., letztlich tiefe biologische – oder, sagen wir, biopsychologische – Wurzeln haben.

Hier könnte ich nun leicht den Eindruck erwecken, daß ich die menschliche Kultur und die *kulturelle Evolution* zugunsten der Natur und der organischen Evolution vernachlässigte und mich dazu hinreißen ließe, alles *biologisch* zu betrachten. Ich habe in anderen Arbeiten (Wuketits 1984, 1988c, 1989a, 1990b) ausdrücklich darauf hingewiesen, daß die Kulturentwicklung der Menschheit keineswegs dasselbe ist wie die organische Evolution und daher auch nicht auf Biologie reduziert werden könne. Kaum ein Biologe würde heute ernsthaft behaupten, daß sich beispielsweise die Renaissance-Kunst ausschließlich in biologischen Termini beschreiben ließe oder man etwa für die Entwicklung der Musik keine anderen als biologische Faktoren geltend zu machen bräuchte. Aber sowohl die Renaissance-Kunst als auch die Musikgeschichte – oder man nehme die Dichtkunst der Romantik oder was auch immer – sind von *lebenden Organismen* gemacht worden, die damit ihre Gefühle, Wünsche, Interessen usw. zum Ausdruck gebracht haben! Die Auffassung also, daß unsere Kulturgeschichte von unserer Naturgeschichte abgekoppelt sei und wir von der Biologie keinerlei Hilfe bei der Erklärung von Kultur zu erwarten hätten, ist nicht haltbar. Gewiß waren die einzelnen kulturellen Leistungen des heutigen Menschen nicht in der organischen Evolution der Hominiden schon vorgezeichnet. Die Grunzlaute eines *Australopithecus* haben keine moderne Theateraufführung vorweggenommen, und wenn ein *Homo erectus* mit einem Stab gegen einen Baumstamm schlug, dann war das noch kein Hinweis auf Beethovens Symphonien. Aber so wie die Laute, die ein *Australopithecus* von sich gegeben oder ein *Homo erectus* mit einem Stab oder Ast produziert hat, Ausdruck von Aktivitäten lebender Wesen waren, so sind auch Beethovens Symphonien und moderne Theateraufführungen in erster Linie spezifische Lebensaktivitäten, abhängig von komplexen Gehirnen und anderen Organen.

Uns geht es hier um die Basis, um die Bedingung des Auftretens dieser merkwürdigen Spezies *Homo sapiens,* die offenbar mit einem sehr plastischen Gehirn ausgestattet ist, welches in einzelnen Fällen die Komposition von Musikstücken erlaubt, das Verfassen von Gedichten, das Malen von Bildern, das Aufstellen von Normensystemen, aber auch das Ausklügeln von Strategien der Kriegführung und das Ersinnen von Plänen für die Ausbeutung der Natur. Alles das steht nicht im Widerspruch zur *Natur* unserer Spezies, es ist vielmehr Ausdruck derselben. Wir werden auf diese Aspekte im nächsten Kapitel im Zusammenhang mit der kulturellen Evolution noch zurückkommen.

Daß die Betonung biologischer Gesichtspunkte in der Diskussion des menschlichen Verhaltens und Handelns jedoch nach wie vor auf viel Skepsis stößt, hat sicher auch den Grund, daß man die Biologie vielerorten mit einer konservativen Ideologie in Verbindung bringt. Das haben die Vertreter der Soziobiologie (siehe Kapitel 5) besonders zu spüren bekommen. Immerhin wurde Wilson, der mit seiner *Sociobiology: The New Synthesis* (1975) sozusagen den Stein ins Rollen gebracht hat, anläßlich einer Veranstaltung der »American Association for the Advancement of Science« von einem seiner Gegner mit Wasser übergossen.* Und einige Kritiker der Soziobiologie (z. B. Lewontin *et al.* 1984) sehen in dieser tatsächlich nichts anderes als die Auferstehung jener Ideologie, die reaktionäre, sozialdarwinistische, rassistische, sexistische Gedanken verbreitet und in die Tat umzusetzen sucht, die den Menschen zu einer Marionette der Evolution (Hemminger 1983) degradiert und bestimmte Zustände in menschlichen Gesellschaften erhalten bzw. durch einen »Kapitalismus der Natur« rechtfertigen möchte. Man muß nicht explizit die Soziobiologie vertreten, um mit solcher Kritik konfrontiert zu werden. Die Biologie insgesamt wird häufig verdächtigt, konservativen, reaktionären Ideologien Vorschub zu leisten. Wenn das auch, wie die Stellung vieler Biologen im Dritten Reich lehrt, kein völlig aus der Luft gegriffener Verdacht ist, so sollte man mittlerweile doch so weit sein, zwischen ideologisch *motivierter* und ideologisch *mißbrauchter* Biologie zu unterscheiden. Nur wenige Biologen sind bereit, ihre Wissenschaft in den Dienst einer Ideologie zu stellen, viele Nicht-Biologen andererseits nehmen verschiedene biologische Aussagen, Theorien und Modelle gerne als Stütze ihrer Ideologie.

Die Gültigkeit einer wissenschaftlichen Theorie kann aber nicht von Ideologien entschieden werden! Und ob eine biologische Aussage, ein biologisches Modell richtig oder falsch ist – darüber werden nicht diejenigen entscheiden, denen die fragliche Aussage oder das fragliche Modell in den Kram paßt oder die sich dagegen auflehnen, weil sie eine bestimmte Ideologie vertreten und meinen, daß alles andere nicht wahr sein darf. Es

---

* Dies ist bei Hull (1988) nachzulesen, der den interessanten Versuch unternommen hat, das Verhalten von Wissenschaftlern – und damit die Wissenschaft als einen *Prozeß* – zu beschreiben, wobei bestimmte Evolutionsprinzipien deutlich werden. Wenn ein wissenschaftlicher Gegner mit Wasser übergossen anstatt mit *Argumenten* »geschlagen« wird, dann hat der, der sich zu solchen Primitivhandlungen herabläßt, ja sehr schön gezeigt, daß er von tiefsitzenden, »biologischen Motiven« ergriffen ist.

hieße, sich den Erkenntnissen der Verhaltensforschung und Evolutionsbiologie zu verschließen, würde man den Menschen ernsthaft gleichsam aus der Natur loslösen wollen, seine Naturgeschichte leugnen.

Insgesamt ist also zu fordern, daß wir, wenn wir unsere sozialen Organisationen, unser eigenes Verhalten anderen Individuen unserer Spezies gegenüber verstehen wollen, an der Wurzel ansetzen müssen: dort, wo ein affenartiges Wesen vor mehreren Millionen Jahren von den Bäumen herabstieg, die Steppen und Savannen zu bevölkern begann und sich schließlich über den ganzen Globus ausbreitete; dort, wo das nackte Überleben bestimmte Verhaltensweisen diktierte, die sich jedoch bis in unsere Zeit, in der es nicht nur um das nackte Überleben geht, herübergerettet haben. Diese Forderung entspringt keinem kruden Biologismus, sondern der Einsicht, daß der Mensch – und mag er sich kraft seiner Kultur in nie geahnte Höhen emporgeschwungen haben – ein biologisches Wesen ist, welches eben die organische Evolution hervorgebracht hat.

Biologische Rahmenbedingungen des Denkens und Handelns

Nach dem bisher Gesagten sind also menschliches Denken und Handeln von biologischen Rahmenbedingungen abhängig. Diese Erkenntnis ist nicht neu, sie wurde bereits im 19. Jahrhundert auf der Grundlage der Evolutionstheorie klar ausgesprochen. Herbert Spencer (1820–1903), dessen Werk heute weniger Beachtung findet, als es verdiente, unternahm den Versuch, eine »allgemeine Entwicklungshypothese« auf alle Phänomene des menschlichen Lebens auszudehnen und die Psychologie auf eine evolutionäre Grundlage zu stellen. Er schrieb (1882, S. 305 f.):

Wenn die Entwicklungslehre richtig ist, so folgt daraus als unvermeidliches Ergebnis, dass der Geist nur begriffen werden kann, indem man untersucht, wie der Geist sich allmählich entwickelt hat. Wenn die Geschöpfe der höchst stehenden Arten jene hoch integrirte, ausserordentlich bestimmte und ausserordentlich ungleichartige Organisation, die sie wirklich besitzen, erreicht haben, indem sich einfach während einer unmessbar langen Vergangenheit Umgestaltung auf Umgestaltung häufte – wenn ebenso das hoch entwickelte Nervensystem solcher Geschöpfe seinen complicirten Bau und seine mannichfachen Functionen Schritt für Schritt erlangt hat, so müssen nothwendig auch die damit zusammenhängenden Formen des Bewusstseins, welche ja nur Correlativerscheinungen dieser complicirten Structuren und Functionen sind, gleichfalls stufenweise entstanden sein.

Diese vielleicht etwas umständlich formulierte Einsicht läßt sich in Kurzform folgendermaßen auf den Punkt bringen: Alle geistigen Phänomene hängen von materiellen Strukturen (Gehirn bzw. Zentralnervensystem) ab und haben sich mit diesen in der Evolution entwickelt. Auch eine moderne Sicht der Dinge legt nahe, Gehirn und Geist als untrennbar miteinander verknüpft zu betrachten und das Geistige nicht als eigenständige Kategorie von den Gehirnstrukturen und -prozessen abzuheben (siehe die zusammenfassende Darstellung bei Wuketits 1991).

Was wir bei Spencer gesagt finden und was ebenso natürlich auch Darwin (1871) sehr klar gesehen hat, sind die Grundthesen der seit etwa fünfzehn Jahren lebhaft diskutierten *evolutionären Erkenntnistheorie*. Hier ist nicht der Ort, diese Theorie und die vielen Kontroversen, die sie ausgelöst hat, umfassend darzustellen. Der interessierte Leser wird sich in einer Fülle von Publikationen darüber informieren können (vgl. z. B. Lorenz 1973, Lorenz und Wuketits 1983, Oeser 1987, Riedl 1980, Riedl und Wuketits 1987, Vollmer 1985, Wuketits 1990c). An dieser Stelle geht es mir um Grundsätzliches: um die These, daß menschliches Erkennen und Denken, Verhalten und Handeln ein Resultat biologischer Prozesse sind und nicht losgelöst von diesen betrachtet werden können. Diese These, die auch vor der Etablierung der als evolutionäre Erkenntnistheorie bezeichneten Theorie – also z. B. von Darwin und Spencer – ernsthaft vertreten wurde, hat viele wichtige anthropologische Implikationen. Ich greife hier nur einige Punkte heraus:

1. Der Mensch ist kein »reines Vernunftwesen«, sondern sein Leben wird von vielen »tiefer liegenden« Mechanismen beeinflußt, von *vorbewußten* Mechanismen, die auch das Leben anderer Tiere bestimmen.

2. Die Vernunft selbst, die zweifelsohne eine spezifisch menschliche Eigenschaft bzw. Leistung ist, ist nur die komplizierteste aller in einem langen evolutiven Kontinuum entstandenen »Erkenntnis«-Formen.

3. Alles Leben ist letzten Endes Erkennen, wenn auch nicht bewußtes Erkennen, so doch ein »Sich-orientieren-Können« in der das jeweilige Lebewesen umgebenden Welt.

4. Es gibt so etwas wie eine »Logik des Lebens«, die es einem Tier erlaubt, den Feind von der Beute, den Geschlechtspartner vom Geschlechtsgenossen, Eßbares von Ungenießbarem usw. zu unterscheiden.

5. Diese »Logik des Lebens« ist das Ergebnis lange während er Auseinandersetzungen vieler Individuen einer Art mit der jeweiligen Umgebung, in die sie gestellt sind, die für sie – für ihre Art – spezifisch ist.

6. In der Evolution jeder Tierart entstanden also diejenigen Mechanismen, die das Verhalten der Tiere auf jeweils spezifische Weise beeinflussen und lebenserhaltenden Charakter haben.

7. Auch der Mensch hat im Laufe der langen Stammesgeschichte seiner Gattung vieles an lebensdienlichen Informationen gesammelt, die nun das Leben jedes Individuums beeinflussen.

8. Unser Erkennen und Denken und das ihm folgende Handeln beruhen also auf archaischen Strukturen, die sich in der Begegnung eines Primaten mit einer ihm keineswegs stets freundlich gesinnten Welt herausgebildet haben.

Wie sehr wir in unserem Leben von alten, in der Stammesgeschichte entstandenen vorbewußten Mechanismen des Denkens und Handelns geleitet werden, zeigen schon einfache Beispiele aus dem Alltag.

Wenn jemand auf der Straße geht und plötzlich einen ohrenbetäubenden Krach vernimmt, dann wird er oder sie unvermittelt zusammenzucken, d. h. »in Deckung gehen«. Das gebietet der Überlebensinstinkt, der der rationalen Überlegung, was denn wohl diesen Krach verursacht hat, vorangestellt ist. Oder wenn man beispielsweise bei völliger Dunkelheit in einem Wald herumirrt, dann wird man jedes Geräusch ängstlich wahrnehmen, Gefahr wittern, was ebenso lebensdienliche Funktionen hat. Viele weitere Beispiele ließen sich hier anführen, die aber allesamt nur zeigen, wie jene »Logik des Lebens« im Vorfeld jeder vernünftigen, rationalen Kalkulation der uns umgebenden Welt wirksam wird und uns durch das Leben manövriert.

Zugleich müssen wir uns aber auch vergegenwärtigen, daß alle vorbewußt operierenden Mechanismen unseres Erkennens von begrenzter Wirkung sind. Was wir an *angeborenen Anschauungsformen* von unseren stammesgeschichtlichen Vorfahren ererbt haben, reicht nicht aus, um uns beispielsweise das Wesen einer Exponentialfunktion *anschaulich* zu machen. Rational, mathematisch können wir damit zwar problemlos umgehen, aber wir haben keine Intuition dafür – deshalb fällt es uns auch so entsetzlich schwer, uns etwa die Folgen eines exponentiellen Bevölkerungswachstums vorzustellen und vorauszusehen, wann das Faß zum Überlaufen kommen wird. Wir dürfen zwar Hoffnungen in unsere rationalen Erkenntnismechanismen setzen; aber die Rationalität übernimmt nicht mühelos, gleichsam von oben, die Kontrolle über die vorbewußten Mechanismen. Unser Bewußtsein ist keine von den tiefer sitzenden Verhaltensanleitungen streng abgetrennte höhere Instanz; es wird vielmehr auch von den alten Strukturen beeinflußt, durchflutet von Emotionen, Ängsten, vor- und unbewußten Motiven und Wünschen. Unser Gehirn zeichnet sich zwar, wie schon auf S. 55 bemerkt wurde, durch eine hohe Plastizität aus, aber das heißt nicht, daß wir mit einer *unbegrenzten* Plastizität rechnen dürften.

Verschiedene unserer physiologischen Leistungen können durch gezieltes Training gesteigert werden. Durch fortgesetztes Laufen kann man beispielsweise die Beinmuskulatur stärken, und ein Spitzenläufer kann eine erstaunliche Geschwindigkeit über kurze Distanzen erreichen. Aber niemand ist in der Lage, eine Strecke von, sagen wir zwei Kilometern, in zwei Sekunden zurückzulegen – die physiologischen Rahmenbedingungen des menschlichen Organismus lassen das nicht zu. Ebenso kann jemand, geübt durch wiederholtes Überlebenstraining, länger ohne Flüssigkeitsaufnahme auskommen als der Durchschnitt – aber niemand wird ein Jahr lang existieren können, ohne einen Tropfen zu sich zu nehmen. Mag also die Bandbreite der physiologischen Belastbarkeit des Menschen individuell verschieden sein, unbegrenzt ist sie nicht. Oder, wie Mohr (1987, S. 88) bemerkt: »Biologische Grenzen maximal erreichbarer physischer und geistiger Leistungen sind unbestritten.«

Auch die Leistungen unseres Bewußtseins, unseres Geistes, wenn man so will, stoßen auf Grenzen; unser Erkenntnisapparat ist beispielsweise nicht in der Lage, Lichtgeschwindigkeit wirklich nachzuvollziehen oder Radioaktivität wahrzunehmen. Nur mit Hilfe komplizierter Instrumente – und eines entsprechend komplizierten theoretischen Apparates – können diese Phänomene als real existierend rekonstruiert werden. Unserer Wahrnehmung bleiben sie jedoch verborgen. Und unserem Geist ist es bislang nicht gelungen, eine Maschine zu konstruieren, die sich tatsächlich mit Lichtgeschwindigkeit fortbewegt, oder Atomreaktoren zu bauen, die wirklich hundertprozentig sicher sind. Mag sein, daß das eines Tages gelingt, aber wir werden es sicher nicht mehr erleben. Wir müssen mit einem Gehirn auskommen, dessen Funktionen immer wieder an Grenzen stoßen.

Die Argumentation, die ich hier verfolge, ist leicht nachvollziehbar. Wenn Erkennen und Denken *biologische Funktionen* sind, Funktionen eines in der organischen Evolution entstandenen »Apparates«, dann liegen ihre Bedingungen in dem Apparat selbst und sind ein Gegenstand der Evolutionstheorie. Konsequenterweise muß dann auch unser *Handeln* biologische Voraussetzungen haben. Mit Handlung meint man in der Philosophie im allgemeinen die Tätigkeit einer Person, die *absichtsvoll*

III	EINSICHTIGE HANDLUNG

II	LERNHANDLUNG ASSOZIATION EINGEFAHRENE BEWEGUNG

I	INSTINKTE AUTOMATISMEN UNBEDINGTE REFLEXE

Abb. 1 Hierarchisches Schema der »Handlungstypen« in der Organismenwelt, von relativ einfachen unbedingten Reflexen bis zu einsichtigen Handlungen, die vorwiegend beim Menschen anzutreffen sind. (Nach Remane 1950)

bestimmte Dinge bewirken möchte; also spielt das Bewußtsein, das bestimmte Zustände oder Ereignisse antizipieren kann, dabei eine große Rolle. Bewußtsein, so meinte ich aber, ist nicht von seinem »biologischen Substrat« losgelöst, so daß jedes Handeln nur innerhalb bestimmter biologischer Rahmenbedingungen möglich ist. Faßt man den Begriff der Handlung noch weiter, so ergeben sich, wie schon Remane (1950) darlegte, drei Schichten von »Handlung«, drei Handlungstypen in der Organismenwelt (Abbildung 1), wobei man, vereinfachend, eine Hierarchie von *Instinkt, Lernen* und *einsichtigem Handeln* bekommt. Einsicht wird beim Menschen vorausgesetzt, sie liegt dem Handeln im engeren Sinne zugrunde und wird, mit Entscheidungsfreiheit in Beziehung gebracht, als Voraussetzung moralischen Handelns gesehen (vgl. S. 35). Indes darf man davon ausgehen, daß auch andere Säugetiere, insbesondere Affen, kausale Zusammenhänge erfassen können und diese Kenntnis in neuartigen Situationen zu verwenden, anzuwenden vermögen (Rensch 1973), also in gewissem Sinne Einsicht zu gewinnen in der Lage sind. Sicher geht die menschliche Einsicht weiter, sie erlaubt uns einen Einblick in unsere eigenen Existenzbedingungen. Aber sie entstand nicht im luftleeren Raum, sondern auf der Basis von Leistungen, die in der Evolution der Tierwelt schon bei anderen Spezies aufgetreten waren.

Ist also, alles in allem, die Biologie der Schlüssel zum Verständnis unseres Denkens und Handelns? In gewissem Sinne *ja*. Denn das stammesgeschichtliche Erbe, das wir mit uns herumtragen und nicht einfach ablegen können, ist, wie gesagt, Gegenstand der Evolutionsbiologie. Und auch diejenigen Leistungen unseres Erkenntnisapparates, die über unser stammesgeschichtliches Erbe hinausgehen, haben abermals eine biologische Grundlage. Das heißt nicht, daß andere Disziplinen, die sich mit unserem Denken und Handeln beschäftigen, irrelevant wären. Die Soziologie etwa hat es mit Phänomenen zu tun, die an einem individuellen Menschen nicht beobachtbar sind, sondern erst aus der spezifischen Interaktion mehrerer Individuen resultieren. Eine Reihe von Faktoren, die z. B. eine »Massenbewegung« verursachen, sind aus der Kenntnis der Biologie des Menschen allein wahrscheinlich nicht ableitbar. Ich vermute aber, daß, wenn wir die Biologie des Menschen besser kennen würden, als es heute der Fall ist, jene Faktoren besser kalkulierbar wären. Wenn beispielsweise irgendwo eine Revolution ausbricht, dann können Disziplinen wie Soziologie, Geschichte und andere eine Reihe von Indikatoren rekonstruieren, welche die fragliche Revolution verständlich erscheinen lassen. Die Frage aber, *warum* Menschen *überhaupt* gegen etwas revoltieren und es periodisch zum gewaltsamen Sturz von Regierungen kommt, liegt tiefer, sie muß mit der ureigenen Natur des Menschen zu tun haben und ist ein biologisches Problem.

Unser Denken und Handeln ist wohl stärker von biologischen Komponenten abhängig, als die meisten von uns zuzugeben bereit sind. Dabei räumt jedermann ein, daß tierisches Verhalten ein biologisches Phänomen ist und daß im menschlichen Verhalten vieles analog abläuft. »Trotzdem ist das etwas ganz anderes«, so hört man allerorten die lauten Stimmen derer, die der Biologie keine Bedeutung für das Studium unseres Verhaltens einräumen. Warum beim Menschen alles »*ganz* anders« sein soll, ist dann freilich nicht mehr so schlüssig zu beantworten. Um den Beitrag der Biologie zur Erklärung menschlichen Denkens und Handelns taxieren zu können, müssen wir konkreter werden und uns in das Studium der Evolutionsmechanismen vertiefen. Das soll in den beiden nächsten Abschnitten geschehen. Die dabei auseinanderzusetzenden Prinzipien und Mechanismen sind, soviel vorweg, als biologische Grundlagen moralischen Verhaltens zu sehen.

Reproduktionsinteresse und Überlebensstrategien

»Der evolutionäre Ansatz beruht auf einem einfachen Prinzip: alles, was erfolgreich ist, tritt in der Zukunft höchstwahrscheinlich häufiger auf« (Axelrod 1987, S. 153). Schon Darwin (1859) hat erkannt, daß die natürliche Auslese jener Mechanismus ist, der die Evolution auf der Grundlage differentieller Überlebens- und Reproduktionsraten sozusagen in bestimmte Richtungen drängt. Dabei sind diese Richtungen nicht von vornherein festgelegt, sie ergeben sich erst aus der jeweiligen Situation, d. h. aus den strukturellen, funktionellen und ökologischen Rahmenbedingungen der Existenz von Organismen. Für den evolutionären Prozeß ist nun eine Quelle der *Variation* notwendig. Das war Darwin bewußt, so sehr, daß er einen beträchtlichen Teil seiner Arbeit dem Studium der Variation widmete. Darwin hatte die an sich simple Beobachtung, daß sich die Individuen einer Art voneinander unterscheiden, daß sie *variieren,* ganz maßgeblich bei der Entwicklung seiner Theorie beeinflußt. Heute ist es klar, wie diese Variation der Individuen zustande kommt: durch *genetische Rekombination* (d. h. die Neuordnung des Erbguts in jeder Generation) und durch *Mutationen.* Die Evolution des Lebenden besteht also, wie jüngst wieder von Mayr (1991, S. 127) betont wurde, »bei sexuell sich reproduzierenden Organismen, aus der Bildung eines von Grund auf

64

neuen Genreservoirs in jeder Generation«. Durch genetische Rekombination entsteht tatsächlich eine derartige Fülle von Varianten – einmaligen Individuen –, daß die natürliche Auslese sozusagen aus dem Vollen schöpfen kann. Es kann also keinen Zweifel geben: Reproduktion – oder, wenn man so will, *Sex* – ist ein so grundlegendes Phänomen in der Organismenwelt, daß die Erklärung so mancher anderer Wesenszüge der Tiere und des Menschen ohne Berücksichtigung dieses Phänomens unvollständig bleiben muß.

Alle Lebewesen verfolgen offenbar ein ausgeprägtes *Reproduktionsinteresse*. Dabei soll die Verwendung des in den Sozialwissenschaften gebräuchlichen Ausdrucks »Interesse« hier nicht mißgedeutet werden, der Ausdruck ist im übertragenen Sinne gemeint und nicht wörtlich, etwa als *bewußte* Hinwendung eines Subjekts zu bestimmten anderen Subjekten, Objekten, Vorgängen usw. In diesem allgemeinen Sinne spricht auch Alexander (1988) von den »*genetischen* Interessen« der Individuen und führt weiter aus (S. 138):

Es mag vielen seltsam erscheinen, daß mit dem Ausdruck »Interessen« evolvierte Tendenzen bezeichnet werden, ob sie nun bewußt und absichtsvoll sind oder nicht. Es scheint jedoch keinen Grund für die Forderung zu geben, Interessen seien nur, was Menschen bewußt beabsichtigen. Biologen erforschen ständig die Lebensinteressen nichtmenschlicher Organismen, die ihre Leben offensichtlich im Dienst ihrer eigenen Interessen leben, ohne im menschlichen Sinne zu wissen, welche Interessen das sind. Außerdem steht fest, daß uns nicht alles, was uns motiviert, bewußt wird und daß sich das Bewußtsein, diente es nicht unseren Fortpflanzungsinteressen, nicht hätte entwickeln können.

Zwar würde ich keineswegs sagen, daß sich das Bewußtsein nur entwickelt hat, weil es unseren Reproduktionsinteressen dient, und daß das gar erwiesen sei und feststehe. Aber lassen wir dieses Problem beiseite. Was tatsächlich feststeht, ist, daß das Erzeugen von Nachkommen zu den Hauptproblemen jedes Lebewesens gehört und die Lebewesen viel Zeit und Energie in ihre »Reproduktionsgeschäfte« investieren, wobei viele Arten auch intensiv für die Ergebnisse dieser Geschäfte, also ihre Nachkommen sorgen (siehe Kapitel 5).

In der Evolution der Organismen geht es um das eigene Überleben und die Produktion möglichst vieler Kopien der eigenen »Bauanleitungen«. Ob dabei nun tatsächlich bloß die *Gene* die Organismen *dazu treiben,* sich fortzupflanzen, und sich die Organismen nur entwickeln, um ihren Genen ein Überleben zu ermöglichen – wie vor allem Alexander (1987, 1988) und Dawkins (1976) behaupten –, ist eine andere Frage, die später (in Kapitel 5) kritisch untersucht werden wird. Aber schon Darwin, der von der Existenz der Gene noch nichts wußte und die Ergebnisse der modernen Genetik nicht vorausahnen konnte, hat mit seiner Selektionstheorie, die so viele Menschen erschüttert hat und nach wie vor vielen ein Ärgernis ist, zumindest zwei Dinge sehr klar erkannt:

1. In der Natur werden unentwegt Nachkommen produziert; es herrscht ein Nachkommenüberschuß. Die Individuen einer Art haben jedoch unterschiedliche Lebens- bzw. Überlebenschancen.
2. Überall in der Natur herrscht ein Wettbewerb ums Dasein, aus dem jeweils nur einige wenige Individuen günstig aussteigen, d. h. die Fortpflanzungsreife erreichen und selbst wieder Nachkommen produzieren.

Dieser *Wettbewerb ums Dasein* ist leider häufig mit einem *Kampf* im buchstäblichen Sinne gleichgesetzt worden, einem Kampf, der mit Zähnen und Klauen ausgetragen wird (Dahl 1991). Das hingegen ist eine einseitige Interpretation der Lehre Darwins, ebenso wie die Deutung dieser Lehre, wonach der »Stärkste« überlebt. Das ist natürlich ein Unsinn, denn Darwins *survival of the fittest,* das Überleben des Tauglichsten, meint ja nicht, daß jener Riese, der alles zertrampelt, überlebt, sondern eben derjenige, der die bessere Überlebensstrategie entwickelt: schneller eine Futterquelle findet als seine Konkurrenten, sich effektiv vor Feinden zu schützen weiß, besser als andere laufen, schwimmen oder fliegen kann, bei der Werbung um Geschlechtspartner erfolgreich ist, die Ressourcen gut zu nutzen vermag.

Natürlich dient das Finden von Futterquellen, der Schutz vor Feinden usw. nicht nur dem Leben bzw. Überleben des jeweiligen Individuums, sondern auch seiner Fortpflanzung. Nur der, der sich seinen Konkurrenten gegenüber – auf welche Weise auch immer – behaupten kann, wird Aussicht auf Fortpflanzungserfolg haben. Die anderen werden entweder, noch bevor sie das Fortpflanzungsalter erreichen, das Zeitliche segnen oder nicht so viele Nachkommen produzieren können wie eben der, der sich im Wettbewerb ums Dasein behauptet, d. h. die jeweils optimalen Überlebensstrategien entwickelt. Darwin wußte, wie sehr er seine Zeitgenossen (und nicht nur diese) erschüttern würde, als er sagte (1859, vgl. 1988, S. 565):»So geht aus dem Kampfe der Natur, aus Hunger und Tod unmittelbar die Lösung des höchsten Problems hervor, das wir zu fassen vermögen, die Erzeugung immer höherer und vollkommener Thiere.« Keinerlei übernatürliches Prinzip, kein Schöpfergott also sei verantwortlich für die Entwicklung der Lebewesen, sondern bloß ein gleichsam mechanisch wirkendes Prinzip, das sich aus der unterschiedlichen Reproduktion ergibt. Das ist wahrlich erschütternd, wenn man bedenkt, daß daraus auch der Mensch hervorgegangen sein soll, dieses hehre Wesen, das sich gerne als Ebenbild Gottes sieht.

Es würde den Rahmen dieses Buches sprengen, diejenigen Vermutungen und Aussagen Darwins zu untersuchen, die sich heute nicht mehr vertreten lassen. Auf einige wichtige Aspekte seiner Lehre kommen wir aber noch in Kapitel 4 zurück. Ich darf jedoch schon an dieser Stelle betonen, daß diese Lehre Implikationen enthält, die uns heute endlich zwingen, unsere Verhaltensweisen, vor allem unser Sozialverhalten – und hier wiederum insbesondere das moralische Verhalten – neu zu überdenken. Darwin hat mit seiner Selektionstheorie eine umfassende Erklärung des Lebendigen gegeben, die zumindest ihrem Prinzip nach bis heute gültig ist und durch viele neuere Forschungen noch bestätigt wird.

Es wurde vorhin gesagt, daß in der Evolution alles Erfolgreiche mit hoher Wahrscheinlichkeit in Zukunft häufiger auftreten werde. Auch das hat Darwin sehr deutlich gesehen. Eigentlich handelt es sich hierbei um eine Binsenweisheit, die nur der übersehen kann, der die Evolution grundsätzlich leugnet. Daß Evolution überhaupt möglich ist, beruht auf dem Reproduktionsinteresse der Individuen jeder Art, und man kann sich geradezu auf ein fundamentales Naturgesetz berufen und »von jedem einzelnen organischen Wesen sagen . . ., es strebe nach der äussersten Vermehrung seiner Anzahl« (Darwin 1859, vgl. 1988, S. 86). Freilich stehen der Reproduktion der Lebewesen stets viele Hindernisse im Wege, biotische und abiotische Faktoren, natürliche Feinde (»Räuber«) ebenso wie etwa ungünstige Witterungsverhältnisse. Aber: »Wird irgend ein Hindernis beseitigt oder die Zerstörung um noch so wenig gemindert, so wird beinahe augenblicklich die Zahl der Individuen zu jeder Höhe anwachsen« (Darwin 1859, vgl. 1988, S. 86). Die Beobachtung lehrt jedoch, daß eine unbegrenzte Vermehrung einer Art in der Natur nicht vorkommt, weil ihr stets limitierende Faktoren entgegenwirken. Allein der Umstand, daß die Ressourcen begrenzt sind, erlaubt nicht das Überleben aller gezeugten Individuen.

Entsprechend den Strategien für ihr Überleben und abhängig vom Lebensraum oder auch anderen Faktoren (z. B. Körpergröße) sind die *Reproduktionsraten* der einzelnen Arten höchst unterschiedlich. Während eine Elefantenkuh etwa alle vier Jahre ein Junges zur Welt bringt, wirft ein Feldhasenweibchen etwa dreimal pro Jahr drei bis fünf Junge. Aber Elefanten erreichen auch ein höheres Alter und sind länger fortpflanzungsfähig als Feldhasen, die andererseits wiederum einem wesentlich stärkeren »Feinddruck« ausgesetzt sind als die afrikanischen und asiatischen Dickhäuter (für die praktisch nur der Mensch eine große Gefahr darstellt).

Doch unabhängig davon, wie groß die Zahl der Nachkommen bei den einzelnen Arten ist und von welchen Faktoren im einzelnen der Reproduktionserfolg abhängt, ist das Leben jedes Organismus von zwei Anstrengungen begleitet: Die eine ist die

68

somatische, die andere die *reproduktive* Anstrengung (vgl. Halliday 1980; siehe dort auch Beispiele für »sexuelle Strategien«).

1. Die somatische Anstrengung folgt bei jedem Lebewesen aus der Notwendigkeit, fortgesetzt Energie tanken, also Nahrung herbeischaffen zu müssen. Nur die entsprechende Deckung des laufenden Nahrungsbedarfs gewährleistet die Entwicklung und Fortpflanzungsfähigkeit sowie über einen begrenzten Zeitraum das Überleben eines Individuums.

2. Die reproduktive Anstrengung folgt dem Drang, sich fortzupflanzen, und erstreckt sich auf die Suche nach dem Geschlechtspartner und den Fortpflanzungsakt selbst, ferner bei den Weibchen auf das Tragen und Gebären der Jungen (oder das Legen und Ausbrüten von Eiern) sowie (entweder bei nur einem oder beiden Geschlechtern) die Fürsorge für die Nachkommen.

Diese Anstrengungen und Mühen werden keinem Lebewesen geschenkt. Die einzelnen Arten haben allerdings höchst unterschiedliche Methoden entwickelt, diese beiden grundlegenden Lebensaufgaben zu bewältigen. Nur Methoden, die erfolgreich sind, zählen und haben die Chance, sich und ihren »Erfinder« in die Zukunft zu retten.

Inwieweit aus den hier nun dargelegten Mechanismen und Prinzipien für die Ethik relevante Schlußfolgerungen gezogen werden können, wird vielleicht nicht unmittelbar einsichtig sein. Aber man bedenke, daß auch für den Menschen das eigene Überleben das zentrale Problem ist und die Reproduktion eine nicht untergeordnete Rolle spielt. Seine ständige Paarungsbereitschaft macht es dem Menschen aber nicht gerade leicht: Da er verschiedene natürliche Faktoren, die das Leben des Individuums bedrohen, weitgehend ausgeschaltet oder zumindest minimiert hat, sein Sexualtrieb aber naturgemäß unvermindert fortbesteht, muß er – um sich nicht noch stärker zu vermehren, als er es ohnedies tut – Methoden der *Geburtenkontrolle* ausklügeln. Und das ist ein eminent ethisches Problem, mit dem, wie man sieht, die katholische Kirche nicht fertig wird. Wenn das Paarungsspiel nur die Absicht der Fortpflanzung in sich tragen darf, dann müßte man, wie geschehen, alle sexuellen Aktivitäten, die nicht ausdrücklich in Nachkommen ihren Niederschlag finden, als unmoralisch verbieten; oder man müßte akzeptieren, daß der Mensch ungehemmt seinen Sexualtrieb auslebt und viel mehr Nachkommen zeugt, als das heute der Fall ist (sofern man eben die Geburtenkontrolle auch als unmoralisch verwirft), mit dem Effekt, daß viele Millionen von Neuankömmlingen in dieser Welt mangels Ressourcen kaum Überlebenschancen hätten (und daß noch mehr Menschen verhungern würden als schon heute). Die erste Möglichkeit ist unnatürlich und unmenschlich, die zweite wäre zwar natürlich, aber ebenfalls unmenschlich. Damit aber kommen wir unweigerlich schon zu Aspekten der angewandten Ethik, die in Kapitel 7 noch zu vertiefen sein werden. Für den Menschen ist jedenfalls jener naturgesetzlich bestimmte Drang, zu überleben und sich fortzupflanzen, nicht nur ein biologisches, sondern eben auch ein moralisches Problem. Das biologische Problem ist lösbar – das haben Millionen von Organismenarten demonstriert, die zumindest über einen bestimmten Zeitraum existiert haben oder noch heute existieren, und das haben unsere steinzeitlichen Vorfahren genauso bewiesen (sonst wären wir heute nicht da). Das moralische Problem ist vielleicht nicht grundsätzlich unlösbar, aber seine Lösung wird nur gelingen, wenn man den Drang zu überleben und die Reproduktionsinteressen des Menschen als Gegebenheiten hinnimmt, die nicht künstlich eliminiert werden können, ohne den Menschen seiner Natur zu berauben.

Die Sache könnte aber für den Menschen etwas erfreulicher aussehen, wenn er nicht nur von der Sicherung der eigenen, individuellen Lebensgrundlagen und vom Reproduktionsinteresse (biologisch) angetrieben würde, sondern wenn beispielsweise die Fürsorge für andere ebenso zu seiner biologischen Grundausstattung gehörte. Sehen wir also, ob auch dafür evolutive Grundlagen vorhanden sind.

Egoismus und Altruismus als Evolutionsprinzipien

Unter dem Einfluß der Theorie Darwins hat man sich in der Evolutionsbiologie – aber auch in den soziologischen und philosophischen Interpretationen der Lehre Darwins – vornehmlich auf die »egoistische« Komponente der Evolution konzentriert: Lebewesen müssen ihre Existenzgrundlagen sichern und drängen nach Fortpflanzung, sie gehen dabei rücksichtslos vor. Tatsächlich hat Darwin (1859) gesehen, daß die größten Konkurrenten die Angehörigen derselben Art sind, weil sie viel Ähnlichkeit miteinander haben, so daß ihr Wettbewerb um Nahrung und Geschlechtspartner besonders heftig und unerbittlich sei. So gesehen dürfte es dann freilich niemanden überraschen, wenn der Mensch des Menschen Wolf wäre. *Das Prinzip Eigennutz* (Wickler und Seibt 1991) spielt, was unbestritten ist, seine Rolle im Leben aller Organismen, sei es, daß wir dafür »egoistische Gene« (Dawkins 1976) annehmen oder auch andere Erklärungen zu finden versuchen (siehe Kapitel 5). Der Mensch ist dabei keine Ausnahme. »Wir wissen alle, daß Menschen keine Engel sind, und daß sie dazu neigen, in erster Linie für sich selbst und ihre eigenen Interessen zu sorgen«, so schreibt Axelrod (1987, S. 3), beeilt sich aber, hinzuzufügen: »Wir wissen jedoch auch, daß Kooperation vorkommt und daß sie die Grundlage unserer Zivilisation bildet.«

Schon Adam Smith, der sowohl idealistische Ansätze in der Ethik als lebensfeindlich verurteilte als auch jede »Egoismus-Moral« ablehnte, bemerkte (vgl. 1926 I, S. 1): »Man mag den Menschen für noch so egoistisch halten, es liegen doch offenbar gewisse Prinzipien in seiner Natur, die ihn dazu bestimmen, an dem Schicksal anderer Anteil zu nehmen.«

Neuere Ansätze zur Ethik, gerade auch, wenn sie evolutionär orientiert sind und von empirischen Feststellungen über den Menschen ausgehen, bringen ähnliches zum Ausdruck: etwa daß die menschliche Fürsorge tiefe Wurzeln habe, die sogar stärker seien als der Drang, den Eigennutz zu maximieren (Leinfellner 1974), oder daß es angeborene Dispositionen gebe, für das Wohlergehen der Sozietät zu sorgen und der Mensch dazu selektiert worden sei, seine eigenen Nachkommen zu unterstützen, die Schwachen zu verteidigen, anderen zu helfen (Richards 1986). Haben solche Behauptungen tatsächlich eine biologische Grundlage?

Der russische Kommunist und Darwin-Anhänger Peter Kropotkin schrieb in seinem Werk *Gegenseitige Hilfe in der Tier- und Menschenwelt* (1910), Darwin habe nicht nur den Egoismus in der Natur betont, sondern auch gezeigt, daß das soziale Leben der Tiere und des Menschen schon auf einer primitiven Entwicklungsstufe von gegenseitiger Hilfeleistung begleitet sei, uns die Natur also lehren würde, kooperativ zu sein. Sicher, Darwin hat in der Natur nicht nur den Wettbewerb und eigennütziges Verhalten gesehen, sondern auch Kooperation. Er sprach beispielsweise von *sozialen Instinkten,* denen er insbesondere für die Evolution des Menschen große Bedeutung einräumte (vgl. Darwin 1871). Die auf Darwin bauende moderne Evolutionsbiologie und Verhaltensforschung bestätigt durchaus solche Vermutungen, sofern uns nicht schon die einfache Beobachtung verdeutlicht, daß es in der Tierwelt allerorts auch kooperatives, *altruistisches* Verhalten gibt. Am augenscheinlichsten ist der Altruismus in den verschiedenen Formen der *Brutpflege,* die viele Tiere ihren Jungen angedeihen lassen, was uns, wie ich schon auf S. 29 bemerkte, meist sehr sympathisch erscheint. Darüber hinaus beobachten wir beim *Menschen* oft aufopferndes Verhalten, das in manchen Fällen bis zur Selbstaufgabe geht, und kooperatives Verhalten auch zwischen Individuen, die im genetischen Sinne nicht eng miteinander verwandt sind, Solidarität mit Schwachen, spontane Hilfeleistungen und anderes mehr; diese Verhaltensweisen befürworten wir als »tugendhaft« und »moralisch hochstehend«.

Der Ausgangspunkt für die Betrachtung altruistischen Verhaltens ist die triviale Tatsache, daß viele Organismen *gesellig* sind, also in *Gruppen* leben. Ein Vergleich etwa zwischen einem Ameisen-»Staat«, einer Brutkolonie von Vögeln, einer Antilopenherde und einem Wolfsrudel zeigt, daß die Gruppen bei den unterschiedlichen Arten auch unterschiedliche Größe und Struktur zeigen. (Siehe hierzu die ausführliche Darstellung von Wilson 1975.) Die Gruppenbildung hat jedenfalls viele Vorteile (vgl. auch Lindauer 1991). Sie bietet dem Individuum Schutz und begünstigt das soziale Lernen. Der Zusammenschluß von Individuen zu Gruppen muß also in der Evolution vorteilhaft gewesen sein und die Ausbildung einer evolutionsstabilen Überlebensstrategie bedeutet haben. Wirklich solitär lebende Tiere gibt es daher auch kaum, denn selbst die vielen »Einzelgänger« vor allem bei den Säugetieren müssen zumindest gelegentlich, nämlich zum Zwecke der Fortpflanzung, in eine minimale soziale Interaktion treten (Barash 1980), die Interaktion zwischen einem Männchen und einem Weibchen. Ein dem des Menschen schon sehr ähnliches, ausgeprägtes Gruppenverhalten zeigen die Schimpansen. Hierzu sind die von de Waal (1983) zusammengefaßten und erläuterten Beobachtungen der Freiluft-Schimpansenkolonie im Tiergarten Arnheim (Holland) aufschlußreich. Sehr interessant ist beispielsweise auch das von Rasa (1988) ausführlich beschriebene Sozialverhalten der afrikanischen Zwergmungos, die bemerkenswerte kooperative Verhaltensweisen entwickelt haben. Viele weitere Beispiele ließen sich anführen; ich verzichte darauf, um den Blick auf das Wesentliche nicht zu stören.

Die Gruppenbildung, das Gruppenleben der Tiere schließt von vornherein altruistisches Verhalten ein. Eine Gruppe von »reinen Egoisten« wäre ein Widerspruch in sich. Denn nur durch Kooperation, durch gegenseitige Hilfeleistung ist der Zusammenhalt einer Gruppe möglich. Die Vorteile uneigennützigen Verhaltens erwachsen dabei sowohl auf der Ebene der Individuen als auch auf Gruppenebene: Wenn die Individuen untereinander kooperieren, dann ist das Überleben des einzelnen Individuums wahrscheinlicher, als wenn jeder gegen jeden antritt, weil eben die Gruppe erhalten wird; das Überleben der Gruppe dient also dem Überleben des Individuums und umgekehrt.

Selbst wenn wir nun annehmen dürften, daß die basale

Antriebskraft in der Evolution auf dem Egoismus jedes Individuums beruht und jedes Individuum, gleich welcher Art, nur Eigennutz »im Sinn hat«, so müßten wir zugeben, daß zumindest aus taktischen Gründen – aus Gründen des leichteren Überlebens (des Individuums) – kooperatives, uneigennütziges Verhalten in der Evolution aufgetreten ist und sich als vorteilhaft erwiesen hat. Tatsächlich demonstrieren auch die spieltheoretischen Untersuchungen vor allem von Axelrod (1987), daß selbst unter der Voraussetzung eines allgemeinen Wettbewerbs von Spielern mittelfristig Kooperation entsteht, weil sie jedem Spieler Selektionsvorteile bietet. Insbesondere dann, wenn ein gemeinsames Ziel zu erreichen ist, beginnen Individuen, die keineswegs von Anfang an einander mit großer Sympathie begegnen, zusammenzuarbeiten. Das Prinzip *tit for tat,* »wie du mir, so ich dir«, ist *kollektiv stabil,* wenn etwa die Zukunft drohende Schatten vorauswirft und nur gemeinsam zu bewältigen ist (Axelrod 1987). Das gilt nicht nur für den Menschen, der sich bewußt zur Kooperation entschließen kann, weil er ebenso bewußt Probleme auf sich zukommen sieht, sondern mutatis mutandis auch für andere Lebewesen, deren *Kommunikationssysteme* erlauben, sich beispielsweise über einen sich nähernden Feind zu verständigen, um ihm dann kollektiv entgegenzutreten oder gemeinsam das Weite zu suchen. Es ist beeindruckend, wie z. B. die schon erwähnten Zwergmungos gemeinsam eine gefährliche Schlange angreifen und in die Flucht schlagen oder sich geschlossen einem Waran in den Weg stellen (vgl. Rasa 1988); oder wie sich, was in praktisch allen zusammenfassenden Arbeiten über Verhaltensforschung als ein gutes Beispiel für Sozialverhalten angeführt wird, eine Gruppe von Pavianen formiert und wie die ranghohen Männchen die übrigen Gruppenmitglieder etwa vor einem Leoparden verteidigen. In solchen Fällen könnte man fast von »Verantwortung« einzelner Tiere sprechen, »Verantwortung«, die sie den schwächeren Gruppenmitgliedern gegenüber wahrnehmen.

Wir können also insgesamt festhalten, daß sich in der Evolution nicht nur egoistisches Verhalten bewährt hat, sondern, zumal bei den vergesellschafteten Tieren, ebenso der Altruismus eine große Rolle spielt und Selektionsvorteile bietet. Bei Vögeln und Säugetieren, die die kompliziertesten, auf der Basis persönlicher Bekanntschaft beruhenden Formen von Vergesellschaftung entwickelt haben, kann man sicher auch von einem starken Zusammengehörigkeitsgefühl sprechen, welches an menschliche Eigenschaften erinnert. Darwin (1871, vgl. 1966, S. 127) meinte sogar:»Es ist gewiß, daß in Gesellschaft lebende Tiere ein Gefühl von Liebe zueinander haben.« Aber auch wenn es sich hierbei nicht um Liebe von der Art, wie wir sie an uns selbst zu kennen glauben, handeln sollte, so bleibt doch die Beobachtung, daß viele in Gruppen lebende Tiere so etwas wie Freude zeigen, wenn ein Angehöriger ihrer Gruppe sich nach kurzer Abwesenheit wieder zu ihnen gesellt. Vielleicht kann man hier tatsächlich schon Vorstufen für die Zuneigung sehen, die Menschen in Kleingruppen (Familien) zueinander zu entwickeln vermögen.

Obwohl auf die Evolution des Menschen im nächsten Kapitel noch ausführlicher einzugehen sein wird, können wir schon an dieser Stelle die Evolutionsvorteile für altruistisches Verhalten beim Menschen deutlich machen und zwei Vorteile der Vergesellschaftung auf dem Niveau unserer steinzeitlichen Vorfahren erkennen (vgl. Wuketits 1990b):

1. Die Gruppe bietet insbesondere ihren schwächeren Mitgliedern Schutz und Geborgenheit. Das Menschenkind, welches ebenso wie die Jungen anderer Primaten relativ lang in der Gruppe bleibt, in die es hineingeboren wurde, bedarf dieses Schutzes ganz besonders.
2. Die Gruppe ermöglicht im gemeinschaftlichen Jagen und Sammeln einen effizienten Nahrungserwerb. Das Leben in der Gruppe ist, einem einfachen Ökonomie-Prinzip entsprechend, leichter als das Leben eines Individuums für sich allein.

Wie für die sozial lebenden Tiere, seien es Zwergmungos, Paviane oder andere, das Prinzip gilt»Gemeinsam sind wir stärker«, so konnten auch unsere steinzeitlichen Ahnen nur überleben, indem sie verschiedene ihrer Lebensprobleme gemeinsam lösten. Sie müssen dabei nicht moralisch gehandelt haben – es hat sich auch kaum die Frage »Was soll ich tun?« in einem ethischen Sinne gestellt –, sondern es war das nackte Überleben, das zu kooperativem Verhalten zwang.

Dabei hat sich sicher der *reziproke* Altruismus bewährt, die auf Gegenseitigkeit beruhende Hilfeleistung. Dieser Altruismus tritt – auch beim heutigen Menschen – im wesentlichen in folgenden Formen in Erscheinung (vgl. Trivers 1971):

1. in der (gegenseitigen) Hilfe bei Gefahr,
2. im Aufteilen von Nahrung,
3. in der Hilfe, die Kranken und Verwundeten, sehr jungen und sehr alten Individuen zuteil wird,
4. im Teilen von Werkzeugen mit anderen Gruppenangehörigen,
5. in der Weitergabe von Wissen.

Darin kommen von uns allen heute nach wie vor geschätzte Leistungen zum Ausdruck, wie etwa erste Hilfe bei einem Unfall, Nachbarschaftshilfe, das Beschützen von Schwachen, vor allem Kindern und Alten, aber auch z. B. das richtige und gewissenhafte Beantworten einer Frage, die jemandem wichtig ist.

Sicher spielt bei altruistischem Verhalten meist die vorbewußte, wenn schon nicht bewußte Erwartung eine Rolle, daß man den anderen, dem man *jetzt* hilft, *später* vielleicht selbst einmal brauchen könnte und er sich dann eben auch altruistisch und kooperativ zeigen werde. Ob es daher »reine Altruisten« gibt, Menschen, die aus »purer Selbstlosigkeit« anderen helfen, ohne irgendeinen Nutzen daraus zu ziehen, ist fraglich. Man wird dagegen protestieren und darauf hinweisen, daß es doch immer wieder Menschen gegeben hat, die sich selbst für andere geopfert haben. Das ist schon richtig, doch woher will man wissen, daß diese Menschen nie daran gedacht oder im geheimen die Hoffnung gehegt haben, wenn schon nicht von anderen Hilfe, so doch Anerkennung zu erhalten, also zumindest indirekt Nutzen aus ihrem Verhalten zu ziehen. Mag sein, daß der, der angesichts eines Ertrinkenden spontan ins Wasser springt, tatsächlich keinerlei Gegenleistung erwartet (und auch keine Zeit hat, sich über eine mögliche Belohnung den Kopf zu zerbrechen, bevor er den Ertrinkenden rettet). Möglicherweise aber folgt er dabei einem uralten Instinkt, der zu einer Zeit entstanden ist, als Kooperation bloß eine Überlebensfrage *aller* war, als man erkannt hatte, daß das eigene Leben nur mit Hilfe der anderen zu bewältigen ist und die anderen ebenso auf die Hilfe derer zählten, denen sie schon geholfen hatten. Das wäre jedenfalls plausibel. Viele von uns tendieren dazu, jene Märtyrer zu verherrlichen, die für andere ihr Leben ließen, die, beispielsweise anstatt ihre Kameraden und Freunde zu verraten, sich selbst zu opfern bereit waren. Vielleicht glorifiziert man ein derartiges Verhalten, weil man spürt, daß man selbst in vergleichbaren Situationen nicht den Mut und die Kraft hätte, so zu handeln; vielleicht aber auch, weil »reiner Altruismus« ohne jede Hoffnung auf Gegenseitigkeit die, wie Wilson (1978) richtig bemerkt, seltenste aller Verhaltensweisen des Menschen ist.

Eines jedenfalls können wir nun feststellen: Nicht nur egoistisches, sondern auch altruistisches Verhalten ist in der Natur weit verbreitet; aber auch der Altruismus ist letztlich als eine Überlebensstrategie zu verstehen und vereinbar mit den Reproduktionsinteressen der Lebewesen. So wie der Egoismus ist auch der Altruismus daher ein fundamentales Evolutionsprinzip. Im Gegensatz zu egoistischem Verhalten gilt jedoch das »Prinzip Uneigennutz« als gut im ethischen Sinne. Diejenigen, die daran glauben, daß der Mensch einst im paradiesischen Urzustand gelebt hat, neigen naturgemäß dazu, den Egoismus durch die Hoffnung zu verdecken, daß unsere stammesgeschichtlichen Vorfahren »reine Altruisten« waren und nur dadurch überleben konnten. Aber auch viele von denen, die weniger dazu neigen, unsere Natur zu romantisieren, finden oft schöne Worte für unsere stammesgeschichtlichen Ahnen:

Die rohen Wesen in unserem Stammbaum, die den Weg vom Menschenaffen zum Frühmenschen zurücklegten, müssen, um in der noch unverstandenen Gefräßigkeit rings um sie her zu überleben und sich schließlich sogar durchzusetzen, für sie ganz neue Formen des Miteinanders und Füreinanders entdeckt, erprobt, gefestigt haben. *Sie waren wirkliche Pioniere der Humanität* (Zimmer 1982, S. 300; meine Hervorhebung).

Meines Erachtens kann bei jenen »rohen Wesen«, die einst von den Bäumen herabgestiegen sind und nach einem langen, mühevollen Weg zum Menschen wurden, noch keine Rede sein von Humanität bzw. davon, was wir unter »Humanität« verstehen: Die Erfordernisse des Lebens waren es, die, wie schon bei vielen anderen Arten zuvor, kooperatives Verhalten bewirkten, welches wir dann, wesentlich später, zu einer Tugend und einer ethischen Grundforderung erhoben haben.

Die Ethik, so ist zu folgern, ist ein spätes Produkt jener schon auf »tieferen Stufen« tierischer Existenz durch die Evolution zementierten Überlebensstrategie durch Kooperation. Ursprünglich war am altruistischen Verhalten nichts *moralisch* – so wie am egoistischen Verhalten nichts *unmoralisch* war. In der Evolution der Organismen zählt lediglich das Überleben – und auch dieses ist stets nur über begrenzte Zeiträume zu gewährleisten. Wer in der Evolution mehr sieht und allerlei in sie hineingeheimnißt, der läuft Gefahr, die Evolutionslehre mit einer Heilslehre zu verwechseln, was sie jedoch nie war und auch nicht sein kann.

Ethik auf biologischer Grundlage?

Wie also eine Ethik auf biologischer Grundlage möglich sein soll, wird vielleicht gerade dann fragenswert erscheinen, wenn man die Kategorien »Moral« und »Unmoral« aus der Evolution herausnimmt oder erst gar nicht dorthin projiziert; und wenn man sich davor hütet, unter Rückgriff auf die Prinzipien der organischen Evolution eine Ethik zu *begründen*. Aber auch wenn es in der Natur nichts Moralisches gibt, so steckt doch, wie Vogel

(1988) betont, *Natur in unserer Moral*. Mit anderen Worten, Moralverhalten hat eine biologische, stammesgeschichtliche Grundlage. Diese These folgt zwingend aus der Tatsache, daß der Mensch mit seinem Erkenntnisvermögen, seinen Empfindungen, Trieben und Wünschen ein Resultat der organischen Evolution ist. Sie ist, wie schon bemerkt wurde (vgl. S. 21), der Ausgangspunkt der evolutionären Ethik, die in neuerer Zeit von einer Reihe von Autoren explizit vertreten worden ist (vgl. z. B. Mohr 1987, Richards 1986, Ruse 1986a, b, Vollmer 1986, Wuketits 1988b, 1990a, d u. a.) und ebenso viel Kritik erfahren hat (vgl. z. B. Bateson 1989, Knapp 1989, Krüger 1987, Williams 1990 u. a.*). Dabei ist der Ausdruck »evolutionäre Ethik« mißverständlich, und man müßte, wie Tennant (1983) angeregt hat, zwischen *evolutionärer* und *evolvierter* Ethik unterscheiden: Es ist eines zu behaupten, daß (menschliches) Moralverhalten biologische Ursprünge hat und evolviert ist, ein anderes aber zu sagen, daß aus der Evolution Werte und Normen abgeleitet bzw. begründet werden können. Wir werden uns mit diesem Problem noch auseinanderzusetzen haben.

Daß menschliches Moralverhalten biologische Ursprünge hat, wurde von Evolutionstheoretikern des 19. Jahrhunderts, vor allem Darwin und Spencer, klar gesehen. Wobei aber Darwin ausdrücklich vor einer Ableitung von *Normen* aus der Evolution warnte. Spencer war diesbezüglich weniger vorsichtig. Und während Thomas H. Huxley (1825–1895) – als Mitstreiter Darwins oft dessen »Bulldogge« genannt – betonte, unsere Zivilisation müsse fortgesetzt gegen unseren Naturzustand ankämpfen und die Ethik daher den »Kampf ums Dasein« zu überwinden suchen (Huxley 1894), meinte Ernst Haeckel (1834–1919), der streitbarste »Darwinist« seiner Zeit, die Moral müsse, im Gegenteil, »ganz auf die Naturgesetze der Biologie, insbesondere der Entwicklungslehre zurückgehen« (Haeckel 1905, S. 548).

* Aufschlußreich sind dazu auch die Kritiken, die mein Aufsatz (Wuketits 1990a) in der Zeitschrift *Ethik und Sozialwissenschaften* erfahren hat und die zusammen mit diesem Aufsatz (und meiner Replik auf die Kritiker) publiziert worden sind.

Im Verlauf des 20. Jahrhunderts haben viele Biologen Zusammenhänge zwischen Evolution und Ethik gesehen und hervorgehoben, daß Moral stammesgeschichtliche Wurzeln habe; zu nennen sind dabei nur beispielsweise Ayala (1987), Dobzhansky (1965), Eibl-Eibesfeldt (1984a, b, 1988), J. Huxley (1964), Leyhausen (1974), Lorenz (1963), Mayr (1991), Mohr (1987), Rensch (1977, 1979, 1988), Simpson (1964, 1972), Waddington (1964) und Young (1987). Soziobiologen haben in neuerer Zeit expressis verbis menschliches Moralverhalten als (sozio-)biologisches Phänomen analysiert, wobei ich auf die bereits zitierten Arbeiten von Alexander (1983, 1987, 1988), Barash (1980), Dawkins (1976), Vogel (1986, 1988, 1989a, b) und Wilson (1975, 1978) nochmals hinweisen möchte, sowie auf Lumsden und Wilson (1983) und Wickler (1972, 1991). Auch einige Soziologen (Fox 1989, Meyer 1981, 1982) haben Moralität hinsichtlich ihrer Ursprünge im biologischen Kontext gesehen, und von seiten der Psychologie ist (z. B. von Bischof 1978) ebenfalls hervorgehoben worden, Moralität sei ein Verhaltenskomplex des Menschen, so daß ihre Wurzeln in der Evolution des Lebenden liegen müßten. Kurz und gut, die organische Evolution hat, wie wir ein wichtiges Argument zusammenfassen können, die Entwicklung einiger Kapazitäten (vor allem Erkennen, Selbst-Bewußtsein u. a.) determiniert, die für moralische Entscheidungen notwendig sind und deren biologisches Studium daher große Relevanz für die Ethik besitzt (Markl 1978).

Kant (1788, vgl. 1968 VI, S. 209) hatte die schwerwiegende Frage aufgeworfen: »Pflicht! du erhabener großer Name ... welches ist der deiner würdige Ursprung, und wo findet man die Wurzel deiner edlen Abkunft?« Aus evolutionstheoretischer Sicht ist die Antwort auf diese Frage eindeutig: Was wir als *Pflicht* bezeichnen, entstand aus der Notwendigkeit kooperativen Verhaltens, noch bevor jemand darüber zu reflektieren imstande war, was moralisch vertretbar ist und was nicht. Von einer »edlen Abkunft« der Pflicht kann indes keine Rede sein, denn sie war (und ist) als Bereitschaft zu kooperativem Verhalten nur Teil einer Überlebensstrategie!

Es ist nicht a priori von der Hand zu weisen, daß Moral nichts weiter sei als eine »Verlängerung« jenes in grauer Vorzeit entstandenen Prinzips der Kooperation, das eine (Über-)Lebensnotwendigkeit geworden war. Solche Überlegungen sind nicht neu, aber sie sind nach wie vor unbeliebt. Ebenso hört man es nicht gerne, wenn also moralisches Handeln auf »natürliche Anleitungen« zurückgeführt und dann gesagt wird, daß jede »widernatürliche Ethik« von vornherein mit Schwierigkeiten grundsätzlicher Art zu rechnen hätte.

Aber die Moral, die eine Gesellschaftsschöpfung ist, war nur darum imstande, sich das Individuum zu unterwerfen und sich der organischen Apparate seiner eigenen Lebenswirtschaft zu bemächtigen, weil ihre Absicht in der Richtung der Tendenzen des individuellen Organismus liegt, sie über ihn hinaus verlängert und seine Erhaltung bezweckt, also mit seinem Selbsterhaltungsdrang zusammenfällt (Nordau 1916, S. 89).

Sicher ist das nur die eine Seite der Medaille. Denn kaum ein Mensch verhält sich immer und unter allen Umständen moralisch. Wir verletzen oft Normen – der eine selten, der andere häufig –, viele verhalten sich unentwegt unmoralisch (gemessen an dem, was jeweils als »unmoralisch« oder »moralisch« gilt).

Es ist also gewiß nicht richtig, daß eine Ethik nur bereits gegebene (biologische) Tendenzen unterstützt, sie richtet sich oft – man erinnere sich nochmals an die Sexualethik (vgl. S. 44) – *gegen* naturgegebene Tendenzen im menschlichen Leben. Eine Ethik, die nur dem folgt, was die Mehrzahl der Menschen aus biologischen Gründen ohnehin schon will, wäre keine Ethik und würde sich als solche selbst aufheben. Eine Ethik, die die naturgegebenen menschlichen Neigungen unterdrücken und schließlich auslöschen wollte, würde vielleicht in den Augen einiger unverbesserlicher Idealisten die Bezeichnung »Ethik« verdienen, hätte aber keine Aussicht auf Erfolg.

Man kann dazu ein kleines Gedankenexperiment machen. Nehmen wir an, jemand käme auf die Idee, der Mensch dürfe, aus ethischen Gründen, nur zwei bis drei Stunden pro Tag schlafen. Das würden die allermeisten Menschen physiologisch nicht verkraften, und auch diejenigen, die sich ernsthaft bemühen würden, diesem Gebot Folge zu leisten, würden nach ein paar Tagen zusammenbrechen. Dieses Gebot wäre also einfach nicht lebbar, jedenfalls nicht von den meisten Angehörigen unserer Spezies. Gebote und Verbote sind aus biologischen Gründen nur in einem bestimmten Rahmen sinnvoll, eine Ethik, die sich außerhalb dieses Rahmens stellt, ist ein luftschloßartiges Gebäude. Wo aber dieser Rahmen zu ziehen ist, wo die physiologische Belastbarkeit des Menschen durch die Ethik aufhört, ist allerdings eine Frage, die nicht einfach zu beantworten ist.

Nun können wir nach dem in den vorangegangenen Abschnitten Gesagten davon ausgehen, daß jene Komponenten im menschlichen Verhalten, die sich als Überlebensstrategien bewährt haben, den stärksten Einfluß auf das menschliche Leben ausüben. Und das sind eben egoistisches Verhalten auf der einen Seite, altruistisches Verhalten auf der anderen. Letzteres gilt im ethischen Sinne als *gut,* ersteres gilt als *böse.* Ursprünglich aber war, wie gesagt, weder der Egoismus böse noch der Altruismus gut – beide waren ethisch neutrale Verhaltensweisen, die niemand *bewertete,* weil es bloß ums nackte Überleben ging und dieses gleichsam als ungeschriebenes Recht galt. Hobbes schrieb in seinem *Leviathan* (1651, vgl. 1980, S. 118):

> Das Naturrecht ist die Freiheit, nach welcher ein jeder zur Erhaltung seiner selbst seine Kräfte beliebig gebrauchen und folglich alles, was dazu etwas beizutragen scheint, tun kann. Freiheit begreift ihrer ursprünglichen Bedeutung nach die Abwesenheit aller äußeren Hindernisse in sich. Das natürliche Gesetz aber ist eine Vorschrift oder allgemeine Regel, welche die Vernunft lehrt, nach welcher keiner dasjenige unternehmen darf, was er als schädlich für sich selbst anerkennt.

Das *Naturrecht* wird demnach durch ein *natürliches Gesetz* sozusagen ein wenig zusammengestutzt. In der Evolution der Organismen hat sich beides bewährt: der Gebrauch der eigenen Kräfte im Dienste des (eigenen) Überlebens als auch – abermals zum Zwecke des (eigenen) Überlebens – die »Vorschrift«, das zu tun, was man auch vom anderen erwartet *(tit for tat)*. Allerdings war die Vernunft, die Hobbes bemüht, die längste Zeit in der Evolution abwesend.

Geht man von der Evolution aus, dann ist es naheliegend, nach Vorstufen menschlicher Moral zu fragen und zu sehen, ob es auch bei anderen Lebewesen »so etwas wie Moral« geben könnte. Lorenz (1963) sprach vom *moralanalogen Verhalten,* um Verhaltensweisen bei Tieren zu kennzeichnen, die dem, was wir als moralisch bezeichnen, in gewisser Weise ähnlich sind. Er führte dabei die *Kommentkämpfe* an, Rivalenkämpfe, die bei vielen Tieren beobachtet werden können und dazu dienen, festzustellen, wer der Stärkere ist, wobei dieser jedoch den Überlegenen nicht ernsthaft beschädigt oder gar tötet. Dieses Beispiel ist überzeugend, dennoch sagt es nichts darüber aus, ob bei Tieren, die ihre (unterlegenen) Gegner schonen, tatsächlich Moral im Spiel ist. Das Tier *weiß* ja nicht, daß es »ritterlich« handeln soll, es folgt lediglich seinem Instinkt. Daher kann man eben nur von Verhaltensweisen sprechen, die unserer Moral *analog* sind, mit den Eigenschaften »moralisch« und »unmoralisch« aber nichts gemein haben. Ich würde hier auch nicht einmal sagen, daß solche Verhaltensweisen unserer Moral analog sind, sondern bloß, daß wir sie analog dazu *empfinden.* Ich meine, daß sich die Evolution des Organischen jenseits von Gut und Böse abgespielt hat und nur dann sowohl »gut« als auch »böse« ist, wenn wir sie – wie auch Hassenstein (1983) betont – ausdrücklich mit unserem Wertempfinden in Beziehung bringen. Und wenn wir vielleicht einen Leoparden, der eine wehrlose Antilope tötet und frißt, als böse ansehen, die Antilope hingegen, weil sie keine anderen Tiere tötet, als gut, dann sagt das nichts über Leoparden und Antilopen aus, sondern nur über unser eigenes Empfinden und unsere Neigung, vieles zu bewerten. Mit unseren Projektionen, Hoffnungen und Wünschen, die viele in die Evolution verlegen bzw. von dort her gerechtfertigt sehen wollen, werden wir uns aber in Kapitel 4 noch auseinandersetzen.

Was also bedeutet eine evolutionäre Ethik? Inwieweit ist eine Ethik auf biologischer Grundlage überhaupt möglich? Vorbehaltlich weiterer Überlegungen dazu (in Kapitel 6) kann darauf folgende Antwort gegeben werden: Die Ethik als das Bemühen des Menschen, Prinzipien für sittliches Verhalten bzw. Handeln festzulegen, ist aus biologischen Prinzipien hervorgegangen; *Ethik bedeutet, daß eines dieser Prinzipien, nämlich das des Altruismus, von den meisten Menschen geschätzt wird, während das Prinzip Eigennutz unmoralisch erscheint.* Es ist sicher nützlich, den Altruismus-Begriff der Biologie, der sich in der Hauptsache auf die Reproduktionsinteressen der Lebewesen bezieht, und das ethische Konzept des Altruismus, welches nicht mit Reproduktion erklärt wird, zunächst auseinanderzuhalten (vgl. Cela-Conde 1987). Aber eine evolutionäre Ethik kann plausibel machen, *daß Moralverhalten in spezifischen Überlebensstrategien seinen Anfang nimmt und sich von dort her erklären, wenn nicht sogar begründen läßt.* Sie muß also nicht bei der an sich trivialen – obgleich immer wieder zurückgewiesenen – Feststellung stehenbleiben, daß sich menschliches Moralverhalten, das Gefühl für gut und böse, Normen und Wertvorstellungen in der Evolution allmählich entwickelt haben.

»Letzte Gründe« für Sittlichkeit, wie sie von der traditionellen, idealistischen Ethik postuliert worden sind, können daraus freilich ebensowenig abgeleitet werden wie »ewige Werte« oder was man sonst noch alles festzulegen krampfhaft bemüht ist. Es ist indes ein Irrtum zu glauben, daß, selbst wenn man solche »letzten Gründe« für die Moral evident machen könnte, der Mensch dann auch besser werden würde, als er ist. Was zählt, ist, *wie* wir uns verhalten, ob unser eigenes Verhalten von anderen Menschen geschätzt wird – und weniger, ob wir dabei irgendeinem abstrakten Sittengesetz folgen, welches für alle Zeiten irgendwo festgelegt sein soll. Wissenschaftlich läßt sich die Existenz eines derartigen Sittengesetzes und mit ihm möglicherweise verbundener »letzter Werte« nicht erweisen. »Aber sogar wenn es solche Werte nicht gibt, sollten wir nicht verzweifeln. Menschen können ohne ein durch und durch begründetes

System der Ethik nett und liebenswürdig sein. Möglich, daß sie in der Tat im allgemeinen dazu neigen, so zu sein« (Voorzanger 1987, S. 269). Und würden sich Menschen generell nur deshalb freundlich und hilfsbereit benehmen, weil sie einen Nutzen daraus ziehen wollen – wäre das so schlimm? »Ich habe Leute gesehen«, schreibt Camus (1942, vgl. 1991, S. 59), »die mit großem moralischen Aufwand Böses taten, und ich stelle täglich fest, daß die Anständigkeit keiner Gebote bedarf.« Fürwahr, die Moralisten, die so gern ihren Zeigefinger erheben oder gar mit Gottes Strafe drohen, wann immer sich jemand nicht so benimmt, wie sie es erwarten – sie (und mit ihnen wir alle) müßten froh sein, wenn unsere Spezies einmal so weit wäre, daß sich ihre Angehörigen untereinander wenn schon aus keinen anderen, so doch zumindest aus »überlebensstrategischen« Gründen freundlich und hilfsbereit zeigen.

Zusammenfassung. Was kann ich tun? Die Biologie antwortet: Grundsätzlich nur das, was mir als einem Repräsentanten einer biologischen Spezies an (biologischen) Potentialen gegeben ist. Das ist im Falle unserer Spezies nicht wenig. Während in der Natur allerorten nur das Dschungelgesetz herrscht, dem auch unsere Vorfahren in der Stammesgeschichte auf Gedeih und Verderb ausgesetzt waren, sind wir in der Lage, Teilaspekte dieses »Gesetzes« zur Tugend zu erheben. In der Natur zählt zuallererst das Reproduktionsinteresse, dessen Befriedigung die Entwicklung von verschiedenen Überlebensstrategien erforderlich macht; eine dieser Strategien ist egoistisches, eigennütziges Verhalten. Um aber ihre »Ziele« zu erreichen, müssen Organismen vielfach kooperieren, altruistisch »handeln«. Zumindest die Individuen innerhalb einer Gruppe fahren stets besser, wenn sie die anderen Gruppenmitglieder unterstützen, wenn sie kooperieren. Auch das gehört zum Dschungelgesetz. Der Mensch hat altruistisches Verhalten zu einer Grundforderung der Ethik erhoben. Viele sträuben sich dagegen, daß dies ein bloßes Naturprinzip sei, und wollen die Ethik aus »höheren Prinzipien« ableiten, was stets im Spekulativen verhaftet bleibt.

Demgegenüber kann die Evolutionsbiologie – in Verbindung mit anderen Disziplinen (Verhaltensforschung, Spieltheorie) – plausible Argumente für die Annahme ins Feld führen, daß unser moralisches Verhalten *natürliche* Ursachen hat und auf jene Mechanismen zurückführbar ist, die dem bloßen Überleben (des einzelnen in der Gruppe und der Gruppe als solcher) dienen. Unser Erkennen und Denken, Verhalten und Handeln sind mithin von biologischen, in der Evolution der Organismen entstandenen Rahmenbedingungen abhängig. Was wir heute als »moralisch« oder »unmoralisch« qualifizieren, war einst nichts weiter als eine Frage des Überlebens; auch wenn sich die Akzente mittlerweile etwas verschoben haben, steht das Überlebensinteresse nach wie vor im Vordergrund menschlicher Aktivitäten. Das Überleben in der Natur kennt keine Moral. Das Überleben der Menschheit heute – und morgen – könnte aber eine Frage der Moral werden, so daß es um so wichtiger ist, Moral möglichst »lebensnahe« zu begründen.

3. Herkunft und Entwicklung des Menschen

Die wichtigste Schlußfolgerung, zu der wir ...
gekommen sind..., ist der Satz, daß der Mensch
von einer weniger hoch organisierten Form ab-
stammt.

CHARLES DARWIN

Was im letzten Kapitel stillschweigend vorausgesetzt wurde – und überhaupt den Ausgangspunkt für dieses Buch darstellt –, bedarf nun einer eingehenderen Auseinandersetzung: daß also der Mensch ein Resultat der organischen Evolution ist. Es wäre nicht nötig, sich heute – weit über 100 Jahre nach Darwins Tod – noch mit der »niederen Abkunft« des Menschen auseinanderzusetzen, würde man nicht nach wie vor Zweifel ob seiner Abstammung anmelden. Der *Kreationismus* oder Schöpfungsglaube, die wörtliche Auslegung des biblischen Schöpfungsberichts, feiert heute (nicht nur in den USA) fröhliche Auferstehung. Ich werde hier nicht näher darauf eingehen, weil dieser Pseudo-Wissenschaft und Pseudo-Religion schon massiv entgegengetreten worden ist (vgl. z. B. Jeßberger 1990, Ruse 1982, Wuketits 1989b); jedoch halte ich es für angebracht darzulegen, inwieweit wir heute in der Lage sind, unsere eigene Herkunft zu beleuchten. Denn je besser wir die biologischen Rahmenbedingungen verstehen, unter denen unsere Spezies entstanden ist, um so besser werden wir auch die biologischen Wurzeln der Moral begreifen können. Im vorliegenden Kapitel wird allerdings nicht nur von der biologischen Evolution des Menschen die Rede sein; wir müssen auch der sozialen und kulturellen Evolution unserer Spezies entsprechende Beachtung schenken. Dabei sind vor allem die *Zusammenhänge* zwischen biologischer, sozialer und kultureller Evolution interessant. Die alte Trennungslinie, die zwischen diesen »Evolutionstypen« häufig immer noch gesehen wird, ist heute nicht mehr aufrecht zu erhalten.

Homo sapiens, nur eine Spezies unter vielen

Ungefähr drei Millionen Organismenarten leben heute auf unserem Planeten, viele Millionen Arten sind im Laufe der Erdgeschichte schon ausgestorben; keine Art ist für die Ewigkeit geschaffen, ihre »Lebensdauer« ist begrenzt, sei es auf »nur« zwei oder auf zweihundert Millionen Jahre (vgl. Erben 1988). Die Individuen jeder Art trachten, wie wir gesehen haben, nach Überleben, einige schaffen das besser als andere, manche schaffen es überhaupt nicht. Der einzige »Gewinn«, den ein Individuum aus seinem – freilich stets nur kurzfristigen – Überleben ziehen kann, ist, daß es sich fortpflanzt und sich gewissermaßen genetisch überlebt, indem es die seiner Art eigene (genetische) Information weitergegeben hat. Irgendwann stirbt aber das letzte Individuum einer Art, womit diese – und mit ihr ihre »genetischen Baupläne« – für immer verschwunden ist. Es entstehen neue Arten, deren Individuen wiederum nur überleben werden, bis auch sie nicht mehr ins »Bühnenbild der Evolution« passen; und so geht das weiter. Im Grunde genommen gibt es in der Evolution langfristig gesehen nur Verlierer. Die Lebewesen führen einen »Daseinskampf«, dessen Ergebnis stets nur relativ kurzfristig Bestand hat. Ein Trauerspiel also, so könnte man meinen, aber, frei nach Wilhelm Busch gesagt, dennoch leben sie ja alle gern auf diesem Erdenballe. Vom Menschen abgesehen, ist den Lebewesen ihre individuelle und die Vergänglichkeit ihrer Art nicht bewußt, so daß sie damit auch keine Probleme haben. Der Mensch *hat* damit Probleme, so daß er immer wieder Illusionen entwickelt und pflegt, um sich über die Tragikomik seiner Existenz hinwegzutäuschen. »Unsere Species hat sich mit *sapiens* zu optimistisch benannt. Dazu hat uns eine spezielle genetisch bedingte Disposition verführt: die Pflege angenehmer Illusionen« (Verbeek 1990, S. 74). Das unterscheidet uns sicher von allen anderen Arten, die je auf der Erde gelebt haben und die daher – aus unserer anthropozentrischen Sicht – um vieles ärmer sind als wir, denen aber auch manches erspart bleibt.

Biologisch gesehen ist aber unsere Spezies zunächst nichts weiter als eine Art unter sehr vielen, zwar mit besonderen anatomischen und physiologischen Merkmalen, doch was Wunder, jede Art verfügt über ihre Besonderheiten. Daß *Homo sapiens* überdies ein naher Verwandter der Menschenaffen (charakteristisch die Bezeichnung *Menschen*affe!) ist, kann heute nicht mehr ernsthaft geleugnet werden – und hätte eigentlich nie geleugnet werden können, hätte nicht unsere eigene Selbstüberschätzung die verblüffende Ähnlichkeit zwischen uns und den Schimpansen, Gorillas und Orang-Utans verdeckt. Aber schon Carl von Linné (1707–1778), der den Menschen als *Homo sapiens* in Verbindung mit dem Imperativ *Nosce te ipsum!* (»Erkenne dich selbst!«) charakterisierte, stellte diesen zusammen mit dem Schimpansen und dem Gorilla in sein Natursystem. Und Darwin tat dann das Unvermeidliche: Er zeigte mit großer Akribie unsere Verwandtschaft mit allen Lebewesen und unsere »niedere Abkunft« und übersah nicht, daß wir die Spuren unserer Abkunft sowohl in unserem Körperbau als auch in unserem Verhalten mit uns herumtragen (vgl. Darwin 1871).

Man darf natürlich nicht übersehen, daß viele Menschen grundsätzlich die – vielleicht nicht unberechtigte – Hoffnung hegen, die Wissenschaft würde ihnen nur gute Nachrichten überbringen, während gerade die Biologie sie seit über hundert Jahren mit schlechten Nachrichten überhäuft, also etwa mit der Botschaft, daß der Mensch gar nicht das ist, was er immer schon zu sein glaubte. Man sollte aber nicht vergessen, daß die Aufgabe der Wissenschaft nicht darin besteht, Erwartungen zu erfüllen und Vorurteile zu bestätigen, sondern in erster und letzter Instanz darin, ein wenig von »der Wahrheit« zu erfahren, wenn uns schon die »ganze Wahrheit« (was auch immer diese sein mag) nicht zugänglich sein sollte. Doch »falls die Überbringer schlechter Nachrichten irgendeine Hoffnung zu offerieren haben, dann die, daß wir besser fahren, wenn wir den unangenehmen Wahrheiten ins Auge sehen, anstatt sie zu ignorieren« (Fox 1989, S. 4). Eine dieser Wahrheiten ist:

Die Frage, die soviel Entrüstung und Aufregung hervorgeru-
fen hat, die soviel Eigenliebe verletzte, stellt sich heute nicht
mehr. Längst schon steht fest, daß Menschenaffen und echte
Menschen wie Vettern aus einer weit zurückliegenden gemeinsamen phylogenetischen Wurzel hervorgegangen sind
und daß die eigentlichen ... Affen aus deren Vorstufe abge-
zweigt waren. Diese Umstände erklären alle bestehenden
Ähnlichkeiten (Erben 1988, S. 328).

Sie erklären vor allem, wie ergänzend hinzugefügt werden
kann, die große Ähnlichkeit zwischen dem *Homo sapiens* und den
Menschenaffen, mit denen jener tatsächlich viele Merkmale
teilt. Im zoologischen System gehört *Homo sapiens* zur Ordnung
der Primaten (vgl. Tabelle 1), die mit insgesamt 196 lebenden
Arten vertreten ist und auf deren Evolution wir im nächsten
Abschnitt kurz eingehen werden.

Innerhalb dieser Ordnung ist *Homo sapiens* der einzige rezente Vertreter einer Familie, die über einen Zeitraum von etwa
fünf Jahrmillionen in zwei Unterfamilien auftritt, und zwar:
Australopithecinae (»Urmenschen«) und Homininae (»echte
Menschen«). Die Geschichte der Australopithecinae wurde
kürzlich von Johanson und Shreeve (1990) brillant erzählt.
Diese »Urmenschen«, die vor knapp fünf Millionen Jahren
auftraten, mit drei (vier?) Arten vertreten waren und vor knapp
zwei Millionen Jahren wieder verschwanden, stehen an der
Basis der Evolution des Menschengeschlechts. Aus einer ihrer
Spezies haben sich – wann und wie, ist derzeit noch umstritten –
die Homininae entwickelt, mit den Arten *Homo erectus* und *Homo
sapiens,* wobei der heutige Mensch eigentlich *Homo sapiens sapiens*
(der besonders Weise!) genannt wird, um ihn vom Neandertaler, dem *Homo sapiens neandertalensis* abzugrenzen. Der Neandertaler starb gegen Ende der letzten Eiszeit aus; über die Ursachen seines jähen Verschwindens wird nach wie vor gerätselt.
Merkwürdig genug, daß sein Verschwinden mit dem plötzlichen
Auftreten des modernen Menschen *(Homo sapiens sapiens)* zusam-
mentraf. Möglich, daß letzterer auf brutale Weise seine Überlegenheit demonstrierte und den Neandertaler ausrottete –

Tabelle 1: *Übersicht über das System der Primaten (nach verschiedenen Autoren*)*

Ordnung PRIMATES (»Herrentiere«)

Unterordnung *Prosimii* (Halbaffen)

Familien:	Tupaiidae (Spitzhörnchen)
	Lemuridae (Lemuren)
	Indridae (Indris)
	Daubentoniidae (Fingertiere)
	Lorisidae (Loris)
	Galagidae (Galagos)
	Tarsiidae (Koboldmakis)

Unterordnung *Simii* oder *Anthropoidea* (Affen, »Menschenähnliche«)

Familien:	Cebidae (Greifschwanzaffen)
	Callithricidae (Krallenaffen)
	Cercopithecidae (Hundsaffen)
	Hylobatidae (Gibbons)
	Pongidae (Menschenaffen)
	Hominidae (Menschen)

---

* Einzelne Autoren weichen in einigen Punkten betreffend die Systematik und Klassifizierung der Primaten voneinander ab, was hier aber nicht weiter zur Diskussion zu stehen braucht, weil es nichts am Prinzipiellen ändert. Von vielen Autoren werden beispielsweise die Gibbons, Menschenaffen und Menschen zur Überfamilie »Hominoidea« zusammengefaßt.

immerhin wird von Anthropologen auch diese Hypothese neben anderen Erklärungsmöglichkeiten für das Verschwinden dieser uns so ähnlichen Kreatur ernsthaft diskutiert (vgl. z. B. Constable 1973).

Nun kann kein Zweifel daran bestehen, daß der moderne *Homo sapiens* bislang eine sehr erfolgreiche Art war und daß dieser Erfolg ganz entscheidend auf sein Durchsetzungsvermögen und seine Rücksichtslosigkeit gegenüber anderen Arten zurückgeführt werden kann. Die Ursache dafür, daß der moderne Mensch sich praktisch innerhalb eines sehr kurzen Zeitraums über die ganze Erde ausbreiten konnte und sich diese entsprechend der biblischen Verheißung untertan gemacht hat, liegt in seinem *Gehirn,* dessen Leistungen die der Gehirne aller übrigen Tiere zweifellos bei weitem überschreiten. Wir kommen später, im dritten Abschnitt dieses Kapitels, darauf noch zu sprechen. Daß die gesteigerten Gehirnleistungen des Menschen auch in dessen gesteigerter Zerstörungswut ihren Ausdruck finden, ist heute mit Händen zu greifen und bedarf keiner näheren Erläuterung. Es ist durchaus keine Übertreibung, den Menschen als Naturkatastrophe zu bezeichnen (Mohr 1987) bzw. das Zeitalter des Menschen als Katastrophe der Naturgeschichte zu charakterisieren (Oeser 1987). Denn unter dem Einfluß des Menschen stirbt heute praktisch stündlich eine Art aus, oft unbemerkt, weil der Mensch gar keinen Blick hat für manche »unscheinbare« Arten (vgl. Verbeek 1990). Nicht nur, daß der Mensch bewußt andere Arten ausrottet, sondern er nimmt ihnen ihren Lebensraum weg, stört sie in ihren natürlichen Lebensläufen, so daß das Verschwinden mancher Spezies sozusagen auf Umwegen vom Menschen bewirkt wird. Markl (1983, S. 67) schreibt: »Die bisher in vielen Millionen von Lebensformen entfaltete Biomasse wird zunehmend durch die *der einen Spezies Mensch* ... ersetzt« (meine Hervorhebung). Und weiter: »Die Großverbraucherart Mensch nimmt also, da sich auch nicht die gesamte Pflanzenproduktion für tierischen Konsum eignet, bereits heute annähernd ein Zehntel dessen in Anspruch, was die gesamte irdische Pflanzenwelt für mehrere Millionen Tierarten an Nahrung bereitstellen kann.« Das ist gewiß eine neuartige, ziemlich abrupt aufgetretene Situation in der Geschichte der Erde und ihrer Bewohner. Unter diesem Aspekt ist unsere Spezies also doch nicht einfach eine unter vielen!

Die ältesten Vertreter der Hominidae standen ursprünglich in einem natürlichen Wettbewerb mit Vertretern ihrer eigenen Art(en) und anderen Spezies, rasch aber traten sie den Siegeszug an, bedingt durch die Entwicklung von Überlebensstrategien, die jenen anderer Spezies überlegen waren. Grundsätzlich neu waren diese Strategien zwar nicht, denn schon immer hatten die Lebewesen, zur Sicherung ihrer Reproduktion, die

Strategie der Verdrängung der anderen angewandt und ihren Bedürfnissen entsprechend die Natur um sie herum ausgebeutet; aber da alle Lebewesen stets nur so viel nahmen, wie sie brauchten, um ihr Überleben und das ihrer Nachkommen zu gewährleisten, war all das harmlos im Vergleich zu jenem Lebewesen, das nunmehr *alles* an sich zu reißen versucht und sich die »beste aller möglichen Welten« schaffen möchte. Die Strategien, die der Mensch ausgeklügelt hat, um seine eigenen Interessen zu befriedigen, übersteigen, wie gesagt, alles bisher Dagewesene. Der Mensch begann sich vor sich selbst zu fürchten und entwickelte die Ethik mit verschiedenen Normensystemen, die ihn ein wenig bremsen sollten; der durchschlagende Erfolg, den wir von unserer Ethik erwarten, blieb bislang jedoch aus.

Gewiß ist dies eine einmalige Situation: daß nämlich ein Lebewesen versucht, anders zu sein, als es ist, über den Schatten seiner eigenen Natur zu springen. Wiederum können wir also doch mit einer gewissen Berechtigung sagen, daß *Homo sapiens* nicht bloß eine Spezies unter vielen ist, sondern sich von allen Arten *qualitativ* unterscheidet. Das Paradoxe dieser Situation ist jedoch, daß dieses »Anders-Sein« in jenen Mechanismen der Evolution begründet ist – bzw. von jenen Mechanismen hervorgebracht wurde –, die auch die Entstehung und Entwicklung aller anderen Arten bewirkt haben. In dieser Hinsicht sind wir doch wieder nichts anderes als eine unter vielen Millionen Spezies.

Die Evolution der Primaten

Es mag uns scheinen, daß diese Einmaligkeit und Paradoxie der menschlichen Situation abrupt aufgetreten ist und keine Präzedenzfälle in der Evolution kennt. Präzedenzfälle für unsere Situation gibt es in der Entwicklungsgeschichte des Lebenden sicher nicht, aber da der Mensch nicht vom Himmel gefallen ist, die Evolution stets nur auf das aufbaut, was sich bereits bewährt hat, wird es uns nicht wundernehmen dürfen, wenn wir in der

Abb. 2 *Vereinfachtes Schema der stammesgeschichtlichen Beziehungen der Primaten. Wie man sieht, ist der Mensch aus einer bunten Formengruppe hervorgegangen, der er als biologische Spezies freilich nach wie vor angehört.*

organischen Evolution schon vor dem Auftreten des Menschen gewisse »Entwicklungs-Trends« finden, die – was freilich stets nur im nachhinein beurteilt werden kann – unsere Situation vorbereitet haben.

Im Vorfeld der Menschwerdung haben wir die Evolution der

94

Primaten zu untersuchen bzw. zu rekonstruieren (vgl. Abbildung 2), da die organische Evolution des Menschen nur auf dieser Basis verstanden werden kann. Die Vertreter der Ordnung der Primaten sind anatomisch durch mehrere Merkmale charakterisiert, die naturgemäß auch dem Menschen zukommen (vgl. z. B. Winkler und Schweikhardt 1982). Zu erwähnen sind dabei vor allem die vergrößerten Großhirnhemisphären, zwei auf der Brust gelegene Milchdrüsen, frei bewegliche Vorderextremitäten mit fünf Fingern (wobei der Daumen weggestreckt werden kann), Finger- und Zehennägel, ein herabhängender Penis mit Hoden im Hodensack.

Die Primaten sind in der Regel Baumbewohner. Die sie charakterisierenden Merkmale sind wahrscheinlich als Folge des Lebens auf Bäumen entstanden und haben sich durch die baumbewohnende Lebensweise verstärkt.

Abgesehen vom Menschen sind die Primaten nur in wärmeren Regionen der Erde zu Hause (sie fehlen allerdings in Australien). Die Entwicklungsgeschichte der Primaten begann vor etwa 70 Millionen Jahren mit den Insektenfressern (Igel, Maulwurf, Spitzmaus) ähnlichen Formen. Leider ist diese Geschichte fossil nicht sehr gut dokumentiert. Das kann darauf zurückgeführt werden, daß sich die Evolution der Primaten in der Hauptsache in wärmeren Waldgebieten abgespielt hat, wo die Bedingungen für die Erhaltung von Fossilien nicht sehr gut sind. Dennoch lassen sich – nicht zuletzt aus dem Vergleich rezenter Formen – einige Entwicklungstendenzen rekonstruieren, die schließlich das Auftreten des Menschen ermöglicht haben:

1. Die Primaten sind »Augentiere«, ihr optischer Sinn ist besser entwickelt als bei den übrigen Säugetieren. In ihrer Evolution kam es zu einer maßgeblichen Verbesserung des Sehapparates; wichtig ist dabei das räumliche Sehen, die Farbwahrnehmung und das Hell-Dunkel-Sehen. Diese Verbesserung des optischen Wahrnehmungsapparates ging auf Kosten des Riechapparates; der Geruchssinn spielt bei den Primaten eine untergeordnete Rolle.

2. Mit dieser Entwicklung einher ging eine Vergrößerung des Gehirnschädels bei gleichzeitiger Verkleinerung des Gesichtsschädels. In der Evolution der Primaten kam es sukzessive zu einer Vergrößerung bzw. Volumenzunahme des Gehirns (Groß- und Kleinhirns) – ein Vorgang, der dann in der Evolution der Hominidae noch wesentlich beschleunigt wurde (siehe nächster Abschnitt).

3. Ursprünglich dürften sich die Primaten vorwiegend von Insekten ernährt haben, entwickelten dann aber, wiederum als Folge des Lebens auf Bäumen, eine starke Tendenz zu vegetarischer Ernährung. Die Menschenaffen jedoch behielten eine omnivore Lebensweise bei, neben pflanzlicher Kost ernähren sie sich auch von Fleisch. Daher konnte aus ihnen schließlich ein Allesfresser wie der Mensch hervorgehen (vgl. Campbell 1985).

4. Besondere Aufmerksamkeit verdient die Entwicklung der *Sozialität* bei den Primaten. Verschiedene Primatenarten leben in zum Teil sehr komplexen sozialen Verbänden bzw. Gruppen, deren Angehörige einander persönlich kennen. Einzigartig ist dabei die jeweils stark ausgeprägte Individualität bei gleichzeitig starker Abhängigkeit des Einzeltieres vom (sozialen) Gefüge seiner Gruppe. Da das Primatenjunge relativ unselbständig ist, bedarf es des intensiven Sozialkontakts zu seiner Mutter und anderen erwachsenen Gruppenmitgliedern. Dadurch wird aber das *soziale Lernen* sehr gefördert.

Vor allem die Sozialgefüge der Primaten und die insbesondere von den Menschenaffen bekannten »Sozialleistungen« können als wichtige Voraussetzungen der Evolution des Menschen angesehen werden. Wenn man zur Kenntnis nimmt, auf welche Weise etwa jungen Schimpansen oder Gorillas von den adulten Tieren bestimmte Fähigkeiten beigebracht werden, dann mag man in der Tat geneigt sein, bereits im Vorfeld des Menschen von einer *kulturellen Tradition* (Bonner 1983) zu sprechen.

Wenn Schimpansen beispielsweise auf Termitensuche gehen, dann nehmen sie kleine Zweige, führen einen Zweig in eine der Öffnungen des Termitenbaus, schieben ihn unter Drehbewegungen tiefer in den Gang, um ihn schließlich herauszuziehen und die darauf sitzenden Termiten abzulecken. »Dieser Vorgang erfordert eine Reihe von Fertigkeiten und insbesondere Kenntnis darüber, wo man zu stochern hat, welche Sorte Zweig der beste ist und wie man einen Zweig drehend in den Fingern bewegt« (Bonner 1983, S. 177). Die Schimpansen erlernen diese Fertigkeiten von den erfahrenen Tieren durch *Nachahmung* und geben das Erlernte an nachfolgende Generationen weiter.

Die Fertigkeiten, über die somit die Schimpansen – aber auch die anderen Menschenaffen, zumindest bis zu einem gewissen Grade – verfügen, wären mit »technischer Intelligenz« nicht hinreichend charakterisiert. Ihr komplexes Sozialleben und darin eingebettet das soziale Lernen legen es nahe, von einer *sozialen Intelligenz* zu sprechen (Bischof-Köhler 1991), die, wie bereits erwähnt wurde (vgl. S. 73), in einer hochgradig organisierten Kooperation ihren Ausdruck findet, sich aber auch, wie hier hinzuzufügen ist, in der Fähigkeit der *Manipulation* von anderen niederschlägt (Bercovitch 1991).

Einige Trends in der Evolution der Hominiden

Als vor vier bis fünf Millionen Jahren die ersten »echten« Hominiden auftraten, deren Vorfahren noch die meiste Zeit auf den Bäumen verbracht hatten, waren schon die wichtigsten diese Familie – und noch ihren heutigen Vertreter, *Homo sapiens* – kennzeichnenden Merkmale ausgeprägt. Allerdings erfolgte, maßgeblich erwirkt durch den Erwerb der *Bipedie* (also der Fortbewegung auf nur zwei – den hinteren – Extremitäten), in der Hominiden-Evolution eine Verstärkung bestimmter Merkmale und Entwicklungsprozesse, wobei die rasche Vergrößerung des Gehirns der auffälligste Trend ist.

Ich gebe hier eine sehr knapp gehaltene Übersicht über die wichtigsten Momente, die die Evolution der Hominiden begleitet haben. Eine ausführliche und sehr gut lesbare Darstellung der Herkunft und Entwicklung der »Menschenartigen« haben in jüngster Zeit Johanson und Shreeve (1990) gegeben, die auch die Arbeitsweise und Kontroversen der Anthropologen auf diesem nach wie vor faszinierenden Feld der Forschung beschreiben (und einen guten Eindruck davon vermitteln, wie Anthropologen nicht nur kooperieren, sondern sich auch gegenseitig bekämpfen, wenn es um Entdeckungen und deren Interpretation geht). Kürzere neuere Darstellungen der Evolution des Menschen geben, neben vielen anderen, z. B. auch Stringer (1991) und Vogel (1987). Viele interessante Aspekte behandeln ferner beispielsweise Winkler und Schweikhardt (1982). Die Erforschung des fossilen Menschen ist ein sich rasch entwickelndes Gebiet, so daß sich am Bild unserer eigenen Evolution auch manches Detail schnell ändert. Da uns hier nur die wichtigsten Zusammenhänge interessieren, brauchen wir uns davon jedoch nicht irritieren zu lassen. Die Grundzüge der Hominiden-Evolution und die dabei entscheidenden (Evolutions-)*Trends* sind heute relativ gut rekonstruierbar (vgl. Abbildung 3). Nur darauf soll es in der Folge auch ankommen

Charakteristisch für die Hominiden also ist der aufrechte Gang, die »Turmkonstruktion«, die eine Reihe anatomischer und funktioneller Veränderungen mit sich gebracht hat, welche vor allem für den heutigen Menschen typisch sind. Durch den Erwerb der Bipedie sind vor allem zwei evolutive Trends aufgetreten:

1. Die Reduzierung der Nackenmuskulatur, die eine Vergrößerung des Schädels nach hinten ermöglicht und somit die Zunahme an Gehirnvolumen nach sich gezogen hat.
2. Die Befreiung der Vorderextremitäten von der Aufgabe der Fortbewegung, womit diese als universell brauchbare Instrumente ge*hand*habt werden konnten.

Das prominenteste Merkmal des modernen Menschen ist sein relativ großes Gehirn, die Folge einer *progressiven Cerebralisation* (Gehirnvergrößerung). Das Menschenhirn hat ungefähr die dreifache Größe eines Schimpansenhirns. Die rasante Vergrößerung des Gehirnvolumens setzte vor allem mit der Gattung

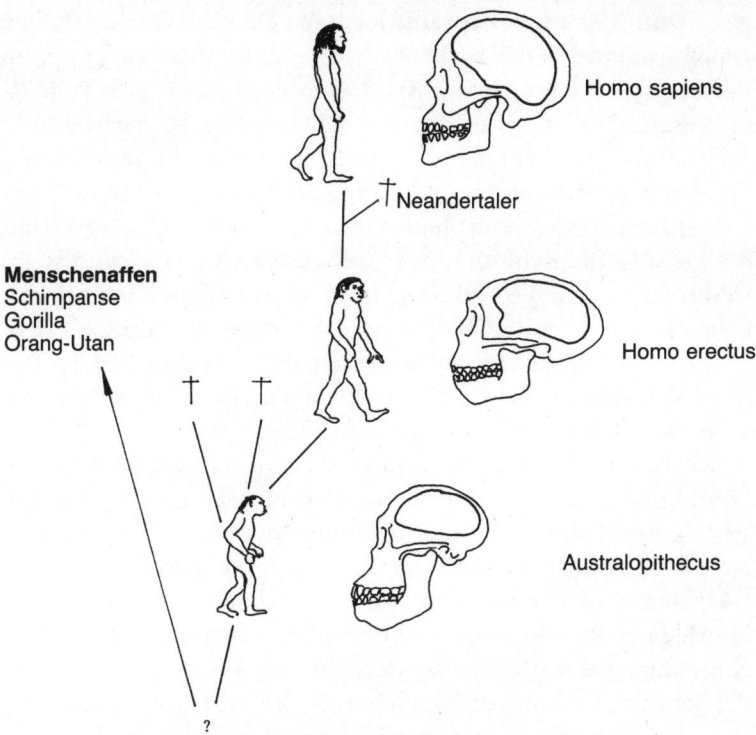

Menschenaffen
Schimpanse
Gorilla
Orang-Utan

Homo sapiens

†Neandertaler

Homo erectus

Australopithecus

?

Abb. 3   Vereinfachtes Schema der Evolution der Hominiden, woraus vor allem die Vergrößerung des Gehirns ersichtlich ist.

Homo, beim *Homo erectus,* ein (Vogel 1987), der ein Gehirnvolumen von im Mittel ca. 1000 cm³ erreichte und mithin die Gehirnkapazität des *Australopithecus* ungefähr um das Doppelte übertraf. *Homo sapiens sapiens* kam schließlich auf ein Schädelvolumen von etwa 1500 cm³.

Der Prozeß der Cerebralisation war jedoch keineswegs bloß ein Vorgang der Massevermehrung, sondern vor allem ein Vorgang »qualitativen Wachstums«, also ein Prozeß der Differenzierung, der Entstehung von neuen Hirnpartien mit ihren spezifischen Funktionen – insbesondere psychischen Leistungen – und deren Weiterentwicklung. Die Vorherrschaft der Großhirnrinde verdient hierbei besondere Beachtung. Denn mit der Groß- oder Vorderhirnrinde »als dem Sitz von Willensimpulsen, Sprachzentren und Regionen der Begriffsbildung über andere Gehirnteile ... müssen nicht nur die psychischen Potenzen zugenommen, sondern auch Verhaltensweisen sich fortschreitend verändert haben« (Erben 1988, S. 341; im Original kursiv). Die Evolution des Hominiden-Gehirns war also im wesentlichen ein Prozeß, der zu einer steigenden *Komplexität* führte, welche in dem Vermögen der *Kognition* gipfelt, »d. h. Erkennen und Denken, die in der gegebenen Form und Bedeutung für das Verhalten zweifellos allein dem Menschen zukommt« (Oeser und Seitelberger 1988, S. 88).

Die Konsequenzen der rasanten Gehirn-Evolution bei den Hominiden liegen auf der Hand: Ein Lebewesen, das über eine gesteigerte Fähigkeit der Aufnahme und Verarbeitung von Information verfügte und immer bessere Systeme der *Kommunikation* zur Verfügung hatte, war den anderen Lebewesen bald überlegen. Das zeigte sich wohl vor allem auch in der Fähigkeit, Nahrung zu erwerben, wozu den Hominiden freilich vor allem der Umstand diente, daß sie schon früh *Werkzeuge* herzustellen in der Lage waren und damit Beutetiere nicht mit bloßen Händen zu erlegen gezwungen waren. Die omnivore Natur der meisten Hominiden war sicher ein physiologischer Vorteil, so daß man, wenn fleischliche Nahrung nicht ausreichend zur Verfügung war, auf pflanzliche Kost ausweichen konnte, wobei dem Sammeln und vor allem Zubereiten von pflanzlicher Nahrung ebenfalls Werkzeuge dienten. Mehrere Faktoren kamen also dem großen »Fresser« Mensch zugute und führten noch dazu, daß seine Gefräßigkeit immer größer wurde.

Wer nun dazu neigt, unsere Evolution zu verklären und zu romantisieren, wird leicht dazu verleitet, die mit der progressiven Evolution des Gehirns entstandenen »geistigen Fähigkeiten« (im weitesten Sinne verstanden) als großen Lichtblick der Evolution des Lebenden zu betrachten. Bemühen wir uns hingegen um eine möglichst nüchterne Beurteilung dieser Evolution, dann werden wir erkennen müssen, daß mit der gesteigerten »Wettbewerbsfähigkeit« des Menschen, die dieser zweifelsohne seinem Gehirn verdankt, auch der Trend zur Ausbeutung und Destruktion zugenommen hat. Schon unsere Vorfahren auf der Stufe des *Homo erectus,* den wir mit Fug und Recht als »echten« Menschen bezeichnen dürfen, schreckten vor nichts zurück. Das zeigt sich vielleicht am besten in jener als *Anthropophagie* oder *Kannibalismus* bezeichneten Gewohnheit, andere Menschen zu verspeisen. Das empfinden wohl die meisten von uns als besonders ekelerregend, als etwas, das eigentlich nicht sein dürfte. Aber sehen wir von den eindeutigen Berichten über menschenfressende Völker aus historischer Zeit ab, die uns sehr wohl verdeutlichen, daß es Dinge gibt, die nach unserem Dafürhalten nicht sein dürften, so gibt es auch deutliche Hinweise auf Kannibalismus aus prähistorischer Zeit, woraus sich geradezu ein unsere gesamte Evolution begleitender Trend ablesen läßt. Die künstlich zerbrochenen Schädelskelette und sonstige Spuren der Gewalt sowohl von verschiedenen Formen des *Homo erectus* als auch des frühen *Homo sapiens* lassen die »kannibalistische Erklärung« plausibel erscheinen. Wir müssen zugeben: Aus allen Epochen der Entwicklungsgeschichte des Menschen gibt es Hinweise, »daß der Mensch dem Menschen fast immer und überall auch als Nahrung gedient hat«, und es darf als sicher angenommen werden, »daß schon der Mensch der Altsteinzeit Kannibalismus und Kopfjagd kannte« (Winkler und Schweikhardt 1982, S. 131). Oder, wie Wendt (1965, S. 314) meint: »Die Kopfjäger und Kannibalen in den afrikanischen, indomalaiischen und südamerikanischen Urwäldern waren demnach keine besonders perversen Vertreter der Spezies *Homo sapiens,* sie hatten lediglich einem uralten Kult bis in die Neuzeit hinein die Treue gehalten.« Dabei soll es hier dahingestellt bleiben, ob wir für den Kannibalismus in erster Linie »kulinarische« Gründe annehmen müssen, die sekundär kultisch überlagert worden sind, oder ob es sich umgekehrt verhielt, daß unsere Ahnen zuerst aus kultischen Gründen ihre Artgenossen zu verzehren begannen und sekundär sozusagen auf den Geschmack gekommen sind. So oder anders, die Tatsache bleibt.

Was nun die teils schon bei nicht-menschlichen Primaten zumindest in »roher Form« vorhandene Fähigkeit des Werkzeuggebrauchs und der Werkzeugherstellung betrifft, dürfen wir uns ebensowenig der Illusion hingeben, daß unser steinzeitlicher Ahne seine »Technologie« bloß in den Dienst eines friedfertigen Nahrungserwerbs gestellt hätte. Schon jener *Australopithecus,* der den ersten von ihm bearbeiteten Stein in der Hand hielt und dessen Wirkung erahnte, wird erkannt haben, daß er damit seinen potentiellen Gegner unschädlich machen könnte. Und wie uns die weitere Entwicklungsgeschichte der Hominiden demonstriert, ist es nicht bei bloßen Ahnungen von Möglichkeiten geblieben – der Mensch hat seine Fähigkeiten stets auch gegen seinesgleichen eingesetzt, und zwar mit wachsender Brutalität. Mit der Entwicklung der Hochtechnologie in neuester Zeit sind die Waffensysteme raffinierter und wirkungsvoller geworden, mit dem einen Unterschied zu früher: Die Distanz zum »Gegner« ist sehr groß geworden, er kann mit ferngelenkten Waffen auch auf ein paar tausend Kilometer Entfernung vernichtet werden, wodurch die Tötungshemmung gemindert oder ausgeschaltet wird.

Viele neigen dazu, die von Darwin (1871) erstmals mit einiger Klarheit ausgesprochene These vom Überleben des Menschen aufgrund seines Durchsetzungsvermögens und seiner Überlegenheit sowie seiner innerartlichen Konkurrenz abzuschwächen oder gar als unwissenschaftlich abzustempeln. So schreibt beispielsweise Herbig (1984, S. 21):

Die Darwinsche Blindheit hat sich bis zum heutigen Tag von einer Wissenschaftlergeneration auf die nächste vererbt. Die Frage, ob nicht Zusammenarbeit zwischen verschiedenen Menschengruppen, Verständigung und friedlicher Austausch zum beiderseitigen Nutzen vorteilhaft sein konnten, ist [den] Darwinjüngern nie in den Sinn gekommen. Schon die flache Stirn unserer affenähnlichen Vorfahren scheint vom Kainsmal des Brudermords gezeichnet zu sein.

Warum interpretiert man Darwin so oft einseitig? Er hob doch ausdrücklich hervor, wie wichtig Eigenschaften wie Sympathie und Nächstenliebe beim Menschen seien; und er meinte, daß die im Vergleich zu vielen anderen Lebewesen geringere körperliche Kraft des Menschen »durch seine sozialen Eigenschaften, welche ihn dazu führten, seinen Mitmenschen zu helfen und Hilfe von ihnen zu empfangen« (vgl. 1966, S. 77), ausgeglichen worden sei; womit er aber dem von Herbig reklamierten Aspekt sehr wohl Rechnung getragen hat!

Es ist hingegen naiv zu glauben, daß *ausschließlich* Zusammenarbeit zwischen verschiedenen Gruppen von Menschen und ein friedlicher Austausch (etwa von Nahrung) in der Hominiden-Evolution dominiert hätten. Dagegen sprechen nicht nur die erwähnten Schädelverletzungen, die manchem unserer Ahnen von seinem »Nächsten« zugefügt wurden, und die Spuren von Kannibalen-Mahlzeiten aus verschiedenen Epochen unserer Entwicklungsgeschichte. Die Natur zeigt uns, wenn wir sie nicht mit verklärtem Blick beobachten, daß allerorten Konflikte – vor allem auch zwischen Artgenossen – auftreten, die keineswegs immer friedlich gelöst werden. Und was, bitte, war denn der steinzeitliche Mensch? Ein »Naturwesen« im buchstäblichen Sinne des Wortes! Sein oder Nichtsein, das war die Frage, mit der er täglich konfrontiert war. Es erscheint daher plausibel, daß er, seines Reproduktionsinteresses eingedenk, nicht zimperlich mit denen umging, die ihm in die Quere kamen und denen er überlegen war. Wunschdenken ist kein geeigneter Ersatz für fehlende Erklärungen, und wir sollten dort, wo uns einiges an unserer eigenen Natur nicht geheuer scheint, nicht einfach die Illusion entwickeln, daß das gar nicht unsere Natur sein könne. Was soll es denn anderes sein?

Zu den Trends in der Evolution der Hominiden gehört also sicher nicht nur die Ausbildung und Verstärkung verschiedener anatomischer Merkmale (wie aufrechter Gang, Gehirnvergrößerung usw.), sondern auch, auf der Ebene des Verhaltens – und als Konsequenz der anatomischen und physiologischen Veränderungen –, eine Verstärkung des eigenen »Überlebensinteresses«, das durch optimale Nutzung der Ressourcen und das Verdrängen von Konkurrenten (vor allem innerhalb der eigenen Art) befriedigt werden kann. Noch hat jede Organismenart einmal erworbene Fähigkeiten zu ihrem eigenen Nutzen eingesetzt, und es gibt keinen triftigen Grund zu glauben, daß das beim Menschen anders gewesen sein könnte. Verbeek (1990, S. 67) stellt fest:

> [Die] neue Gattung *Homo*, die sich vor etwa drei Millionen Jahren aus dem bis dahin nicht sonderlich auffälligen Stamm der Primaten herausgebildet hatte, konnte noch über Äonen in aller Unschuld die natürlichen Ressourcen nutzen, was andere Gattungen auch taten. Nichts war daran besonders. Manche Insektenart dürfte folgenreicher in das ökologische Gefüge eingegriffen haben. Und daß auch dieses sich laufend ändert, gehört bekanntlich zum Wesen der Evolution.

Warum suchen also manche nach wie vor krampfhaft nach jenen paradiesischen Zuständen, die es, wenn nicht alles falsch ist, was wir über die Evolution der Organismen heute wissen, in der Natur gar nicht geben *kann*? Die Antwort darauf kann wohl nur darin liegen, daß der Mensch, wie bereits auf S. 53 bemerkt wurde, die schöne Eigenschaft hat, Illusionen zu entwickeln und zu pflegen. Aber die Sache hat noch einen zweiten Aspekt. Der Mensch erkennt nämlich, daß er manches, was er bislang getan hat, lieber nicht hätte tun sollen. Aus dem unbekümmerten Primaten, der ursprünglich einfach nahm, was er bekommen konnte, ist ein Wesen geworden, das sich ernsthaft die Frage stellt »Was soll ich tun?« Die Crux ist allerdings, daß es diese Frage meist erst dann aufwirft, wenn so manches bereits geschehen ist.

Soziale Evolution

Schon bisher wurde in diesem Kapitel die Bedeutung sozialer Aspekte in der Evolution der Primaten, vor allem der Hominiden, mehrmals erwähnt. Hier bleiben nun diese Aspekte zu vertiefen, wobei davon ausgegangen werden darf, daß der Mensch der Prototyp eines vergesellschafteten Lebewesens ist. Ein *zoon politicon* (Aristoteles) ist der Mensch von Natur aus, er folgt damit einer in der Evolution der Primaten tief verwurzelten Eigenschaft. Es erscheint naheliegend, daß die dem Menschen aufgrund seiner Anatomie und Physiologie gegebenen Möglichkeiten seine soziale Evolution begünstigt haben.

Die Tendenz des Menschen, Nahrung mit anderen zu teilen, kann zum Teil als Folge erfolgreichen Jagens erklärt werden (vgl. Watson 1971). Die erfolgreiche Jagd wiederum ist eine Konsequenz der anatomischen Veränderungen, die sich im Gehirn vollzogen und dazu geführt haben, daß der Mensch Werkzeuge herstellen kann und in der Lage ist, besonders effektiv seine Beute zu erlegen. Ursprünglich werden es wohl Kleintiere gewesen sein; durch *kollektives* Jagen aber konnte er mehr und mehr auch größerer Tiere habhaft werden, womit ein Teilen der Beute begünstigt wurde. Die Nutznießer können vor allem schwächere Individuen, insbesondere Kinder, gewesen sein.

Die Bedeutung des gemeinsamen Essens bzw. der Nahrungsteilung ist überhaupt ein sehr wichtiges Moment in der sozialen Entwicklung des Menschengeschlechtes. Auch heute knüpft man durch eine Einladung zum Essen soziale Bande. Nichts ist entwaffnender, als jemanden zum Essen einzuladen. Ein Finanzbeamter, der von einem säumigen Steuerzahler zum Essen eingeladen wird, tut gut daran, die Einladung nicht anzunehmen – sofern sie ihm von seinem Amt überhaupt gestattet wird –, weil er hinterher nicht mit der gleichen Rigorosität dem »Steuersünder« entgegentreten kann wie vorher, als er noch nicht in dessen »Schuld« stand. Auch der griesgrämigste Vertreter einer Behörde wird schwach, wenn er einmal eine Essenseinladung angenommen hat; wobei die das Menü ergänzenden Getränke noch das Ihre dazutun. Das *Anbieten* im allgemeinen kann daher als eine Strategie der Aggressionsabblockung eingesetzt werden (Eibl-Eibesfeldt 1984a). Schließlich ist auch die Beziehung zwischen gemeinsamem Essen und Sex nicht zu übersehen (Watson 1971). Die Einladung einer Person des

Tabelle 2: *Soziale Merkmale heutiger Jäger- und Sammler-Gesellschaften und die Wahrscheinlichkeit ihres Auftretens beim frühen Menschen (nach Wilson 1975).*

Heutige Gesellschaften mit Merkmalen, die allgemein auftreten	Verläßlichkeit der Schlußfolgerung, der frühe Mensch hätte das gleiche Merkmal gehabt
Gruppengröße: 100 Individuen oder weniger	Sehr verläßlich; ebenfalls 100 oder weniger Individuen
Familie als soziale Grundeinheit	Nicht verläßlich
Arbeitsteilung zwischen den Geschlechtern: Männer jagen und Frauen sammeln	Nicht verläßlich
Männer sind gegenüber Frauen dominant	Verläßlich
Langfristige sexuelle Bindung (Heirat) nahezu universell; Polygynie (Vielweiberei)	Nicht verläßlich
Exogamie (Fremdheirat) universell (Existenz von Heiratsregeln)	Nicht verläßlich
Territorialität, insbesondere in an Ressourcen reichen Gebieten	Einigermaßen verläßlich
Gemeinsames Spielen	Verläßlich
Lange mütterliche Fürsorge; Sozialisierung der Kinder; ausgedehnte (verlängerte) Beziehung zwischen den Müttern und ihren Kindern (vor allem Töchtern)	Verläßlich

anderen Geschlechts zum Essen schließt bekanntlich in vielen Fällen schon die Erwartung von Paarungsspielen mit der betreffenden Person ein, wobei die Erwartung häufig reziprok ist, also sowohl vom Geber als auch vom Nehmer ausgeht.

Es kann mithin nicht als abwegig erscheinen, daß schon in der frühen Evolution der Hominiden das Teilen von Nahrung ein wichtiger sozialer Faktor war und Gruppen zusammenhielt, zumal auch bei anderen Primaten das Geben – insbesondere von Nahrung – sozial wirkungsvoll ist.

In dem Bemühen, die sozialen Welten unserer steinzeitlichen Vorfahren zu rekonstruieren, geht man im allgemeinen oft vom Vergleich heutiger Völker aus, die noch als Jäger und Sammler in relativ kleinen Gruppen leben. Dieser Vergleich ist legitim, doch dürfen wir nicht alle die heutigen Jäger-und-Sammler-Gesellschaften charakterisierenden sozialen Merkmale in die Vergangenheit projizieren. Wie Tabelle 2 zeigt, ist die Schluß-folgerung, daß heute auftretende soziale Merkmale auch bei den steinzeitlichen Gesellschaften aufgetreten seien, nicht in jedem Fall verläßlich. Das beruht nicht zuletzt darauf, daß die heutigen Jäger-und-Sammler-Gesellschaften schon das Resultat längerer Evolutionsprozesse sind, in deren Verlauf vor allem neue kulturelle Elemente tradiert wurden. So sind etwa die sexuelle Partnerschaft und Bindung bei heutigen Gesellschaften durch mitunter komplexe *Heiratsregeln* geordnet (Lévi-Strauss 1969), die für steinzeitliche Gesellschaften nicht verläß-lich angenommen werden können, sondern eher als ein neueres Resultat sozialer bzw. kultureller Evolution zu deuten sind. Ebenso können wir nicht sicher sein, ob bei den nomadisieren-den Steinzeit-Gesellschaften immer nur die Männer gejagt und die Frauen Pflanzen gesammelt haben und ob die Familie sozusagen der soziale Nukleus, die Grundeinheit auch inner-halb der größeren Soziätäten war. Die heutigen Jäger-und-Sammler-Gesellschaften sind keine Steinzeit-Menschen mehr, sie sind späte Ergebnisse der Hominiden-Evolution, haben aber bestimmte soziale Elemente bewahrt, die auch für ihre – und unsere – Vorfahren in grauer Vorzeit charakteristisch gewesen sein werden (siehe auch Wuketits 1990b).

Mit hoher Wahrscheinlichkeit können wir aber sagen, daß die Gruppengröße des steinzeitlichen Menschen – wobei hier stets der paläolithische, also *alt*steinzeitliche Mensch gemeint ist – im wesentlichen identisch war mit der Größe der Gruppen heuti-ger Jäger- und Sammler-Soziätäten, die stets zu 30, 40, maximal

100 Individuen organisiert sind. Ebenso muß das gemeinschaftliche Jagen von Tieren und Sammeln von Pflanzen als eine wichtige Tätigkeit im Leben unserer Vorfahren angesehen werden, weil nur so die Lebensgrundlage erworben werden konnte. Ob *Territorialität* (Revierverhalten, vor allem die Beanspruchung von Jagdgründen) unsere paläolithischen Vorfahren geleitet hat, ist noch umstritten, kann aber nach vorsichtiger Beurteilung verschiedener anthropologischer Forschungsresultate als wahrscheinlich gelten (vgl. Ardrey 1972, Malmberg 1980, Wilson 1975), zumal der Mensch sehr rasch *Platzgewohnheiten* entwickelt (Eibl-Eibesfeldt 1984a, b), was sich wohl schon früh in seiner Evolution stabilisiert hat.

Sehr wahrscheinlich ist ferner, daß dem gemeinsamen Spielen auch im Leben unserer Vorfahren eine wichtige Rolle zukam und daß schließlich die mütterliche Fürsorge und eine lange Beziehung zwischen Mutter und Kind ausgeprägt waren. Damit fügen sich unsere steinzeitlichen Ahnen in das bei Primaten im allgemeinen entwickelte Muster sozialen Verhaltens ein.

Einige weitere Schlußfolgerungen über das Leben des paläolithischen Menschen, zu denen wir aus verschiedenen Untersuchungen gelangen, lassen sich in folgenden Punkten zusammenfassen (vgl. Campbell 1985, Johanson und Shreeve 1990; Leakey und Lewin 1980, Lumsden und Wilson 1983, Wilson 1978, Wuketits 1985a, 1988c):

1. Der Steinzeit-Mensch dürfte verhältnismäßig große Landflächen in Anspruch genommen haben, so daß pro Quadratkilometer vielleicht ein bis drei Menschen lebten. Die Bevölkerungsdichte war also sehr gering. Die Erdbevölkerung wird 10 Millionen nicht überschritten haben.

2. Die Bevölkerungsdichte muß sich relativ konstant gehalten haben, wozu natürlich Methoden der Empfängnisverhütung beigetragen haben dürften. Die Kinder wurden wahrscheinlich von ihren Müttern mehrere Jahre lang gestillt, so daß die Fruchtbarkeit reduziert war, weil während des Stillens die Ovulation (d. h. das Ausstoßen eines befruchtungsfähigen Eies) hormonell weitgehend unterdrückt wird. Daher kann

eine Frau während ihres ganzen Lebens nicht viele Kinder zur Welt gebracht haben. Außerdem war Kindestötung wahrscheinlich verbreitet; schließlich muß die Säuglingssterblichkeit relativ groß gewesen sein.

3. Die »Arbeitszeit« des paläolithischen Menschen wird drei bis vier Stunden pro Tag nicht überschritten haben. Der Mensch war in erster Linie mit dem Erbeuten bzw. Sammeln von Nahrung beschäftigt und lebte im übrigen sozusagen in den Tag hinein.

4. Daraus folgt, daß er die Ressourcen nicht übermäßig ausgebeutet hat. Vor allem waren auch seine technologischen Möglichkeiten beschränkt, so daß er mehr oder weniger innerhalb der ihm vorgegebenen ökologischen Grenzen gelebt hat.

All das könnte nun – wenn man von der Kindestötung absieht – durchaus dem Bild von einem friedfertigen, in Eintracht mit sich und der ihn umgebenden Welt lebenden Wesen entsprechen. Es ist richtig, daß der frühe Mensch wahrscheinlich nicht Hunger gelitten und die Natur trotzdem nicht ausgebeutet hat. Während letzteres, wie gesagt, seine einfachen Werkzeuge nicht erlaubten, wird auch die geringe Bevölkerungsdichte dazu beigetragen haben, daß er nicht viel anrichtete. Schon weniger wahrscheinlich ist, daß unser steinzeitlicher Ahne der erste Naturschützer gewesen wäre. Viel eher muß man annehmen, daß die vielen Gefahren, die er rings um sich herum wahrnehmen mußte, ihn nicht gerade dazu verleitet haben, andere Geschöpfe, die eben auch eine Bedrohung und zum Teil seine Konkurrenten waren, bewußt zu schützen. »Solange der Mensch um das Überleben ringt, ist Artenschutz eine Illusion« (Mohr 1987, S. 169). Und dort, wo eine nomadisierende Gruppe von Steinzeitjägern auf eine andere solche Gruppe traf, wird sich die Freude ob dieser Begegnung in Grenzen gehalten haben; im günstigsten Fall wich man einander aus, im weniger günstigen Fall blieben ein paar Individuen auf der Strecke und waren womöglich eine willkommene Mahlzeit für die Sieger.

Um diese Bemerkungen über das (soziale) Leben unserer

Abb. 4   Spekulative Rekonstruktion einer altsteinzeitlichen Sozietät auf dem Niveau des Homo erectus. (In Anlehnung an Lumsden und Wilson 1983)

paläolithischen Vorfahren abzurunden, gibt Abbildung 4 eine spekulative Rekonstruktion einer steinzeitlichen Sozietät.

Die soziale Evolution änderte ihre Richtung, als der Mensch seßhaft wurde, was am Übergang zum Neolithikum, d. h. zur Jungsteinzeit geschah. Man spricht in diesem Zusammenhang häufig von der *neolithischen Revolution,* die eine Reihe von Neuerungen in das Leben des Menschen brachte, die weittragende soziale Konsequenzen hatten (vgl. Cole 1970):

1. Zur bloß aneignenden Lebensweise (Jagen, Sammeln) trat eine produzierende, indem man begann, Pflanzen und Tiere zu züchten.
2. Man entwickelte komplizierte Werkzeuge, die der Urbarmachung von Land (etwa durch Abholzen von Wäldern) dienten.
3. Einfache Transportfahrzeuge (z. B. Boote) wurden gebaut.
4. Das Handwerk begann sich zu entwickeln, wobei zunächst vor allem Werkzeuge produziert wurden, darüber hinaus auch Tongefäße, Körbe usw.
5. Vor allem aber begann man Siedlungen zu errichten, einfache Häuser zu bauen.

Die sozialen Konsequenzen dieser Lebensform liegen auf der Hand. Wenn man sich irgendwo nicht nur vorübergehend niederläßt, sondern mit der Absicht, für längere Zeit, ja auf Lebenszeit zu bleiben, dann bedarf das zunächst einmal gefestigter Sozialstrukturen. Der neolithische Mensch hat von seinem paläolithischen Vorläufer gewisse Grundelemente der Sozialität übernommen, er hat aber dann die *Großgesellschaft* geschaffen, die neuer Formen der Arbeits- und Rollenteilung, aber auch andersartiger Normen des Gruppenzusammenhalts bedarf.

Waren die Gesellschaften des paläolithischen Menschen durch ein ziemlich intensives Zusammenleben einer relativ sehr kleinen Zahl von Individuen gekennzeichnet, wurden in den Großgesellschaften die Kontakte zwischen einzelnen Individuen lockerer. Um die »Gruppe« dennoch zusammenzuhalten, mußten *Gesetze* geschaffen werden, die unter Strafandrohung zu befolgen waren. Mit dem Aufkommen der Schrift wurden die jeweils gewünschten Normen auf eine andere Weise fixiert als bei den schriftlosen Jäger-und-Sammler-Gesellschaften. Als Begründung der Normen mußten mehr und mehr auch übernatürliche Prinzipien bzw. Götter herhalten, die somit zu Trägern nicht nur der kosmischen Ordnung, sondern auch zur Quelle jeder menschlichen Autorität avancierten (vgl. Topitsch 1979). Die selbsternannten Herrscher über ihre Völker auf

Erden wiederum begannen sich mehr und mehr als Repräsentanten göttlicher Kräfte zu sehen, als unantastbare Abbilder eines göttlichen Urbilds; das gilt für die Imperatoren antiker Völker genauso wie noch für die Kaiser und Könige bis in die Neuzeit und selbst für einige Politiker unserer Tage. Das soziale Grundproblem der Entwicklung von Großgesellschaften ist jedoch dieses: »Wächst die Mitgliederzahl irgendwelcher Gruppierungen über eine bestimmte Größenordnung hinaus, so sind die Beteiligten nicht mehr in der Lage, den vertrauten, intimen Charakter der Interaktionen aufrechtzuerhalten« (Meyer 1987, S. 139). Andererseits ist nicht anzunehmen, daß sich in der relativ kurzen Zeit seit der neolithischen Revolution die Natur des Menschen grundlegend verändert hat, so daß der Mensch in der Großgruppe vor Problemen grundsätzlicher Art steht. Die in der anonym gewordenen Gesellschaft von religiösen und/oder politischen Führern dekretierten Normen fördern den Konflikt zwischen der biologischen Natur des Menschen und den Erfordernissen der Sozietät (vgl. Campbell 1975, 1978) bzw. dem, was die jeweiligen Führer als Erfordernis definieren. Die sozialen Systeme werden mithin gewissermaßen auf ein abstraktes Niveau gehoben: Ihre Prinzipien sind (und sollen!) nicht mehr für sämtliche ihrer Mitglieder durchschaubar (sein). Der einzelne soll bloß glauben, daß alles seine Ordnung hat. Während der Anführer einer paläolithischen Menschenhorde jederzeit von anderen Gruppenmitgliedern zurückgepfiffen werden konnte, wenn er seine Aufgabe nicht effektiv – und im Sinne der übrigen Gruppenmitglieder – wahrnahm, kann man einen König oder Kaiser, welchen Unsinn er auch tut, nicht ohne weiteres zurückpfeifen (allenfalls können ihn seine Berater manipulieren). Andererseits gilt der Herrscher in vielen Kulturen zugleich als ein Mittler zu den Göttern (Herbig 1988) und genießt demnach auch hohes Ansehen. Denn, wie schon Thomas Hobbes sagte, »mit Gott kann kein Abkommen geschlossen werden, es müßte denn eine Mittelsperson dasein, an welche Gott sich wendet oder die Stelle Gottes vertritt« (vgl. 1980, S. 125). An Mittelspersonen zwischen Gott und den

Menschen fehlt es in der Geschichte der Menschheit wahrlich nicht!

Aus diesen Umständen ist es vielleicht besser zu verstehen, warum Platon einen »vollkommenen Staat« wollte und die Ethik auf die Existenz idealer moralischer Gesetze zurückführte. Die Geburt der idealistischen Ethik (vgl. Kapitel 1) ist selbst das Resultat der sozialen Evolution des Menschen, der mit dem Prozeß seiner »Zivilisierung« auch immer ratloser wurde und nur noch in der vermeintlichen Existenz eines unwandelbaren Sittengesetzes einige Orientierungslinien zu finden hoffte (obwohl jenes Sittengesetz freilich nie die jeweils empfundenen Übel zu beseitigen vermochte).

Waren also unsere paläolithischen Ahnen einige Millionen Jahre lang von keinerlei moralischen Skrupeln geplagt, änderte sich die Situation insbesondere nach der neolithischen Wende ziemlich schnell. Nur hatte sich, wie gesagt, der Mensch selbst nicht geändert. Kritiker jedes biologischen Ansatzes zum Verständnis des Menschen sind angesichts solcher Behauptungen rasch mit dem Hinweis auf die Gefahren eines biologischen Fatalismus zur Stelle. Herbig (1988, S. 38) spricht von der »Perspektivelosigkeit des soziobiologischen Zivilisationsmodells« und schreibt:

Was immer seine Exponenten trennen mag, eines jedenfalls verbindet sie. Sie führen gesellschaftliches Verhalten auf eine als unveränderlich betrachtete Natur des Menschen zurück. Da diese menschliche Natur in evolutionärer Anpassung an das Leben in kleinen Jäger- und Sammlergruppen entstanden ist, bescheinigt der biologische Fatalist dem Menschen eine prinzipielle, unüberwindbare Zivilisationsunfähigkeit. Auf dem höheren Niveau des modernen biologischen Wissens geht dieses Denken nach der gleichen Methode vor wie der naive Naturalismus des Thomas Hobbes. Er sucht die Ursachen für den Zustand der modernen Welt nicht in politischen Verhältnissen, sondern in der Natur des Menschen.

Der Fehler, der hier offenkundig wird ist, daß »politische Ver-

113

hältnisse« von der »Natur des Menschen« getrennt werden. Als ob jene Verhältnisse unabhängig vom Wirken des Menschen – kraft seiner Natur! – entstehen könnten. Außerdem betrachtet doch gerade der Evolutionstheoretiker die menschliche Natur nicht als grundsätzlich unveränderlich, weil es für ihn überhaupt nichts Starres und Unveränderliches in dieser Welt gibt und das Studium der *Veränderungen* sein Geschäft ist. Der Punkt ist jedoch, daß – wie schon angedeutet wurde – das, was wir unter Zivilisation im engeren Sinne verstehen, in der relativ kurzen Zeit ihres Bestehens die Natur des Menschen nicht maßgeblich verändern konnte, auch wenn wir Rückwirkungen von der sozialen und kulturellen Evolution auf die organische Evolution annehmen dürfen (siehe nächster Abschnitt).

Kritiker des biologischen Ansatzes verwechseln häufig Ursache und Wirkung. Herbig (1984, 1988) und viele andere meinen, daß der Zustand unserer heutigen Welt – wobei hier nicht darüber diskutiert werden soll, welcher *Zustand* überhaupt gemeint ist – auf politische Verhältnisse zurückführbar sei, ohne zu sehen, daß diese Verhältnisse selbst nur das Resultat von Prozessen sind, die eben nicht ohne Beteiligung biologischer Faktoren ablaufen. Dabei gibt es inzwischen eine eigene Forschungsrichtung, die *Biopolitics,* die sich der Untersuchung dieser Faktoren in ihrer Relevanz für politisches Handeln widmet und von der Tatsache ausgeht, daß wir Menschen Lebewesen sind und unser (politisches) Handeln daher nicht von unserer (biologischen) Natur losgelöst betrachtet werden kann (Flohr und Tönnesmann 1983).*

Die soziale Evolution des Menschen ist, alles in allem, nichts weiter als die Fortentwicklung bestimmter Aspekte menschlichen Verhaltens unter Bedingungen, die zunehmend vom Menschen selbst geschaffen und definiert werden. Man soll sich hier allerdings nicht täuschen lassen, wenn ich sage, sie sei *nichts*

---

* Diesen Aspekten ist die schon seit 1983 zweimal jährlich erscheinende Zeitschrift *Politics and the Life Sciences* gewidmet, die auch über interessante empirische Untersuchungsergebnisse berichtet. Die Zeitschrift wird getragen von der »Association for Politics and the Life Sciences« der Northern Illinois University.

weiter... Die Entschlüsselung der Prinzipien, die das Verhalten der Lebewesen im allgemeinen, des Menschen im besonderen leiten und beeinflussen, ist sicher keine leichte Aufgabe. Mit dem im letzten Kapitel besprochenen Antagonismus von Wettbewerb und Kooperation hat man meines Erachtens jedoch einen Schlüssel gefunden, der die Tür zum Verständnis basaler Mechanismen des Verhaltens, auch des menschlichen, aufsperrt.

Kulturelle Evolution

Kultur, und das ist trivial, kann nur auf der Grundlage von Sozietäten entstehen, so daß die kulturelle Evolution des Menschen eine Folge seiner sozialen Entwicklung war. Beide sind innig miteinander verwoben, so daß man streng genommen von der *soziokulturellen* Evolution sprechen müßte. Nur dort, wo bestimmte Kenntnisse, Fertigkeiten, Überzeugungen usw. weitergegeben, tradiert werden können, kann Kultur entstehen, als ein Kontinuum von Dingen und Ereignissen, abhängig von der (menschlichen) Fähigkeit zu *symbolischer* Darstellung eben dieser Dinge und Ereignisse (vgl. White 1959). Da Normen und Werte in Sozietäten entstehen und kulturell tradiert werden, ist es notwendig, sich im vorliegenden Rahmen ein wenig mit den Eigenheiten der kulturellen Evolution zu beschäftigen.

Gerade in neuerer Zeit sind verschiedentlich Versuche unternommen worden, die alte Trennung zwischen (menschlicher) »Natur« und »Kultur« aufzuheben und die kulturelle Evolution nicht als Gegensatz zur organischen Evolution zu sehen, sondern beide zu Modellen einer *Ko-Evolution* zu verknüpfen (vgl. Boyd und Richerson 1985, Lumsden und Gushurst 1985, Lumsden und Wilson 1981, Vogel 1989b). Diesen Versuchen liegt die Überzeugung zugrunde, daß der Mensch – um sich der traditionellen Redeweise zu bedienen – weder allein als »Naturwesen«, noch ausschließlich als »Kulturwesen« zu verstehen sei, sondern beides in einem verkörpert, aber auch in seiner Kultur nicht hinreichend verstanden werden könne, wenn man Prinzipien der Evolution außer acht läßt, die seine »Affenabstammung« erklären und seine »Affennatur« begründen, mag er sich auch von allen übrigen Affen noch so sehr unterscheiden. »Kurz, das Verhältnis von menschlicher Natur und Kultur ist ein ständiger, vielstufiger Rückkoppelungsprozeß« (Vogel 1989b, S. 73). Bevor darauf näher eingegangen werden soll, ist es wohl angebracht, noch ein paar Bemerkungen zum Kulturbegriff zu verlieren und zu bestimmen, was unter *kultureller Evolution* zu verstehen wäre.

Es wäre allerdings müßig, die, wie Winkler (1988) hervorhebt, nicht weniger als 400 Konnotationen (um nicht zu sagen »Definitionen«), die der Kulturbegriff bis heute erfahren hat, diskutieren oder beurteilen zu wollen. Denn in einem, so glaube ich, wird man sich einig sein: daß Kultur in jedem Fall aus tradierten Elementen zusammengesetzt ist, Ideen über Werte und Normen, Sitten, Bräuchen, religiösen Überzeugungen usw., die durch Lernen und Lehren weitergegeben werden. Dabei müssen wir für diese Tradition sowohl eine zeitliche, als auch eine räumliche Dimension annehmen (Tembrock 1985). Allerdings würde ich nun den Kulturbegriff nicht so weit fassen wie z. B. Bonner (1983), der, wie schon auf S. 96 bemerkt wurde, bei verschiedenen Lebewesen, die durch soziales Lernen (Nachahmung, Imitation) »traditionale Fähigkeiten« entwickelt haben, von einer Kultur-Evolution spricht. Kultur beruht nach meinem Dafürhalten in der Hauptsache auf der Fähigkeit eines Lebewesens, intentional, *absichtsvoll* Handlungen zu setzen, Aspekte der Zukunft sozusagen in die Gegenwart zu holen und vor allem auch *Symbolwelten* aufzubauen. Diese Fähigkeit kommt, nach allem, was wir über die Welt der Lebewesen wissen, nur dem Menschen zu. Der Mensch hat sich Mythen und Religionen geschaffen und sich über seine eigene Vergänglichkeit hinwegzutrösten versucht, indem er den Glauben an ein »Weiterleben nach dem Tode« entwickelt und gepflegt hat.

Daher geht die kulturelle Evolution, was ihre Mechanismen betrifft, sozusagen über die organische Evolution hinaus. Anders gesagt, zeigt sie Eigenschaften, die der organischen Evolution nicht zukommen. Die wichtigsten dieser Eigenschaften, die ich auch andernorts dargelegt habe (Wuketits 1988c, 1989a), sind die folgenden:

1. Die organische Evolution spielt sich insgesamt relativ langsam ab, die kulturelle Evolution hingegen verläuft mit großer Geschwindigkeit. Insbesondere während der letzten Jahrtausende – und da vor allem wiederum in diesem Jahrhundert – hat die kulturelle Evolution (zumal im Bereich der Technik) eine ungeheure Beschleunigung erfahren.

2. Die Geschwindigkeit der kulturellen Evolution ergibt sich aus dem Umstand, daß nicht genetische, sondern intellektuelle Information tradiert wird und diese Tradierung nicht genetisch, sondern über außerkörperliche Träger (vor allem die Schrift) erfolgt. Die Weitergabe von intellektueller Information ist also nicht vom biologischen Prozeß der Fortpflanzung abhängig. Sie kann auch in unterschiedliche Richtungen erfolgen, auch Eltern können von ihren Kindern intellektuelle Information aufnehmen, während genetische Information immer nur in einer Richtung, von der Eltern- auf die Kindergeneration, transmittiert wird.

3. Für die organische Evolution ist keine Zielrichtung auszumachen, sie verläuft nicht zielintendiert, während die kulturelle Evolution im wesentlichen auf menschlicher Absicht beruht und von vornherein in bestimmte Richtungen dirigiert wird (unabhängig davon, ob das jeweilige Endergebnis auch tatsächlich das beabsichtigte ist oder nicht).

4. Während es in der organischen Evolution keine direkte Vererbung individuell erworbener Merkmale gibt, kann im kulturellen Bereich etwa die von einem Individuum entwickelte Idee unmittelbar »weitervererbt«, sowohl von den Zeitgenossen als auch von nachfolgenden Generationen aufgenommen werden.

5. Schließlich entstehen in der organischen Evolution stets neue Arten, in der kulturellen Evolution hingegen produziert ein und dieselbe Art unterschiedliche Kulturen, die sich nicht

genetisch, sondern vor allem hinsichtlich der ihnen zugrundeliegenden Werte und Normen voneinander unterscheiden. Während sich unsere Spezies seit Jahrtausenden genetisch nicht nennenswert verändert hat, hat sie im gleichen Zeitraum eine Unzahl von Kulturen hervorgebracht. Hinzuzufügen wäre hier noch der Umstand, daß im kulturellen Bereich ein Individuum nicht nur von seinen Eltern, sondern von verschiedenen Personen, die unterschiedlichen Kulturen angehören können, Informationen aufnimmt, also lernt. Das bedeutet, daß ein Individuum sozusagen viele »kulturelle Eltern« hat (Boyd und Richerson 1985).

Auch wenn uns die kulturelle Evolution ob dieser ihrer spezifischen Eigenschaften als ein »Bruch« mit der organischen Evolution erscheint, dürfen wir nicht übersehen, daß Kultur keine eigenständige, vom Organischen abgehobene Existenz führen kann. Während etwa der Kulturanthropologe Landmann (1961, S. 188) unter Kultur »den Inbegriff alles dessen, was die Menschheit nicht schon von der Natur als Anlage mitbekommen, sondern durch eigene Schöpferkraft hervorgebracht hat«, verstand, muß man heute, wenn man die Biologie ernst nimmt, diese »Schöpferkraft« auf das Gehirn, also ein biologisches Organ, zurückführen, das sich in der (organischen) Evolution entwickelt hat so wie jedes andere Organ. Demnach ist Kultur nicht mehr und nicht weniger als eine charakteristische *Lebensweise* des Menschen, der den Menschen kennzeichnende Weg der Entfaltung des *Biogramms* der Wirbeltiere. Diese schon von Count (1958) vorgeschlagene Bestimmung von Kultur bindet alle kulturellen Aktivitäten des Menschen an biologische Kapazitäten, insbesondere das Gehirn. Das menschliche Gehirn ist somit der Träger jeder Kultur, über das Gehirn sind organische und kulturelle Evolution untrennbar miteinander verbunden.

Lumsden und Wilson (1981) verwenden den Ausdruck *culturgen*, um »kulturproduzierende Mechanismen« auf den Begriff zu bringen. Dieser Ausdruck wird häufig fälschlicherweise mit »Kultur-Gen« übersetzt, als ob die Autoren der Überzeugung wären, daß es für Kultur – für jede einzelne Kultur – spezielle Gene gäbe. Das ist barer Unsinn, niemand behauptet ernsthaft, daß sich beispielsweise für die altrömische Kultur spezielle Gene verantwortlich machen ließen oder etwa die Kunst des Rokoko auf bestimmte Gene zurückführbar sei. Mit *culturgen* ist vielmehr so etwas wie eine »Kultureinheit« gemeint, d. h. ein Komplex von Verhaltensweisen, Artefakten usw., der biologische Komponenten enthält, wobei wiederum vor allem das Gehirn mit seinen vielfältigen Leistungen ein wichtiges Faktorengefüge ausmacht. Die spezifischen Ausprägungen der Kultur sind also nicht im strengen Sinne biologisch (genetisch) determiniert. Jedoch meinen Lumsden und Wilson (1981, S. 7), *epigenetische Regeln* bedeuteten gleichsam Einschränkungen, »die die Gene auf die Entwicklung ausüben (daher der Ausdruck ›epigenetisch‹) und ... die Wahrscheinlichkeit der Verwendung einer ›Kultureinheit‹ gegen andere« beeinflussen.

Wenn ich die Autoren richtig verstanden habe, dann wäre ihr Ansatz zur Erklärung der Ko-Evolution von Genen und Kultur vielleicht durch das folgende einfache Beispiel zu veranschaulichen. Auf der Stufe des *Homo erectus* wurde, wie aus verschiedenen Funden ableitbar ist, erstmals das *Feuer* verwendet. Es wäre denkbar, daß eine Gruppe von Hominiden seinerzeit anläßlich eines Steppen- oder Buschbrands trockene Äste ins Feuer hielt und dasselbe zu verwenden wußte. Die Kunst bestand jedoch darin, Feuer *herzustellen,* was einer höheren Abstraktionsleistung bedarf. Nehmen wir an, daß irgendein *Homo erectus* durch langes Aneinanderreiben von Steinen zufällig Feuer entfachte und dies von den Angehörigen seiner Gruppe beobachtet und imitiert wurde. Es wäre so denkbar, daß nach und nach alle Angehörigen dieser Gruppe Feuer herzustellen und schließlich zu bewahren in der Lage waren. Damit verfügten sie über eine Fertigkeit, die ihnen gegenüber anderen Gruppen, deren Mitglieder das Feuer nicht zu verwenden wußten, gewiß Vorteile sicherte. Das Feuer mag indirekt sogar den Reproduktionserfolg jener Individuen gesteigert haben, die mit ihm umzugehen wußten. Mit dem Erzeugen und Bewahren von Feuer war also eine kulturelle Leistung vollbracht, die einerseits auf biologischen Kapazitäten beruht, andererseits aber auch biologische Leistungen, nämlich die Reproduktion, fördert. Man kann mit Feuer Feinde in die Flucht schlagen, Mahlzeiten besser zubereiten und anderes mehr, was dem Überleben dienlich ist. So zeigt sich letztlich, daß, wie gesagt, eine auf biologischen Leistungen beruhende kulturelle Errungenschaft auf die organische Evolution zurückwirkt. In der kognitiven Entwicklung, so meinen Lumsden und Wilson (1981), kommen die epigenetischen Regeln dadurch zum Ausdruck, daß sie die Art und Weise des Lernens und der Weitergabe kultureller Fertigkeiten beeinflussen. Wie der Mensch gelernt hat, aus der wohl zufälligen Entdeckung, wie man Feuer anmacht, sich sein Leben zu erleichtern, mag also in letzter Instanz auf solche Entwicklungsregeln zurückführbar sein.

Daß nun die kulturelle Evolution des Menschen von biologischen Bedingungen abhängt und biologische und kulturelle Elemente im Leben des Menschen innig miteinander verwoben sind, läßt sich an verschiedenen Beispielen zeigen. Ein gutes Beispiel ist das *Inzest-Verbot,* dem in der menschlichen Kultur praktisch universelle Bedeutung zukommt, das aber primär, auch wenn es sich um eine kulturell tradierte Norm handelt, biologische Bedeutung hat (vgl. z. B. Barash 1980, Meyer 1982, Ruse 1986a, Wilson 1978 u. a.). Biologisch gesehen haben inzestuöse Beziehungen eignungsmindernde Folgen für die Nachkommen. Das weiß jeder Tierzüchter. Aber auch beim Menschen ist das biologische Risiko einer Vater-Tochter-, Mutter-Sohn- oder Bruder-Schwester-Verbindung hoch. Es erscheint daher plausibel, daß das kulturelle Phänomen des Inzest-Verbots *biologische* Gründe hat, auf eine tiefsitzende stammesgeschichtliche Blockierung sexueller Kontakte zwischen Individuen, die ihre Aufzucht gemeinsam durchliefen, zurückzuführen ist. Unter diesen Umständen läßt sich Kultur definieren als »eine Äußerung menschlicher Natur und zugleich ein raffiniertes Instrument von biogenetischer Fitness-Maximierung« (Vogel 1989b, S. 73). Sozialwissenschaftler und Kulturanthropologen neigen dazu, Phänomene wie das Inzest-Verbot aus der soziokulturellen Tradition heraus zu erklären. Wäre dieses Verbot aber bloß soziokulturell begründet, dann bliebe die Frage, warum es denn in den allermeisten Sozietäten bzw. Kulturen existiert, wo doch in bezug auf so viele andere Werte und Normen erhebliche Unterschiede zwischen einzelnen Sozietäten bzw. Kulturen feststellbar sind; und warum inzestuöse Bindungen selbst in mehr oder weniger liberalen Gesellschaften unserer Tage rechtliche Konsequenzen nach sich ziehen, anstatt stillschweigend geduldet zu werden. Die soziokulturelle Tradition kann also nicht die erste Ursache des Inzest-Verbots sein, sondern ist vielmehr die Wirkung biologischer Blockierungen, auf die sie nun wiederum positiv zurückwirkt.

Nun hat die Kultur inzwischen längst Mittel zur Empfängnisverhütung hervorgebracht, so daß das biologische Risiko sexueller Beziehungen zwischen engen Verwandten minimiert werden könnte. Doch selbst unter diesen Umständen gelten solche Beziehungen als verwerflich. Hier zeigt sich meines Erachtens die starke Wirkung sowohl alter stammesgeschichtlicher Blockierungen als auch alter kultureller Traditionen. Beide wirken hier zusammen, sie verstärken sich gegenseitig. Warum sonst sollte sexueller Lustgewinn etwa zwischen Geschwistern, der nicht die Absicht der Fortpflanzung in sich trägt, verboten werden? Rational läßt sich dafür kein triftiger Grund finden. Aber bei aller Regel tendieren enge Verwandte ohnehin meist nicht dazu, sexuelle Beziehungen miteinander zu entwickeln, mögen nun solche Beziehungen soziokulturell verboten sein oder nicht. Was abermals darauf hinweist, daß sie schon aus vorrationalen, biologischen Gründen, gleichsam instinktiv den Inzest meiden. Meyer (1982, S. 118) schreibt dazu:

Das [Inzest-]Tabu besteht wegen seiner eignungsmindernden Folgen, es manifestiert sich daher beim Menschen als gesellschaftliche Norm, welche in kulturspezifischer Weise die phylogenetisch begründete »Logik der Gefühle« ausdrückt. Die Erklärung verbindet so die biologische Ebene als allgemeinste Ursache eines in Frage stehenden Verhaltens mit der kulturellen Ebene, welche die in den einzelnen Niveaus der sozio-kulturellen Evolution variierenden Faktoren enthält.

Wir hätten hier also in der Tat ein schönes Beispiel dafür, wie eine soziale Norm, ja ein Moralprinzip, aus biologischen Gründen entstanden ist und sich weitgehend unabhängig von kulturellen Differenzierungen zu halten vermochte.

Soziale Normen bzw. Moralprinzipien sind insgesamt nicht im luftleeren Raum entstanden, sie hatten – oder haben noch heute – auch einen tieferen biologischen Sinn und lassen sich daher hinsichtlich ihrer Genese funktional-biologisch deuten.

Ich bin mir dessen bewußt, daß mancher hieraus einen biologischen Determinismus ableiten könnte. Man möge sich aber vor Augen führen, daß sich die Biologie ja nicht anmaßt, jedes einzelne kulturelle Ereignis kausal erklären zu können. Die Vielzahl der Kulturen, die der Mensch in seiner Geschichte entwickelt hat, war nicht in seiner organischen Evolution vorgeschrieben. Der Umstand, daß Menschen Tiere sind, meint Gould (1980), bedeutet nicht notwendigerweise, daß unsere spezifischen Verhaltensmuster und sozialen Organisationen im einzelnen direkt genetisch determiniert sind. Dem ist sicher beizupflichten, und ich sagte schon, daß wir bestimmte kulturelle Leistungen nicht in einzelnen Genen finden würden oder auf einzelne Gene zurückführen könnten. Aber das genetische System eines komplexen Organismus wie des Menschen ist auch nicht als lineare Anordnung einzelner Gene zu verstehen, von denen jedes für bestimmte Leistungen (des Menschen) zuständig wäre. Mir ist nicht bekannt, daß jemand bestimmte Gene für Barockmusik, Poesie oder Kalligraphie lokalisiert hätte oder glaubhaft machen konnte, daß es solche Gene gibt. Andererseits muß das nicht bedeuten, daß sich (sozio-)kulturelle Aktivitäten dem genetischen Kontrollsystem, das wir in seiner Komplexität keineswegs schon durchschaut haben, völlig entziehen. Jedenfalls glaube ich, daß wir von Mechanismen, die »tief unterhalb« des rationalen Denkens und Planens angesiedelt sind, stärker beeinflußt werden als uns lieb ist. Diese Mechanismen, das

Ergebnis von Wechselwirkungen zwischen kleinen Einheiten wie Genen oder Gehirnzellen, sind auch im sozialen und kulturellen Leben des Menschen allgegenwärtig. Wenn wir unsere eigene Natur, ausgehend von diesen Mechanismen, einmal verstanden haben werden, dann könnte, wie Wilson (1975) wohl mit Recht vermutet, das Ergebnis schwer zu akzeptieren sein. Nun mag es für viele schon schwer genug sein zu akzeptieren, daß Kultur, wie bereits gesagt, eine spezifische Lebensweise des Menschen sei und von den sein Leben beeinflussenden biologischen Faktoren nicht abgehoben werden könne. Ich denke aber, daß die traditionelle Trennung von Natur und Kultur uns auf dem Weg zu einem besseren Verständnis unseres Wesens keineswegs weitergebracht hat. Im Gegenteil, diese Trennung war ein großes Hindernis. Sie hat suggeriert, daß der Mensch ausschließlich Kulturwesen sei, als ob er seine Natur – mag diese nun in den Genen festgelegt sein oder sich aus komplexeren Einheiten zusammensetzen – abstreifen könnte. Schon Herder schrieb in seinen *Ideen zur Philosophie der Geschichte der Menschheit* (1784–1791, vgl. 1885 II, S. 51): »Nicht nur der Keim unserer inneren Anlagen ist genetisch..., sondern auch jede Entwicklung dieses Keimes hängt vom Schicksal ab, das uns hie- oder dorthin pflanzte und nach Zeit und Jahren die Hilfsmittel der Bildung um uns legte.« Natürlich hat Herder mit »genetisch« kaum das gemeint, was Soziobiologen heute damit verbinden, so wie er auch kaum die Existenz von Genen erahnen konnte. Aber er hat – was für das 18. Jahrhundert eine bemerkenswerte Leistung war – die Geschichte der Menschheit (als Kulturgeschichte) mit der *Naturgeschichte* in Verbindung gebracht, ja in dieser gleichsam den Keim aller menschlichen Fähigkeiten gesehen.

Wenn man nun sagt, daß Normen und Werte in den Kulturbereich gehören und nicht von der Natur diktiert werden, dann ist das sicher richtig, solange man zweierlei nicht übersieht: einmal den Umstand, daß der »Kulturbereich« ein weites biologisches Vorfeld hat, zum zweiten die in vielen Fällen gegebene Konformität zwischen manchen biologischen Prinzipien und

Normen bzw. Wertvorstellungen (wofür das Inzest-Verbot als Beispiel dienen kann). Das bedeutet nicht, daß es in der Natur Normen und Werte gäbe, wohl aber, daß wir *unsere* Normen und Werte – zwar nicht immer, aber oft – natürlichen Gegebenheiten anpassen, ob uns das nun begrüßenswert erscheinen mag oder nicht. Was in der kulturellen Evolution tradiert wird, schließt selbstverständlich auch Vorstellungen über die Natur mit ein. Wir tradieren also immer auch Interpretationen unserer eigenen Naturgeschichte. So darf es nicht wundern, wenn manches, was wir an Normen und Werten festlegen, oft in die Natur zurückprojiziert wird, die uns so Bild und Vorbild wird.

Schon aus diesem Grunde ist es notwendig, sich mit einigen Ideen über die Natur, vor allem die organische Evolution, zu beschäftigen, die die Konzepte der Ethik nicht unmaßgeblich beeinflußt haben, jedoch auf falschen Prämissen über die Evolution aufgebaut worden sind, woraus sich dann eben manches Dilemma der Ethik erhellen läßt.

Zusammenfassung. Der Mensch gehört zur Säugetierordnung der Primaten; seine Evolution ist daher in diesem Rahmen zu betrachten. Bereits im Vorfeld der Menschwerdung sind einige evolutive Trends (Vergrößerung des Gehirns, Verfeinerung des optischen Apparates, Ausbildung komplexer Sozialstrukturen) rekonstruierbar, die dann in der Evolution des Menschen verstärkt und differenziert in Erscheinung treten. Der moderne Mensch, *Homo sapiens,* ist eine stammesgeschichtlich relativ junge Spezies, jedoch überaus erfolgreich, und nimmt, wie keine andere Art vor und neben ihm, weltweit Ressourcen in Anspruch. Er verfügt über ausgeklügelte Strategien der Ausbeutung, was auf sein ungewöhnlich entwickeltes Gehirn zurückführbar ist. Um der Evolution des Menschen gerecht zu werden, sind allerdings nicht nur die Mechanismen der organischen Evolution zu berücksichtigen; der sozialen und kulturellen Evolution ist ebenso Rechnung zu tragen, die aber nicht von der organischen Evolution abgekoppelt sind. Die soziale Evolution beim Menschen bzw. den Hominiden begann mit nomadisierenden Kleingruppen, hingegen veränderte sich die Gruppengröße ganz entscheidend mit der Seßhaftigkeit. Soziale Evolution ist beim Menschen also im wesentlichen als der Übergang von der Kleingruppe zur Großgesellschaft zu beschreiben. Die kulturelle Evolution ist auf der Basis der sozialen Evolution zu betrachten. Sie erscheint als ein der organischen Evolution gegenüber beschleunigter Entwicklungsvorgang, der sich auch in anderen Aspekten von dieser unterscheidet. Dennoch kann Kultur nicht von biologischen Faktoren entbunden werden. Kultur ist nicht der Gegensatz zu Natur, sie ist eine spezifisch menschliche Lebensweise. Insgesamt sind organische, soziale und kulturelle Evolution nicht getrennt voneinander zu betrachten, sondern vielmehr – verbunden durch die Entwicklung des menschlichen Gehirns – als ein komplexer, mehrstufiger Rückkoppelungsprozeß.

4. Evolution ohne Fortschritt

Der Mensch weiß endlich, daß er in der teilnahms-
losen Unermeßlichkeit des Universums allein ist,
aus dem er zufällig hervortrat. Nicht nur sein Los,
auch seine Pflicht steht nirgendwo geschrieben.

JACQUES MONOD

Zu den beliebtesten Vorstellungen im Zusammenhang mit Evolution (im weitesten Sinne) gehört die einer »fortschrittlichen Entwicklung«, wonach im Laufe der Zeit alles »besser« werde, die Evolution immer »vollkommenere« Wesen hervorbringe. Der Anthropologe und Jesuitenpater Pierre Teilhard de Chardin (1881–1955) träumte von einem »Punkt Omega«, einer »Noosphäre«, die dereinst den Erdball als »geistige Schicht« umgeben würde und in der »die Menschen ... in gewisser Weise nur mehr ein einziges Bewußtsein bilden [werden]« (vgl. Teilhard de Chardin 1974, S. 397 f.). Nicht viel anderes kann gemeint sein, wenn etwa der Genetiker Bresch (1977) vom »intergalaktischen Übermuster« spricht, einem »Pfeil der Entwicklung«, der eben dorthin weisen würde. Die Idee des Fortschritts in der Evolution war natürlich immer von großer Bedeutung für die Ethik, denn sie nährt Hoffnungen – Hoffnungen auf den »guten Menschen«, der ja geradezu zwangsläufig aus der immer vollkommenere Wesen hervorbringenden Evolution entspringen müßte. Auch bei Darwin (1871) und Lorenz (1963) finden sich solche Gedanken, beide waren von dem Glauben beseelt, daß die natürliche Auslese letztlich etwas Gutes sei und daher einen »besseren Menschen« hervorbringen müsse, obwohl erst in (ferner) Zukunft. Wäre dem so, dann dürften wir in der Tat die Hoffnung hegen, daß eine »ethische Vervollkommnung« des Menschen nur eine Frage der Zeit ist und unsere ethischen Ideale einmal Wirklichkeit werden. Ich fürchte, daß es nicht so ist, daß die Verbindung von Evolution

126

und Fortschritt ein fataler Irrtum war, der sich auf manche Konzepte der Ethik folgenschwer ausgewirkt hat und einer dringenden Korrektur bedarf. Die Idee des Fortschritts entspringt alten philosophischen Überzeugungen, die mit den Ergebnissen der modernen Evolutionsbiologie nicht vereinbar sind. Weder für die organische, noch für die (sozio-)kulturelle Evolution läßt sich ein Mechanismus finden, der gleichsam automatisch zum »Bessseren« führt – einmal abgesehen davon, daß »das Bessere« ohnehin kaum objektiv gemessen werden kann und meist seine schlechtere »Kehrseite« hat.

Stufenleitern und die Idee der Höherentwicklung

Schon das vor-evolutionäre Denken ist von der Idee bestimmt, daß es niedriger und höher organisierte Wesen gebe. Die auf die Antike zurückgehende Idee der Stufenleiter *(scala naturae)* schließt die Vorstellung ein, daß der Mensch auf dem Gipfelpunkt dieser natürlichen Ordnung stehe und nur von übernatürlichen Wesen (Engeln/Gott) übertroffen werde.

Tabelle 3: *»Stufenleiter der irdischen Dinge« nach den Vorstellungen des Zoologen Bonnet.*

L'HOMME	MENSCH
Orang-Outan	Orang-Utan
Singe	Affe
QUADRUPÈDES	VIERFÜSSLER
Ecureuil volant	Fliegendes Eichhörnchen
Chauvesouris	Fledermaus
Autruche	Strauß
OISEAUX	VÖGEL
Oiseaux aquatiques	Wasservögel
Oiseaux amphibies	Amphibische Vögel
Poissons volants	Fliegende Fische
POISSONS	FISCHE
Poissons rampants	Kletternde Fische
Anguilles	Aale
Serpents d'eau	Wasserschlangen

SERPENTS	SCHLANGEN
Limaces	Nackte Schnecken
Limaçons	Schnecken mit Schale
COQUILLAGES	MUSCHELN
Vers à tuyau	Röhrenwürmer
Teignes	Schaben
INSECTES	INSEKTEN
Gallinsectes	Gallinsekten
Taenia, ou Solitaire	Bandwurm
Polypes	Polypen
Orties de Mer	Seeanemonen
Sensitives	Sinnpflanzen
PLANTES	PFLANZEN
Lychens	Flechten
Moisissures	Schimmel
Champignons, Agarics	Pilze
Truffes	Trüffel
Coraux et Coralloides	Korallen
Lithophytes	Fossilien
Amianthe	Asbest
Talcs, Gyps, Sélénites	Talk, Gips, Selenit
Ardoises	Schiefer
PIERRES	STEINE
Pierres figurées	Geformte Steine
Crystallisations	Kristalle
SELS	SALZE
Vitriols	Vitriole
MÉTAUX	METALLE
DEMI-MÉTAUX	HALBMETALLE
SOUFRES	SCHWEFEL
Bitumes	Erdpech
TERRES	ERDEN
Terre pure	Reine Erde
EAU	WASSER
AIR	LUFT
FEU	FEUER
Matières plus subtiles	Feinere Materien

Während Aristoteles drei Naturreiche spezifizierte und zwischen anorganischen, pflanzlichen und tierischen Gebilden Trennungslinien festlegte, kannte vor allem das 18. Jahrhundert zahlreiche »Zwischenstufen« (vgl. Tabelle 3). Der Mensch wurde dabei vielfach ausgeklammert, als von den »Naturdingen« abgehoben betrachtet, oder – wenn nicht Engel und der liebe Gott ausdrücklich ganz oben plaziert wurden – als oberstes Glied zumal der irdischen Geschöpfe angesehen. Allerdings wurde im Rahmen dieser Idee der Stufenleiter auch ein *Kontinuitätsprinzip* formuliert, dem zufolge alle Wesen miteinander verbunden, zusammengeschlossen sind. Gottfried Wilhelm Leibniz (1646–1716), der daran glaubte, daß wir in der besten aller möglichen Welten leben, meinte auch, daß die »Kette des Universums« alle Wesen und alle Sphären zusammenschließt. Der Schweizer Naturforscher Charles Bonnet (1720–1793) glaubte ebenfalls an eine kontinuierliche Schöpfung und wollte mit seiner Stufenleiter zum Ausdruck bringen, daß diese in einer im Menschen gipfelnden Vollkommenheit manifest werde. Dabei ist unerheblich, daß Bonnet verschiedene Lebewesen und andere »Naturkörper« unter dem Gesichtspunkt moderner Klassifikationssysteme falsch eingeordnet, beispielsweise die Aale in unmittelbare Nähe zu den Wasserschlangen gestellt hat usw. Interessant ist festzustellen, daß seine Stufenleiter streng hierarchisch geordnet ist, oben mit dem Menschen beginnt und dann immer »primitivere« Lebewesen und andere Naturdinge folgen läßt.

Die Stufenleiter Bonnets suggeriert, wie auch andere ähnliche Entwürfe seiner Zeit, »niedrig« und »hoch« entwickelte Lebewesen. So falsch ist diese Vorstellung ja nicht, wenn man sich vor Augen führt, daß die vielen Formen der Organismen tatsächlich *unterschiedlich komplex* organisiert sind. Auch aus der Perspektive einer modernen Evolutionstheorie kann man sagen, daß die Evolution in der Gesamtbilanz eine *Steigerung der Komplexität* bedeutet: Die Gehirnleistungen eines Schimpansen etwa sind ungleich komplexer als die eines Amphibiums. Nun war bei Bonnet und seinen Zeitgenossen der Evolutionsgedanke zum Teil noch ein Tabu, zum Teil nur im Keim vorhanden. Die Naturforscher wollten seinerzeit bloß eine hierarchische Ordnung der Naturdinge verdeutlichen und der Idee der *Vervoll-*

kommnung Ausdruck geben, wobei der Mensch, als Krone der Schöpfung, naturgemäß als das vollkommenste Wesen gesehen wurde.

Nach der Etablierung der Evolutionstheorie im 19. Jahrhundert blieb von der Krone der Schöpfung nicht viel übrig, doch blieb die Idee einer Vervollkommnung in der Natur, einer kontinuierlichen *Höherentwicklung* der Lebewesen. Zwar haben sich die meisten Evolutionstheoretiker des 20. Jahrhunderts auch vom Gedanken an eine Vervollkommnung distanziert, doch gilt die Höherentwicklung geradezu als ein essentielles Merkmal der Evolution. Nach Rensch (1977) gibt es verschiedene Kriterien, denen zufolge man Höherentwicklung feststellen kann, beispielsweise eine Zunahme der Komplexität, der Unabhängigkeit der Organismen von Umweltfaktoren und bei »höheren« Tieren eine Annäherung an die Strukturen und Funktionen des Menschen. Und Hassenstein (1983, S. 68) meint, die Höherentwicklung sei »gekennzeichnet durch zunehmende Beweglichkeit, mehr Sinnesorgane, bessere Reaktionsfähigkeit, höhere Lernfähigkeit und schließlich durch die aufkeimende Intelligenz«.

Alles in allem sieht es also so aus, daß die Evolution des Lebenden tatsächlich kontinuierlich zum »Höheren« fortschreitet, die Organismen gleichsam immer »besser« geworden sind. Natürlich wird kein Biologe bestreiten, daß ein Regenwurm *seine* Lebensfunktionen nicht schlechter erfüllt als ein Schimpanse *seine*. Und es ist evident, daß sich nicht *alle* Lebewesen »höherentwickelt« haben, denn sonst gäbe es längst keine Einzeller mehr, keine Schwämme, Würmer und was wir sonst noch als »primitiv« einstufen. Während somit die Evolution bestimmte Baupläne »konserviert«, schafft sie auf der anderen Seite stets auch komplexere Baupläne, so daß – in der Gesamtbilanz, wie gesagt – eine Steigerung der Komplexität deutlich wird. Die Ausdrücke »niedrig« und »hoch« sind jedoch Anthropomorphismen, erklärbar aus dem Umstand, daß der Mensch die ihn umgebenden Lebewesen stets auch *bewertet*, seine eigenen Maßstäbe in die Natur projiziert hat. Wir hegen bestimmten

Tieren gegenüber Sympathie, andere finden wir weniger sympathisch, ja ekelerregend; wir meinen, bestimmte Tiere seien klug, andere dumm, schön oder häßlich, weil wir die Natur aus *unserer* Perspektive betrachten und nicht aus der Perspektive etwa eines Hundes oder eines Regenpfeifers. Tiere, die über unseren Eigenschaften ähnliche Merkmale bzw. Fähigkeiten verfügen, sind daher für uns auch höherentwickelt als andere, die von uns weiter entfernt sind.

Ob es nun sozusagen objektiv niedriger und höher organisierte Tiere gibt oder nicht, ist eine Frage, wie wir die Lebewesen bewerten, eben eine andere. Lorenz (1983, S. 61 f.) schreibt:

Wir müßten unserem Wertempfinden Gewalt antun, wollten wir daran zweifeln, daß die Haifische des Devons höhere Lebewesen waren als die Trilobiten des Kambriums, die Lurchreptile der Steinkohlezeit höhere als die Haifische, und die Reptilien des Erdmittelalters höhere als die Lurche.

Aber nach Lorenz steht, wie er an gleicher Stelle betont, »diesem nichtrationalen Bewerten ... zweifellos etwas Wirkliches in unserer Außenwelt gegenüber«. Ist es tatsächlich so? Ist das nicht doch wiederum nur eine Frage *unserer* Maßstäbe?

Man ist leicht geneigt zu glauben, daß die Evolution »objektiv« zu immer Höherem führt, ja führen muß. Ich meine, daß auch viele Evolutionstheoretiker des 20. Jahrhunderts, wiewohl sie nicht an eine finale, zielgerichtete Evolution glauben können, noch in alten naturphilosophischen Kategorien denken und die Idee der Vervollkommnung in der Natur nicht wirklich aufgeben wollen. Die Implikationen dieser Idee für die Ethik sind schwerwiegend.

Ein »vollkommenes« Wesen wäre wohl der moralisch »hochstehende« Mensch. Im Gegensatz zu jedem ethischen *Relativismus*, der Normen und Werte stets bloß mit bestimmten Lebensumständen, mit diesen entsprungenen, soziokulturell tradierten Normen und Werten in Beziehung setzt, können diejenigen, die den Glauben an eine *Evolution zum Höheren* nicht verloren haben, auf objektive Werte und Normen hoffen, auf die sich dann das Individuum in jeder nur erdenklichen Lebenslage, in moralischen Belangen, stützen könnte. Damit wäre aber die evolutionäre Perspektive gewissermaßen mit idealistischen Ansätzen in der Ethik vereinbar: Normen und Werte wären etwas Absolutes. Und wenn wir heute jene moralische Vollkommenheit noch nicht erreicht haben, die wir – oder manche von uns – anstreben, dann bestünde ja die Hoffnung, daß wir sie dereinst erreichen werden, weil die Evolution gleichsam mit Notwendigkeit dorthin führte.

Diese Überlegung mag vielen sympathisch erscheinen. Sie nährt die Hoffnung auf den »besseren Menschen«, und vor allem gewinnt die Evolution so einen *Sinn*. Eine sinnvolle Evolution ist auch leichter vorstellbar als eine Entwicklung ohne Sinn. Ich bin aber mit Ruse (1986a) der Meinung, daß die Evolution – ziemlich langsam – *nirgendwohin* führt, und stimme mit Monod (1971) darin überein, daß weder unser Los noch unsere Pflicht irgendwo geschrieben steht.

Es lohnt sich, noch ein wenig bei dem Glauben an eine sinnvolle Evolution zu verweilen. »Sinnvoll« heißt hier eine Evolution, die immer vollkommenere Wesen – und letztlich den moralisch hochstehenden Menschen – hervorbringen soll. Dieser Glaube findet sich sowohl im Hinblick auf die organische Evolution als auch hinsichtlich der soziokulturellen Entwicklung. Es geht dabei, mit anderen Worten, um die *Idee des Fortschritts*.

Fortschrittsglaube und Fortschrittsutopie

Fortschritt bezeichnet seit der Aufklärungsphilosophie des 18. Jahrhunderts insbesondere ein »Vorwärtsschreiten« des Menschen, eine Verbesserung der Bedingungen menschlichen Lebens (vgl. Rapp 1992). Genährt durch die rasche Entwicklung von Naturwissenschaft und Technik und gestützt auf den Glauben an die *Vernunft* meinten die Aufklärungsphilosophen, der Mensch könne die irdischen Zustände verbessern und sich gleichsam den Weg zu einem glücklichen Leben bahnen. Der menschlichen Vervollkommnungsfähigkeit, so wurde argumentiert, seien keine Grenzen gesetzt. Sicher ging diesen Hoffnungen die Einsicht voraus, daß unter der Vorherrschaft von Kirche und Staat eben nicht alles gut sei und man dem einzelnen sein individuelles Glück nicht streitig machen dürfe. Man wollte den Menschen mündig machen, man sah aber, daß dieses Ziel nur erreichbar ist, wenn man ihn seine eigene Vernunft gebrauchen läßt und ihm die Angst vor Gott, dem Staat und den selbsternannten Repräsentanten Gottes auf Erden nimmt. War also der aufgeklärte, mündige Mensch der Entwurf für die soziale Entwicklung der Menschheit im späten 18. Jahrhundert, so war gleichzeitig der Glaube an eine Vervollkommnung in der Natur eine naturphilosophische Vision.

Der Franzose Jean-Baptiste de Lamarck (1744–1829) – der, im strengen Sinne, erste Evolutionstheoretiker – glaubte an eine »fortschrittliche Evolution« durch bessere Umweltanpassung und meinte, der Mensch stelle »den Typus der höchsten Vollkommenheit dar, welche die Natur erreichen konnte«, so daß man folgern könne: »Je näher also eine tierische Organisation der seinigen steht, desto vollkommener ist sie.« (Lamarck 1809, vgl. 1909, S. 45). Hundert Jahre später sprach Haeckel (1902, S. 275) sogar von einem »Gesetz« des Fortschritts in der Evolution und bemerkte: »Das Gesetz des Fortschritts oder der Vervollkommnung constatirt auf Grund der paläontologischen Erfahrung die äusserst wichtige Tatsache, dass zu allen Zeiten ... eine beständige Zunahme in der Vollkommenheit der organischen Bildungen stattgefunden hat.«

Fortschritt hieß also Vervollkommnung, eine Verbesserung sowohl der Lebewesen in der organischen Evolution als auch der sozialen bzw. kulturellen Leistungen des Menschen. *Evolution* wurde gewissermaßen zu einem Synonym für Fortschritt, wie Gould (1989) kritisch unter Hinweis auf die Darstellungen der Evolution des Menschen bemerkt: Tatsächlich wird unsere eigene Entwicklung oft und gern als eine Reihe von »progressiver« werdenden Formen dargestellt, beginnend mit kleinen affenartigen Wesen über immer größere Arten, die schließlich

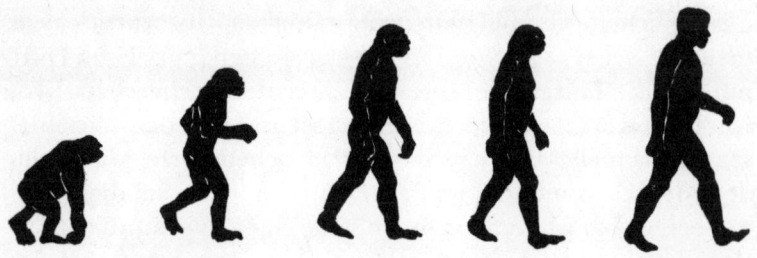

Abb. 5   Beliebtes Schema der Evolution des Menschen, das eine insgesamt fortschrittliche Evolution suggeriert.

im *Homo sapiens* den Höhepunkt erreicht haben sollen (Abbildung 5). Solche Bilder können leicht dazu führen, daß man z. B. die Tatsache übersieht, daß in dieser »Reihe« verschiedene Arten gleichzeitig lebten (und sich unter Umständen erbittert bekämpften) und keineswegs streng aufeinander folgten.

Der Glaube an Fortschritt und Vervollkommnung in der Evolution übersieht freilich auch den Umstand, daß praktisch jede Art irgendwann ausstirbt. Dazu schreibt Markl (1982, S. 47):

Gäbe es einen großen Plan zur kontinuierlichen Höherentwicklung, der es der Selektion ermöglicht, alle Arten immer nur weiter aufwärts, einem absoluten Fitnessgipfel hin zuzutreiben, gleichsam die scala naturae der Naturphilosophen hinaufsteigend, so wäre diese anhaltende Artenverschwendung unbegreiflich. Ist die Evolution aber ein immerwährender Suchprozeß nach neuen Zwischengipfeln in einer unbegrenzt vielfältigen und sich eben durch dieses ständige Suchen aller Beteiligten immerzu wandelnden Landschaft der Lebensmöglichkeiten, in der jede Spezies daraufhin selektiert wird, in ihrer Nische auf Zeit »king of the castle« zu sein, so ist dieses unaufhörliche »Stirb und Werde« der Evolution verständlich.

Wenn also »Fortschritt« in der organischen Evolution irgend etwas bedeuten kann, dann wohl nicht mehr als jene Prozesse, die einer Art oder Gattung vorübergehend eine »relativ optimale« Überlebensstrategie in einer bestimmten Umwelt ermöglichen. So gesehen sind alle Lebewesen, die ihre ökologische Nische gefunden haben, »fortschrittlich«, selbst Parasiten, die man gemeinhin nicht als »hochentwickelte« Lebewesen zu beurteilen geneigt ist, können dann nicht als »rückschrittlich« bezeichnet werden.

Allerdings war auch Darwin noch von der Idee der Vervollkommnung beseelt. Er, der nicht an einen »großen Plan« in der Evolution glauben konnte, die Evolution durch das mechanisch wirkende Prinzip der natürlichen Auslese erklärte, meinte immerhin: »Da die natürliche Zuchtwahl nur durch und für das Gute eines jeden Wesens wirkt, so wird jede fernere körperliche und geistige Ausstattung desselben seine Vervollkommnung zu fördern streben« (Darwin 1859, vgl. 1988, S. 565). Der Glaube an die Erhabenheit und Güte der Natur, die trotz »Hunger und Tod« letztlich jedes Wesen fördere, kommt dabei zum Ausdruck.

Während alle Vorstellungen von Fortschritt und Vervollkommnung in der Natur nur bestimmte (natur-)philosophische Deutungen der Evolution sind, die dem Menschen zwar ein Gefühl der Geborgenheit geben mögen, sich aber nicht unmittelbar auf seine »Lebenspraxis« auswirken müssen, sind diejenigen Vorstellungen, die von einem sozialen bzw. kulturellen Fortschritt ausgehen, von unmittelbarer praktischer Relevanz. Und zwar auch im negativen Sinne. Denn wie wir wissen, sind im Namen des Fortschritts Menschen ihrer individuellen Freiheit und ihrer Habseligkeiten beraubt worden, mußten Folterungen über sich ergehen lassen, waren Verfolgungen ausgesetzt, durften nicht tun, was sie wollten, gehen, wohin es ihnen beliebte. Wo der Fortschrittsglaube zu einer Fortschrittsutopie wird, die um jeden Preis verwirklicht werden soll, können die Konsequenzen verheerend sein. Wobei hier nicht nur jene politischen Systeme zu kritisieren sind, die in Europa soeben zusammengebrochen sind, sondern ebenso jene Ideologien, die, in Ost und West, Nord und Süd, den verhängnisvollen Glauben an ein unbegrenztes Wirtschaftswachstum und eine Verbesserung des Lebens durch die Technik zum Ausdruck bringen. Der Mensch glaubt, daß er sich dem Fortschritt nicht verschließen dürfe, und zerstört im Dienste seiner Fortschrittsutopie die Natur und damit seine eigene Lebensgrundlage; er macht sich selbst zum Sklaven seines Glaubens an die Technik, begrüßt stillschweigend die von Profit und Kapital gelenkte Industriegesellschaft und verliert zugleich jeden Maßstab für ein glückliches Leben. Ich möchte hier die lange Litanei einer Zivilisationskritik nicht aufsagen; viele, mich eingeschlossen (vgl. Wuketits 1985b, 1988c), haben sich in den letzten Jahren und Jahrzehnten mit zum Teil drastischen Worten – und dramatischen Appellen – über die negativen Folgen unserer rasch »fortschreitenden« Zivilisation geäußert, ohne daß sich diese deswegen verändert hätte. Vielmehr schreiten jene Prozesse der Naturzerstörung scheinbar unaufhaltsam fort, und alles, was die angeblich Verantwortlichen dagegen tun, bleibt entweder wirkungslos oder erweist sich als unrealistisch.

Was aber wäre denn unter »Fortschritt« in der sozialen und kulturellen Entwicklung des Menschen zu verstehen? Intuitiv hat wohl jeder von uns davon eine Vorstellung, und es dürfte wenige geben, die beispielsweise das »soziale Netz«, das viele Staaten aufgespannt haben, um Pensionen, Arbeitslosengelder usw. zu sichern, nicht als Fortschritt anzuerkennen bereit sind. Und wohl niemand wird die Errungenschaften der modernen Medizin anzweifeln, die – zumindest in den sogenannten westlichen Ländern und Teilen anderer Kontinente – die Rate der Säuglingssterblichkeit gesenkt hat, früher unheilbar scheinende Krankheiten zu heilen vermag und anderes mehr. Was allerdings nicht unmittelbar eingesehen wird, ist, daß alles seinen Preis hat, und zwar im buchstäblichen Sinne des Wortes. Die enorme Kostenexplosion im Gesundheitswesen etwa könnte dazu führen, daß wir eines Tages vor einem zusammengebrochenen Gesundheitssystem stehen und Kranke nicht adäquat behandelt werden können, weil niemand mehr für sie zu zahlen in der Lage oder bereit sein wird.

Die Auswirkungen all dessen, was als »Fortschritt« gepriesen wird, sind so gut wie nie vorauszusehen; meist steht der Mensch ratlos da vor seinen eigenen Taten und deren Wirkungen. Der Glaube also, daß alles gleichsam automatisch besser werde und sich unsere sozialen Umstände notwendigerweise verbessern, ist trügerisch: Es gibt kein *Gesetz* der soziokulturellen Evolution, das diese zu immer größerer »Vollkommenheit« sozialer Strukturen treiben würde. Diejenigen, die daran glauben, müssen einen hohen Preis bezahlen. Es ist also immer ratsam, sich vor den Propheten einer »besseren Welt« in acht zu nehmen, sich in Skepsis zu üben, wenn da etwa eine »neue Weltordnung«, ein »neues Europa«, ein »neues Deutschland« oder was auch immer versprochen wird. Die Aufklärungsphilosophen des 18. Jahrhunderts zählten auf die Vernunft und die Vernunft des einzelnen. Heute bedeutet der Imperativ »sei vernünftig!« oft genug das Gegenteil der Aufforderung zur Mündigkeit – er meint, der einzelne solle sich unterordnen, seine eigenen Interessen den Interessen eines anonymen, undurchsichtigen Apparats angleichen.

Der Glaube, daß eine »neue Gesellschaft« auch einen »besseren Menschen« schaffen könnte, ist trügerisch und gefährlich. Meist wollen diejenigen, die jene »neue Gesellschaft« propagieren, ihre eigenen Machtgelüste befriedigen und ihre privaten Illusionen und Utopien realisiert wissen. Zynische Feldherren, Generäle und andere Weltzerstörer sprechen von (militärischem) *Erfolg,* wenn möglichst viele Menschen getötet, Dörfer und Städte zerstört worden sind. Wie also ist »Erfolg« hier zu bemessen? Nach dem Grad der Vernichtung? Man spricht andererseits auch von wirtschaftlichem Erfolg – ungeachtet der Tatsache, daß darob die Natur zerstört wird, einzelne Menschen ihrer Individualität und Freiheit beraubt, Traditionen und Kulturen aufgegeben, zertrümmert werden. Es mag schon sein, daß der Mensch seine Illusionen braucht, seine Träume von besseren Welten – weil diese eine Welt, die wir haben, nicht immer so ist, wie wir sie haben *wollen* –, aber dann muß er auch zu erkennen in der Lage sein, daß er fortgesetzt scheitert, und zwar nicht nur an der Welt, die einfach da ist, sondern vor allem an all den erfundenen Welten.

Es war nicht zuletzt die Rechtfertigung von Ideologien, die dazu geführt hat, die Evolution insgesamt als einen sozusagen progressiven Vorgang zu sehen, der genau das hervorzubringen hätte, was man als wünschenswertes Ziel vor Augen hat. Auf diese Weise läßt sich freilich alles rechtfertigen: eine Diktatur, eine Sklavenhalter-Gesellschaft, der Glaube an unbegrenztes Wirtschaftswachstum, eine Rassenideologie, Krieg und Vernichtung, Ausmerzung »unwerten Lebens« und anderes mehr.

Zum Fortschrittsglauben oder, besser gesagt, zur Fortschrittsideologie und -utopie gehört schließlich auch die Verbindung von Entwicklung (Evolution des Lebens, der menschlichen Sozietäten und Kulturen) und Ethik. Herbert Spencer fand in der Höherentwicklung der Organismen die Quelle von Werten. Nach ihm »ist es der Fortschritt, der alles möglich macht, und es ist der Fortschritt, der alle Werte bringt« (Ruse 1986a, S. 75). Das könnte man so interpretieren, daß die Evolution, indem sie auch den Menschen – das »am höchsten entwickelte« Lebewesen – hervorgebracht hat, a priori ein wertschöpfender Vorgang ist. Man könnte ferner glauben, daß der weitere Fortschritt in unserer eigenen Entwicklung auch automatisch höhere Werte mit sich brächte und wir uns, in letzter Instanz, gar nicht mehr um die Begründung einer Ethik zu kümmern hätten. Dieser Glaube mag in der Tat beruhigend sein – nur, er läßt sich evolutionsbiologisch nicht rechtfertigen. Legt man an die Evolution nicht von vornherein Maßstäbe an, die unserem eigenen Wunschdenken entsprechen – und mit der Evolution nichts zu tun haben –, dann sind wir wieder um eine Enttäuschung reicher und um eine Illusion ärmer.

Evolution führt nicht notwendig zum »Besseren«

Schon die naive Beobachtung zeigt uns, daß es unterschiedlich organisierte Lebewesen gibt, Lebewesen von unterschiedlicher Komplexität. Es kommt ja nicht weiter überraschend, daß man sich – etwa anhand der Stufenleitern (siehe oben) – eine hierarchisch organisierte Natur zurechtgezimmert hat. Und tatsächlich *empfinden* wir Menschen verschiedene Lebewesen anders, empfinden wir einen Schimpansen anders als einen Spulwurm, einen Hund anders als eine Weinbergschnecke. Mit Schimpansen und Hunden verbindet uns mehr als mit Würmern und Schnecken; auch stammesgeschichtlich stehen uns jene Tiere in der Tat viel näher. Hat aber die Evolution, indem sie nicht nur Würmer und Schnecken, sondern eben auch unter anderem Hunde und Affen hervorgebracht hat, zu etwas »Besserem« geführt? Der Umstand, daß wir verschiedene Tiere unterschiedlich *bewerten,* bedeutet ja nur, ich sagte es bereits, daß wir über ein ausgeprägtes *Wertempfinden* verfügen, welches indes nichts über den »absoluten Wert« eines Lebewesens aussagen muß. Was wäre denn auch der »absolute Wert« eines Lebewesens?

Die Ökologie lehrt uns, daß jede Spezies ihre Funktion im Naturganzen hat, daß wir mit jeder ausgerotteten Art die natürlichen Kreisläufe stören. Bei Arten, die uns stammesgeschichtlich – und mithin auch emotional – näherstehen, sind wir üblicherweise eher bereit dies einzusehen als bei vielen anderen Spezies, Insekten, Würmern und dergleichen, mit denen uns nicht viel verbindet. Niemand würde ohne weiteres zugeben, daß Parasiten schützenswert sind. Im Gegenteil, sie sind lästig und gefährlich, der Mensch tut alles mögliche, sie zu vernichten. Sie sind Gegenstand der Veterinär- und Humanmedizin, ihr Wirken in und an verschiedenen anderen Lebewesen findet niemandes Sympathie. Nun hat die Evolution unzählige Arten von Parasiten hervorgebracht und in vielen, ja den meisten Tierstämmen und -klassen finden sich verschiedene Arten mit parasitärer Lebensweise. Wie verträgt sich denn dieser Umstand mit der Annahme, daß die Evolution immer »Besseres«

hervorbringen würde?! Nicht nur sind für uns Menschen die Parasiten im Grunde verabscheuungswürdig – die Bezeichnung »Schmarotzer« drückt unser Empfinden diesen Lebewesen gegenüber vielleicht noch stärker aus –, sie sind auch gute Beispiele dafür, daß in der Evolution auch die Komplexität abnehmen kann. Lorenz (1983) sprach in diesem Zusammenhang von *abbauender Evolution* und wußte auch eine parasitär lebende Spezies als Beispiel anzuführen, nämlich *Sacculina carcini*, den »Sackkrebs«: Diese zu den Krebstieren zählende, vor allem an Krabben schmarotzende Spezies ist als Krebs nicht mehr zu erkennen, wenn sie im Zustand der Geschlechtsreife Augen, Extremitäten und Nervensystem verliert und praktisch auf eine Geschlechtsdrüse reduziert wird. Lorenz (1983, S. 56) meint, daß man, »beurteilt man die Anpassungsformen des Parasiten nach der Menge von abbildender Information«, einen Verlust von Information findet, »der durchaus unserer gefühlsmäßigen negativen Bewertung des Parasiten entspricht«. Und er ergänzt: »Die erwachsene *Sacculina carcini* hat über keinerlei Einzelheiten ihres Lebensraumes Information, außer über ihren Wirt.«

Es ist keine Frage, daß ein Schimpanse über eine weitaus höhere Intelligenz verfügt als ein parasitierendes Krebstier, falls dieses überhaupt mit »Intelligenz« in Zusammenhang gebracht werden kann. Aber wir müssen uns auch vergegenwärtigen, daß es in der Natur in erster Linie ums Überleben geht. Wie dieses Überleben erzielt wird, ist lediglich eine Frage der Methode, die wir dann bewerten können, wie wir wollen, die aber für ein Tier »gut« ist, wenn sie eben dessen Überleben gewährleistet. Und wenn sich die parasitäre Lebensweise im Falle einer Spezies bewährt, dann ist das für die betreffende Spezies auch »gut«, gleich was wir dabei empfinden. Nach allem, was wir an einigermaßen »objektiven« Aussagen über die Welt der Lebewesen treffen können, geht es in erster Linie ums Überleben, um die Sicherung des eigenen Fortpflanzungserfolgs. Ob diesem dann jeweils ein kompliziertes Balzverhalten vorausgeht oder bloß die Reduktion eines Tieres auf einen Freß- und

Geschlechtsapparat, der zu keinem komplexen Verhalten fähig ist, das mag gleichgültig sein. Das sind wohl harte Worte angesichts einer Natur, der wir Harmonie und Schönheit abzugewinnen in der Lage sind, die eben auch sehr komplexe Organismen mit ausgeklügelten Verhaltensweisen hervorgebracht hat, welche unsere Bewunderung finden. Aber unsere Bewunderung für die Natur, unser Wertempfinden der Natur gegenüber sind eines, die Natur »als solche« ein anderes.

Konrad Lorenz ist natürlich beizupflichten, daß mit einer parasitären Lebensweise ein Abbau an Information einhergeht. Die Welt, die sich etwa einem Hund bzw. seinen Sinnen darbietet, ist reich, verglichen mit der Information, die eine *Sacculina* noch hat (streng genommen kann man das eine mit dem anderen kaum vergleichen). Dennoch, worauf es offenbar ankommt, ist bloß die *überlebensrelevante* Information, und davon scheinen selbst Parasiten genug zu haben. Die evolutionäre Erkenntnistheorie (vgl. S. 58) zeigt uns, daß verschiedene Spezies ganz unterschiedliche Ausschnitte aus der realen Welt wahrnehmen und diese jeweils bloß ihren eigenen Möglichkeiten gemäß »interpretieren«, also kein »perfektes Abbild« dieser Welt bzw. einzelner ihrer Ausschnitte erzeugen. Niemand würde bezweifeln, daß ein Hund über wesentlich komplexere kognitive Leistungen verfügt als ein Regenwurm, aber von *seiner* Welt scheint auch der Regenwurm zumindest das wahrzunehmen, was ihm – in lebens- bzw. überlebensdienlichem Sinne – zweckgerecht ist. Insgesamt hat sich wohl der »Welthorizont« der Lebewesen in der Evolution erweitert, d. h. manche Lebewesen nehmen immer größere Abschnitte aus der realen Welt wahr, aber dieser Zuwachs an Information und Informationsverarbeitung ist keine notwendige Begleiterscheinung der Evolution *aller* Tierstämme und Klassen. Der Wahrnehmungsapparat eines Regenwurms ist nicht besser als der seiner stammesgeschichtlichen Vorfahren, und die kognitiven Leistungen heutiger Krokodile übersteigen kaum jene großer Reptilien des Erdmittelalters. Nur innerhalb eines relativ schmalen Bandes der Evolution, nämlich auf dem Weg von Insektenfressern zu Primaten und dort zu Menschenaffen und Menschen, ist schließlich jene enorme Steigerung kognitiver Fähigkeiten aufgetreten, die nun eine Spezies – *Homo sapiens* – sogar über all das nachdenken und nach Werten suchen läßt.

Um es kurz zu machen: Wir können nicht sagen, daß die Evolution notwendigerweise zu immer »Besserem« führe. Im Verlauf der Evolution sind jedoch verschiedene Strategien des Überlebens entwickelt worden, von denen zwar einige effektiver waren als andere, keine aber ein Überleben für immer zu garantieren vermag. Im Verlauf der Evolution sind auch keine »wertvollen« Organismen, d. h. »wertvoller« als andere (ihre Vorfahren etwa) entstanden. Daher können wir auch sagen, daß es keine »Evolutionsautomatik« gibt, die notgedrungenermaßen zu Werten geführt hätte. Werte kamen mit dem menschlichen Bewußtsein in die Welt, auch wenn wir bei manchen Tieren so etwas wie Vorstufen zu moralischem Verhalten oder moralanaloges Verhalten (vgl. S. 83) ausmachen können oder gar nach möglichen Vorformen des menschlichen *Rechtsgefühls* bei Tieren fragen und diese, allein durch die Fragestellung, schon suggerieren (vgl. Hendrichs 1985). Tiere »interessieren« sich jedoch nicht dafür, was sein *soll,* sie leben *hier* und *jetzt,* nehmen die Welt, so wie sie sich ihnen darbietet, einfach hin und versuchen, in dieser ihrer Welt zu überleben: ohne »gute« oder »böse« Absichten, ohne »Recht« und »Unrecht« zu kennen und auch ohne sich Sorgen zu machen um die übrigen Angehörigen ihrer Art (abgesehen von ihrer eigenen Brut, die aber auch nicht im Falle jeder Spezies die Obhut und Fürsorge ihrer Eltern genießt).

Die Hoffnungen Charles Darwins und Konrad Lorenz'

Darwin war ein großer Humanist. Während seine Ideen – zumal seine Vorstellungen von Evolution durch natürliche Auslese – im Sozialdarwinismus verdreht worden sind und sein Name für eine Ideologie herhalten mußte, die er nie gebilligt hätte, waren seine eigenen Vorstellungen über die Zukunft der Menschheit von Hoffnungen und Optimismus getragen. Er schrieb (1859), daß wir mit Vertrauen in die Zukunft blicken könnten, da die Selektion – ich zitierte seinen Ausspruch schon (s. S. 135) – nur für das Gute jedes Wesens wirken würde. Die Selektion erscheint so als ein positiver Faktor der Evolution. Hier ist vor allem Darwins Begriff der *sozialen Instinkte* interessant. Denn Darwin glaubte, daß »moralische Motive« im wesentlichen in einer angeborenen, instinktiven Reaktion auf die Bedürfnisse der Gemeinschaft wurzeln (vgl. Richards 1987). In diesem Sinne schrieb er (1871, vgl. 1966, S. 159 f.):

Ein Ausblick auf fernere Geschlechter braucht uns nicht fürchten zu lassen, daß die sozialen Instinkte schwächer werden; wir können im Gegenteil annehmen, daß die tugendhaften Gewohnheiten stärker und vielleicht durch Vererbung noch befestigt werden. Ist dies der Fall, so wird unser Kampf zwischen den höheren und niederen Impulsen immer mehr von seiner Schwere verlieren, und immer häufiger die Tugend triumphieren.

Und in einem unsere Geschichte verklärenden Rückblick stellte Darwin (1871, vgl. 1966, S. 158 f.) fest:

Als ... der Mensch geistig Schritt um Schritt höher stieg und auch die fernsten Konsequenzen seiner Handlungen ziehen lernte ..., als er mehr und mehr nicht nur das Wohl, sondern auch das Glück seiner Mitmenschen berücksichtigen lernte, als sich sein Wohlwollen, durch wohltätige Erfahrung, durch Unterricht und Beispiel verfeinert und erweitert, schließlich auf die Angehörigen aller Rassen, ja selbst auf die nutzlosen Glieder der Menschheit, die Idioten und Krüppel, und endlich auch auf die Tiere erstreckte, da wurde auch der Maßstab seiner Sittlichkeit größer und erhabener.

Darwin glaubte ferner, daß sich die menschlichen sozialen Instinkte in Zukunft noch verbessern, wir unsere Sympathien auf alle Lebewesen ausdehnen würden. Damit zeichnete er gewissermaßen das Bild einer »progressiven Evolution der Moral«, die sich gut mit der Forderung Albert Schweitzers in Einklang bringen ließe, nämlich einer Ethik der *Ehrfurcht vor dem Leben* (Schweitzer 1931), die uns gebietet, allen lebenden Wesen eine hütende Hand zu reichen.

Darwins Stärke war, daß er, obgleich er den Wettbewerb in der Natur hinreichend kannte, auch dem kooperativen Verhalten der Lebewesen gebührend Beachtung schenkte (siehe S. 72) und darüber hinaus menschliches Moralverhalten – und allgemein die menschlichen Fähigkeiten – gewissermaßen doch über die aller anderen Lebewesen stellte; daß er die menschliche Moralfähigkeit dem (menschlichen) Bewußtsein zuordnete und nicht in die Verlegenheit kam, sie durch den Wettbewerb ums Dasein begründen zu müssen, der eine Moral nicht kennt.

Lorenz sprach von den »großen Konstrukteuren« der Evolution, nämlich Mutation und Selektion, und setzte in diese seine Hoffnungen. So war er zwar skeptisch hinsichtlich der Forderung an den Einzelmenschen, allen anderen Mitgliedern seiner Spezies freundschaftlich zu begegnen, glaubte aber, daß jene »Konstrukteure« hier Abhilfe schaffen könnten:

Die großen Konstrukteure können es. Ich glaube, daß sie es tun werden, denn ich glaube an die Macht der Selektion und ich glaube, daß die Vernunft vernünftige Selektion treibt. Ich glaube, daß dies unseren Nachkommen in einer nicht allzu fernen Zukunft die Fähigkeit verleihen wird, jene größte und schönste Forderung wahren Menschentums zu erfüllen. (Lorenz 1963, vgl. 1984, S. 314).

Wie Darwin, so war auch Lorenz ein Humanist und hoffte auf den humanen Menschen, der mit sich selbst und allen anderen Kreaturen in Eintracht und Frieden leben könnte. Bekanntlich ist Lorenz wiederholt als Mahner und Warner hervorgetreten, besorgt ob eines *Abbaus des Menschlichen,* den er in vielen Erscheinungen unserer Zivilisation sah.

Was wir bei Darwin vor uns haben – das voranstehende Zitat belegt es –, ist das Bild einer Evolution, die durch ihre basale Antriebsfeder, die natürliche Auslese, insgesamt progressiv verläuft und die einen humanen Menschen hervorgebracht hat, *human* zumindest insofern, als er sich in Sympathie gegenüber allen Kreaturen zu immer höherer sittlicher Gesinnung entwickeln würde. Hinsichtlich der Evolution des Menschen meinte Darwin, daß wir von »Barbaren« abstammten, »daß der Mensch, wenn auch langsam und in Unterbrechungen, sich aus dem niedrigsten Zustand zur heutigen Höhe seines Wissens, seiner Sittlichkeit und Religion erhoben habe« (vgl. 1966, S. 188). Demnach stehe der heutige Mensch auf einer sittlich höheren Stufe als seine stammesgeschichtlichen Vorfahren. Hingegen glaubte Darwin, daß die Selektion bei zivilisierten Völkern nur stark abgeschwächt wirkt, ihre Bedeutung in diesem Stadium daher viel geringer ist. Was also könnte zu einer Steigerung der Sittlichkeit beim zivilisierten Menschen führen? Nach Darwin (vgl. 1966, S. 177) sind maßgebliche Faktoren dafür »die Zustimmung unserer Mitmenschen, die Erstarkung unserer Sympathie durch Gewöhnung, Beispiel und Nachahmung, Überlegung, Erfahrung, selbst eigenes Interesse, Unterricht in der Jugend und religiöse Gefühle«. Für ihn steht es außer Frage, daß jedes Lebewesen, das einmal entsprechende – dem Menschen ähnliche – intellektuelle Kräfte zu entwickeln in der Lage wäre, auch ein moralisches Gefühl erlangen würde. Somit ist Moral wesentlich an die Evolution des Geistes gebunden, in die auch Darwin seine Hoffnungen setzte. Was bei Lorenz nicht viel anders war, wie sein starker Glaube an die (menschliche) Vernunft zu verstehen gibt, die gar »vernünftige Selektion« treiben soll.

Im Gegensatz zu Darwin hat Lorenz die Schattenseiten unserer Zivilisation bereits hautnah erlebt, und zwar vor allem in der zunehmenden Zerstörung der Natur – zu Darwins Zeit noch kein Thema. Man darf nun weder Lorenz noch Darwin dahingehend mißverstehen, daß sie die natürliche Auslese als eine gleichsam automatisch zum »Besseren« führende evolutive Triebkraft angenommen hätten. Für beide jedoch war Evolution ein derart grandioser Vorgang, daß sie sich einfach nicht vorstellen konnten, sie würde nicht »Gutes« hervorbringen und nicht schließlich auch den moralisch hochstehenden Menschen in die Welt setzen. Dabei waren ihre Hoffnungen nicht nur auf die organische Evolution gegründet, sondern durchaus auch auf die kulturelle Entwicklung des Menschen. Selbst wenn Lorenz allerorten Krankheitssymptome unserer Zivilisation aufspürte, so fiel es ihm, wie ich glaube, doch schwer zu erkennen oder gar zu akzeptieren, daß die Menschheit dem Tod, unsere Spezies dem Verschwinden geweiht sein könnte – und zwar nicht einfach einiger durch die Zivilisation verursachter Schwierigkeiten wegen, sondern aufgrund jener unausrottbaren archaischen Verhaltensmechanismen, die erbarmungslos jeder Kultur ihren Stempel aufdrücken, mag sie auch noch so »hochstehend« sein. Denn das Leid in unserer Welt, Hunger, Kriege usw., das alles zeigt ja, so jedenfalls will mir scheinen, das Unvermögen des Menschen, sich in einer Welt, die er zwar selbst gestaltet hat, in der er sich aber nicht mehr zurechtfindet, zu »wahrem Menschentum« aufzuschwingen. Die Spezies *Homo sapiens* ist der größte Ausbeuter unter allen Arten, was ihre Zivilisation nicht bremsen konnte, sondern im Gegenteil noch verstärkt hat.

Beide – Darwin und Lorenz – waren von ihrer Grundstruktur her optimistisch; beide waren sie fest davon überzeugt, die Evolution werde Gutes hervorbringen, und zwar Gutes durchaus auch im ethischen Sinne. Insbesondere Darwin drückte klar seine Meinung darüber aus, daß es *moralischen Fortschritt* geben würde, nämlich durch Bildung von Gemeinschaften und eine Zivilisation, die mehr und mehr Menschen zusammenbringen würde, was dann in der Erkenntnis gipfeln müßte, daß alle Schranken zwischen den Menschen nur künstlich sind. (Siehe hierzu auch Cela-Conde 1987.) Eine Ethik, die in solchen Überlegungen wurzelt, verdient gewiß unsere Sympathie. Ruse (1987, S. 41) kommentiert daher die Basis für die seiner Meinung nach vielversprechende »darwinistische Ethik« – wohlgemerkt, *nicht sozialdarwinistische* Ethik! – mit folgenden Worten: Menschen sind in der Tat verschieden: manche sind groß, andere klein, manche sind schwarz, manche weiß, manche sind männlichen, manche weiblichen Geschlechts. Nichtsdestotrotz sind wir durch mehr vereint als wir voneinander getrennt sind. Wir sind Angehörige desselben... Genpools und teilen mithin das gleiche Erbe und... eine gemeinsame Natur.

Ferner gibt Ruse an gleicher Stelle zu bedenken, daß Moralität nur funktioniert, wenn sie etwas ist, was sozusagen von allen geteilt wird.

Die Einsicht, daß wir alle Angehörige ein und derselben Spezies sind, ungeachtet der Hautfarbe oder Nationalität ein gemeinsames Erbe, eine gemeinsame »Lebensgrundlage« haben, ist gewiß eine der wichtigsten Einsichten auf dem Weg zu einer globalen Ethik. Es wäre genau diese Einsicht, die den Verheerungen durch Ethnozentrismus, Nationalismus und Xenophobie entgegenwirken könnte. Wir kommen darauf in Kapitel 6 noch zurück. Die Frage, die hier vorläufig offen bleibt, ist aber, ob jene Einsicht auch eine Folge der Evolution sein kann oder ob wir uns dazu gleichsam *gegen* die Evolution durchringen müssen. Ich glaube, soviel sei vorweg angedeutet, daß weder in der kulturellen noch in der organischen Evolution eine solche Einsicht programmiert ist. Die kulturelle bzw. soziokulturelle Evolution hat, wie gesagt, zu einer Vielfalt von Kulturen geführt, gleichzeitig aber auch stets Feindbilder produziert, indem einzelne Sozietäten und Kulturen klare Ab- und Ausgrenzungstendenzen gezeigt haben – was heute, knapp vor einer neuen Jahrtausendwende, oft erschreckend deutlich wird. Und für die organische Evolution ist Sympathie für die Angehörigen derselben Art keineswegs gang und gäbe, eher ist das Gegenteil der Fall.

Lorenz war von der Idee der *Arterhaltung* überzeugt, für ihn stellte die Art etwas dar, was als einigendes Band von Individuen wirken würde. Für die klassische Verhaltensforschung war die Art überhaupt die Grundkategorie der Evolution. Alle Individuen arbeiten demnach für ihre Art, Artgenossen schonen einander im Kampf, es gibt eine angeborene *Tötungshemmung,* und nur »perverse« Tiere töten einen Artgenossen – so daß der Mensch freilich das perverseste aller Lebewesen wäre, da er ja fortgesetzt und systematisch gegen seinesgleichen Krieg führt. Die moderne Soziobiologie, auf die im nächsten

Kapitel eingegangen werden soll, hat uns eines besseren belehrt: Die Tötung von Artgenossen kommt überaus häufig in der Tierwelt vor, die Art interessiert nicht, was zählt, ist das Individuum und seine Möglichkeit, die eigenen Gene weiterzugeben.

Ohne einem genetischen Determinismus zu huldigen, stellte ich mir schon oft die Frage, warum denn beispielsweise ein Hund so oft seinesgleichen attackiert, sich also den eigenen Artgenossen aggressiv nähert. Sicher, die Tötung von Artgenossen ist bei Hunden nicht gerade die Regel, was aber den einzelnen Hund in erster Linie zu interessieren scheint, ist er selbst – und nicht der Artgenosse. Und der Große Panda mit seinen scheinbar traurigen Augen, die ihm das Image eines Kuscheltieres vermitteln, ist gewiß nicht darüber traurig, daß seine Art vom Aussterben bedroht ist. Für jeden einzelnen Großen Panda zählt sein eigenes Überleben und nicht das seiner Art, er weiß ja gar nicht, wieviele Vertreter seiner Art es noch gibt, es interessiert ihn nicht.

Ich fürchte, daß die Vorstellung, in der lebenden Natur sei die Art bzw. ihre Erhaltung die Hauptsache, eine idealistische ist, die sich bei näherer Hinsicht als unhaltbar erweist. Diese Vorstellung würde sich jedoch gut mit der Idee des Fortschritts in der (organischen) Evolution vertragen.

Was die soziokulturelle Evolution betrifft, war sich Lorenz durchaus darüber im klaren, daß sie keineswegs zu immer »Besserem« fortschreitet, sondern »Verfallserscheinungen« zeigt. Man kann seine diesbezüglichen Ausführungen, vor allem in dem Buch *Der Abbau des Menschlichen* (1983), sehen wie man will, sich an seiner mit biologischen Analogien angereicherten Sprache stoßen oder ihm mangelnde Kenntnis kulturanthropologischer Konzepte vorwerfen – er hat viele Gefahren unserer Zivilisation kristallklar gesehen, seine Diagnose war insgesamt zutreffend. Doch zugleich hoffte Lorenz, daß unsere durch die Naturwissenschaften geleistete Reflexion uns doch in die Lage versetzen könnte, dem Untergang, dem bislang alle Hochkulturen zum Opfer gefallen sind, entgehen zu können.

Seine Zukunftsvisionen waren also letztlich, wie gesagt, von Optimismus begleitet. Wohl nicht nur deswegen, weil er sozusagen an das Gute der Evolution glaubte, sondern auch, weil er vom Menschen eine Änderung vieler seiner Verhaltensweisen erhoffte. Hier wäre beispielsweise das *Kurzzeitinteresse* der meisten Menschen zu erwähnen, das unsere Spezies mit anderen Arten teilt. Eine Evolution freilich, in der jedes Individuum primär sich selbst und seine unmittelbaren Nachkommen durchbringen möchte, fördert nur dieses Interesse und nicht großartige Zukunftsentwürfe.

Es wird gewaltiger Anstrengungen unserer Vernunft bedürfen, bestimmte Prinzipien der organischen Evolution gleichsam umzudrehen und etwa *Langzeitinteressen* zu verfolgen. Nicht nur beruhen praktisch alle staatstragenden Institutionen auf einer Kurzzeit-Moral (sie sind ja in den meisten Fällen von Menschen gemacht, die nur ihr eigenes Wohlergehen für die nächsten Jahre und Jahrzehnte im Auge haben) (Riedl 1988); sondern ein Langzeit-Ethos ist überhaupt nicht Teil unserer (biologischen) Ausstattung. Oder soll man glauben, daß sich *Homo erectus* Sorgen um die Zukunft seiner Spezies gemacht hat? Kaum. Die Sorge um die Zukunft nicht nur einzelner Individuen, sondern der Menschheit, ist erst sehr spät in der soziokulturellen Evolution aufgetreten, und dabei keineswegs als Eigenart aller Menschen, sondern stets nur einiger weniger. So wundert es nicht, daß nicht nur der so oft herbeigesehnte »neue Mensch« – der natürlich auch immer nur so aussehen würde, wie ihn jeweilige Ideologien erträumen – nicht gekommen ist, sondern daß jeder aus den Ressourcen der Natur möglichst viel Nutzen zieht und an die *anderen* appelliert, zu verzichten (Verbeek 1991). Es ist schwer, Moral zu begründen – noch schwerer aber wohl *zu leben*, was man predigt.

Wurden wir von der Natur alleingelassen?

Die Hoffnung also, daß die Evolution einen »besseren« Menschen aus uns machen würde, ist nicht berechtigt. Natürlich würde sich unsere Spezies auch in Zukunft biologisch verändern, weil die Evolution der Hominiden mit ihr nicht abgeschlossen ist – es sei denn, sie rottet sich selbst aus oder stirbt aus, ohne einer Folgeart den Weg geebnet zu haben. Aber so wenig wie wir in der Evolution des Lebendigen vorgesehen waren, so wenig hat diese Evolution unsere Zukunft gesichert. Unter den Biologen des 20. Jahrhunderts hat vor allem Monod (1971) mit kristallener Härte unsere Einsamkeit in diesem Universum zum Ausdruck gebracht und verdeutlicht, daß alle Versuche, uns in der Welt Geborgenheit zu sichern, indem wir die Entwicklung dieser Welt auf uns gerichtet interpretieren, zum Scheitern verurteilt sind. Gewiß *können* wir alles so interpretieren, daß am Ende ein für uns positives, emotional befriedigendes Ergebnis herauskommt. Aber dann ist die Welt, wie wir sie sehen, ein Produkt unseres Wunschdenkens, und wir werden bitter von ihr enttäuscht werden. Ob wir uns also sehenden Auges für die Ungeborgenheit entscheiden und unser Schicksal selbst in die Hand zu nehmen gewillt sind – das ist hier die Frage.

Kulturen haben eine für den Menschen sehr wichtige, ja unabdingbare Aufgabe übernommen: *»Sie müssen das Leben lebenswert erscheinen lassen«* (Wurm 1991, S. 20). Daher arbeiten sie mit Illusionen und Wunschträumen, mit der Hoffnung auf ein »besseres« Leben, einen »besseren« Menschen; selbst das augenscheinlich Sinnlose muß einen Sinn gewinnen, damit sich der Mensch in dieser Welt, in der er nicht vorgesehen war, zu Hause fühlen kann. Nimmt man diese Überlegungen ernst, dann versteht man, warum die Evolutionslehre so oft auf Ablehnung stieß (und heute noch stößt) oder idealistisch verbrämt wurde, so daß sie letztlich sogar die Hoffnung auf einen moralischen Fortschritt, der gleichsam automatisch aus der Evolution käme, genährt hat. Reinigt man aber die Evolutionslehre von solchen Interpretationen, dann bleibt nicht viel an Hoffnungen übrig. Die Natur, die Evolution hat uns nämlich alleingelassen, und zwar in dem Sinne, daß sie uns keine Geborgenheit bietet. Nur bestimmte von uns selbst konstruierte Natur*bilder* können uns das Gefühl von Geborgenheit bieten; diese sind aber Produkte unserer Kultur, die mithin ihre sinnstiftende Funktion erfüllt.

Das 20. Jahrhundert hat angesichts der bereits deutlich spürbaren, vom Menschen verursachten ökologischen Krise allerdings mancherorts ein *Wertbewußtsein* entwickelt, das die gesamte Natur, zumindest die belebte, einschließt. Im Rahmen einer *ökologischen Ethik* wird allen Lebewesen ein eigenständiger Wert zuerkannt, darüber hinaus werden Ordnung, zweckmäßige Organisation und Schönheit als »innerliche Werte« der Natur angesehen (vgl. Birnbacher 1991). Wäre das angesichts einer Natur, der wir gleichgültig sind, überhaupt gerechtfertigt? Steckt dahinter nicht bloße Naturromantik? Und wenn da beispielsweise die Rede ist vom Menschen »im Kontext eines Werdezusammenhanges, der in allen seinen Lebensformen als ein Zuwachs an Sinn und Lebensgarantie« (Altner 1991, S. 8) aufzufassen sei – ist das dann nicht bloß eine Verklärung der Natur, abermals unserem Wunschdenken entsprungen?

Ich zweifle nicht daran, daß ein Naturbild, welches uns die Welt der Lebewesen, aber auch der anorganischen Natur als etwas Schönes und Sinnhaftes zeichnet, durchaus maßgeblich zur Rettung der Biosphäre beitragen könnte – sofern das noch möglich ist –, ja zur Rettung des Menschen, den diese Natur trägt. Ich zweifle aber auch nicht daran, daß ein solches Naturbild nur einige, uns eben angenehme Aspekte der Natur zeichnet und einen Sinn in die Natur projiziert, der »objektiv« nicht auszumachen ist. Denn zu dieser Natur gehören auch Erdbeben und Vulkanausbrüche, Hunger, Epidemien, das Aussterben von Millionen von Organismenarten. Der Mensch hat sich auf diesem Planeten häuslich niedergelassen, was keineswegs einfach war, weil ihm die Natur keineswegs nur freundlich entgegentrat. Er hat die Natur zu beherrschen versucht, was ihm zum Teil gelungen ist und womit er zum Teil weit übers Ziel hinausgeschossen ist. Die Natur hat ihn dabei stets alleingelassen. Krampfhaft versucht er also, sich selbst durch die Natur zu rechtfertigen, eine Ethik auf die Natur zu gründen, in der Natur Richtlinien für sein Verhalten zu finden und der Natur Seiten abzugewinnen, die sie »an sich« keineswegs zu haben braucht. Manche Biologen verwenden gerne den Begriff der *Schöpfung,* so neuerdings auch Wickler (1991), der den Menschen – wohl, wie ich vermute, in metaphorischer Redeweise – als Gehilfen Gottes apostrophiert, der aufgerufen sei, die Schöpfung zu vollenden, was im landläufigen Sinne die Herstellung eines paradiesischen Zustandes bedeuten würde. Ich befürchte, daß auch hinter diesen Überlegungen ein Fortschrittsgedanke steckt, die Idee, irgendein Wesen – vorrangig der Mensch – könne etwas vollenden, das irgendwo (in der Schöpfung, in der Evolution) vorgesehen gewesen wäre. Wir können aber nicht wissen, was »Vollendung« bedeutet, wir können allenfalls Zustände herbeisehnen, die uns als »paradiesisch«, als »vollkommen« *erscheinen.* Von der Natur werden wir dabei abermals alleingelassen.

Daher sollten wir uns vergegenwärtigen, daß wir bei jedem Versuch, eine Ethik zu begründen, auf niemanden zählen können – nur auf uns selbst. Was nicht unbedingt ein Trost sein muß, zumal wir mit der Ethik bislang gescheitert sind. Moralisches Verhalten – im landläufigen Sinne – funktioniert am ehesten in Kleingruppen, dort, wo Individuen unmittelbar miteinander konfrontiert, aufeinander angewiesen sind, aufeinander zählen müssen. Sicher besteht eine gewisse Hoffnung, daß der Mensch, wie Darwin sagen würde, im Laufe der Zeit mehr und mehr Lebewesen in sein ethisches Empfinden einbeziehen wird; nur kann man nicht hoffen, daß das automatisch geschehen kann, es bedarf großer Anstrengungen. Stammesgeschichtlich sind wir, wie es scheint, nicht darauf programmiert, für alle Lebewesen oder auch nur für alle Angehörigen unserer Spezies in gleichem Maße Sympathie zu empfinden.

Die Frage, ob wir also von der Natur alleingelassen worden sind, ist nun insbesondere im Zusammenhang mit der Begründung einer Ethik zu bejahen. Die Natur liefert uns keinerlei Richtlinien für moralisch richtiges Verhalten. Die Naturwissenschaften, die die Phänomene der Natur beschreiben und zu erklären versuchen, haben demnach auch nicht die Aufgabe, Normen zu begründen oder Werte zu finden. Es ist keine Frage, daß viele Naturforscher – hier wäre vor allem nochmals an Konrad Lorenz zu erinnern – subjektives Wertempfinden keineswegs von ihrer Forschung getrennt haben, sondern im Gegenteil durch ihre Forschung der Natur mehr und mehr an Werten abgewinnen konnten. Dennoch kann daraus nicht folgen, daß menschlichesn Moralverhalten in einem normativen Sinne in der Natur vorgegeben ist. Was wir auch tun, ob wir uns altruistisch und kooperativ, hilfsbereit oder sogar aufopfernd anderen Menschen gegenüber verhalten oder ob wir andere Menschen bloß als Konkurrenten sehen und uns egoistisch verhalten – wir werden dafür Beispiele in der Tierwelt finden, wir werden sehen, daß »die Natur« Egoismus und Altruismus hervorgebracht hat (vgl. Kapitel 2), ohne daß dies für uns irgendeine ethische Verpflichtung bedeuten müßte. Man könnte sogar, wie beispielsweise Stent (1978), beanstanden, daß die Verwendung von Begriffen wie »Egoismus« und »Altruismus« in der Soziobiologie zwar ethische Kategorien suggeriert, in Wahrheit aber wenig zur Ethik beiträgt. Wir kommen darauf noch im nächsten Kapitel zurück.

Was mithin vorläufig festgehalten werden kann, ist, daß der *naturalistische* Ansatz in der Ethik offenbar weniger Moralvorschriften zu begründen vermag, als daß er vielmehr mögliche (biologische) Grenzen für solche Vorschriften erhellt; daß aber selbst solche Grenzen für uns nicht bedeuten müssen, daß wir auf ethische Forderungen, mögen sie noch so hochgeschraubt sein, zu verzichten hätten. So gesehen, könnte man dann der Biologie jede Relevanz für die Ethik allerdings absprechen. Aber diese Konsequenz wäre falsch. Denn wenn wir überleben *wollen,* dann müssen wir sehr wohl jene Rahmenbedingungen ins Auge fassen, die dafür von der Evolution festgelegt sind, evolutionsstabile Strategien berücksichtigen (oder finden), die unsere Weiterexistenz ermöglichen (Wuketits 1981 b). Sicherlich wäre eine Ethik, die nur um des Überlebens willen begründet wird, gleichsam opportunistisch und würde in den Augen so mancher Idealisten die Bezeichnung »Ethik« vielleicht gar nicht verdienen. Aber was soll denn so schlimm sein am Bedürfnis des Menschen, zu überleben? Und wenn der einzelne Mensch in sein Bedürfnis nach Überleben auch die anderen Angehörigen seiner Spezies einschließen könnte, dann wäre das fürwahr eine grandiose moralische Leistung.

Wir sind von der Natur auch insofern alleingelassen worden, als sie uns das Überleben nicht garantiert. Das Umgekehrte ist der Fall; so wie Millionen von Organismenarten bereits ausgestorben sind und keine Art für immer existieren wird, so wird auch unsere Spezies »natürlicherweise« eines Tages verschwinden. Es ist aber das erste Mal in der Evolution der Organismen, daß sich eine Spezies bewußt gegen die Aussicht auf ihren Artentod wehrt. Keine Ethik wird der Spezies *Homo sapiens* ein »ewiges Leben« sichern können, aber es wäre eine Ethik denkbar, die eine friedliche Koexistenz der Angehörigen unserer Art ermöglicht. Was auch einmalig in der Welt des Organischen wäre. Freilich ist eine solche Ethik im Augenblick utopisch. Das Verhalten vieler Menschen deutet in die umgekehrte Richtung: Gewalt, Egoismus, Ausbeutung der anderen – zu schweigen von der Ausbeutung der Ressourcen –, Krieg, der Kampf um Territorien und vieles mehr sind nach wie vor kennzeichnende Verhaltensweisen wenn auch nicht aller, so doch vieler unserer Artgenossen, nicht zuletzt derer, die angeblich um das Wohlergehen der Menschheit besorgt sind und daher die Erdkugel neu zerteilen wollen.

Warum aber der Mensch so ist, wie er nun einmal ist – also keineswegs nur edel, hilfreich und gut –, ist eine Frage, die in den letzten Jahren insbesondere von der Soziobiologie diskutiert worden ist, die daher unser Interesse verdient und uns im nächsten Kapitel etwas ausführlicher beschäftigen muß, nicht zuletzt deshalb, weil die Kontroversen um die Soziobiologie die möglichen Beziehungen zwischen Biologie und Ethik, Evolution und Moral verstärkt in den Blickpunkt des Interesses breiterer Kreise der Öffentlichkeit gerückt haben.

Zusammenfassung. Die Idee des Fortschritts in der Evolution suggeriert, daß es moralischen Fortschritt geben müsse, der Mensch gleichsam von Natur aus »immer besser« werde. Diese Idee reflektiert alte naturphilosophische Überzeugungen, die Vorstellung von der Vervollkommnung in der Natur, von einer Entwicklungsgeschichte, die »immer höhere« Wesen hervorbringt. Eine Evolution, die a priori als progressiv verstanden wird, liefert für die Ethik viele Haltegriffe – und gibt Anlaß zu mancherlei Hoffnungen. Ich habe hingegen argumentiert, daß dieses Bild von Evolution ein idealistisches ist, das sich nicht länger rechtfertigen läßt. Wir müssen mit einer »offenen Evolution« rechnen (Wuketits 1985 b, 1987), in der nichts von Anfang an festgelegt ist und die keine Garantie dafür bietet, daß es dereinst »besser« sein wird, einer Evolution ohne Fortschritt also, die unseren (Fortschritts-)Utopien keine Grundlage liefert. Somit bleiben wir auf uns allein gestellt, sind sozusagen von der Natur alleingelassen. Selbst jene Hoffnungen, die Darwin und Lorenz in bezug auf eine (notwendigerweise?) auftretende Verbesserung des Menschen in moralischer Hinsicht hegten, werden minimiert und erscheinen aus der Perspektive einer nicht idealistisch vorinterpretierten Evolution als – leider – unbegründet. Reflexionen über Moral und Unmoral sind ein Spätprodukt der Evolution, wir können uns nicht darauf verlassen, daß die Evolution mit uns einen *moralischen* Menschen schaffen wollte. Ob wir es durch die kulturelle Evolution schaffen werden, unsere moralischen Anforderungen an uns selbst einzulösen, bleibt die große Frage.

5. Soziobiologie im Kreuzverhör

*Wer die Menschen als Herde betrachtet und vor
ihnen so schnell er kann flieht, den werden sie
gewiß einholen und mit ihren Hörnern stoßen.*

FRIEDRICH NIETZSCHE

Soziobiologie ist das Studium der biologischen Grundlagen des
Sozialverhaltens der Lebewesen. Insofern ist sie eine Teildiszi-
plin der Verhaltensforschung oder Ethologie und befaßt sich
schwerpunktmäßig mit dem Verhalten von Organismen in
Gruppen. Insbesondere versuchen die Soziobiologen die genetische Basis sozialen Verhaltens zu erhellen und bedienen sich
dabei – anders als die »klassischen« Ethologen – populationsge-
netischer und statistischer Methoden und Modelle. Unbescha-
det vieler älterer Ansätze hat Wilson mit seinem Buch *Sociobiology: The New Synthesis* (1975) den ersten großen Rahmen für
diese Disziplin gezogen. Der von Wilson formulierte Anspruch,
menschliches Sozialverhalten genetisch zu erklären und letztlich
die Sozialwissenschaften in die Soziobiologie zu integrieren, ist
auf heftigen Widerspruch gestoßen. Für manche Kritiker bedeutet die Soziobiologie nichts weiter als die Auferstehung des
Sozialdarwinismus, so daß sich die Soziobiologie-Debatte nicht
selten auf einer ideologischen Ebene abspielt. (Zur Übersicht
siehe Wuketits 1990b.) In den USA hat vor allem die »Sociobiology Study Group« Wilson und »seine« Disziplin heftigst
attackiert, wobei das Motiv der Gruppe – viele ihrer Mitglieder
sind deklarierte Marxisten – ein in der Hauptsache politisches
zu sein scheint (Wade 1976), so daß in der Sache selbst wenig
Aufklärung zu erhoffen ist. Wir haben indes gute Gründe,
zumindest einige der Konzepte der Soziobiologie ernst zu nehmen. Sie könnten hinsichtlich der Frage, welche biologische
Prinzipien menschliches Moralverhalten beeinflussen, von gro-

ßer Wichtigkeit sein. Dieses Kapitel ist keine geraffte Darstellung der Soziobiologie, sondern konzentriert sich auf diejenigen ihrer Konzepte und Ergebnisse, die für eine evolutionäre Ethik von Belang sind, wobei durchaus auch Kritikern Beachtung geschenkt werden soll.

Einige makabre Beobachtungen

Wie bereits auf S. 147 bemerkt wurde, ging die klassische Verhaltensforschung davon aus, daß Verhalten im wesentlichen der Arterhaltung dient und Artgenossen einander nicht töten, daß auch im Kampf eine Tötungshemmung – den Tieren von der Evolution sozusagen eingebaut – das Töten artgleicher Individuen verbietet. Natürlich hatte man immer wieder beobachtet, daß etwa Haushasen ihre eigene Brut töten und auffressen – was aber als Degenerationserscheinung unter Domestikationsbedingungen erklärt wurde. Daß der Mensch Artgenossen tötet, ist zum Überdruß bekannt, doch neigt man dazu, diese Spezies als Ausnahme zu betrachten und zu sagen, ihr Verhalten sei durch ihre Zivilisation zur Perversität entartet und ebenfalls als Domestikationseffekt zu verstehen (Lorenz 1963, 1983), der eben zu gesteigerter Aggression führe.

Eine Reihe von Beobachtungen während der letzten zehn bis zwanzig Jahre zeigt allerdings, daß das Töten von Artgenossen in der Tierwelt nicht selten vorkommt, wobei vor allem der *Infantizid,* die Kindestötung, häufig ist. So schreibt z. B. Kummer (1975, S. 68) über das Töten von Säuglingen bei den grauen Languren *(Presbytis entellus):*

In wenigen Jahren wurden insgesamt 8 Einmanngruppen total 10 mal von überzähligen Männchen angegriffen, die bisherigen Gruppenführer vertrieben und die Weibchen von den Angreifern übernommen. Meist kämpften danach die Angreifer unter sich und der stärkste vertrieb alle andern. Unmittelbar nach den Männchenwechseln töteten die neuen Gruppenführer insgesamt 30 Säuglinge. Dieses auch bei

Mantelpavianen beobachtete Verhalten ist die einzige bekannte regelmäßige und organisierte Tötung von Artgenossen bei Primaten und kann als Fortpflanzungsstrategie der Männchen gedeutet werden. Mit der Tötung verhindern die Angreifer, daß ihre Schutzleistungen ihnen kaum verwandten Säuglingen zugute kommen.

Allerdings hat man die Kindestötung inzwischen auch bei anderen (nichtmenschlichen) Primaten beobachtet, etwa bei Berggorillas, über die Dian Fossey (zit. bei Vogel 1989a, S. 93) schreibt: Begegnungen zwischen Gruppen können nicht nur zu Verletzungen, sondern auch zur vorsätzlichen Tötung von Kindern, zum Infantizid, führen. In den letzten 18 Jahren sind innerhalb der untersuchten Gorillagruppen zwölf Kindestötungen bekannt geworden... In sieben Fällen verließen die Mütter der getöteten Kinder ihre Gruppen und gingen eine neue Verbindung mit dem Mann ein, der ihr Kind getötet hatte.

Ähnliche Phänomene sind nicht auf Primaten beschränkt, sondern wurden auch an anderen Säugetieren, beispielsweise Löwen, beobachtet.

Bei den Primaten ist jedoch nicht nur Kindestötung durchaus häufig, sondern auch die Tötung Erwachsener. So endet bei den Schimpansen die *Intoleranz* unter den Männchen verschiedener Gruppen manchmal tödlich (vgl. Itani 1983). Kannibalismus im engeren Sinne scheint sich dabei auf das Fressen von Jungtieren zu beschränken. Nicht zu vergessen ist aber jener vier Jahre (von 1974 bis 1978) dauernde Kampf zwischen zwei Schimpansengruppen in Nigeria, der mit erbitterter Härte und äußerster Brutalität geführt wurde, mit dem Ergebnis, daß die Verlierergruppe am Ende praktisch ausgerottet war: Sieben erwachsene Männchen und drei erwachsene Weibchen waren getötet, die übrigen Weibchen von den »Siegern« verschleppt worden (vgl. Vogel 1989a). Vielleicht ist es übertrieben, hier von einem *Genozid*, einem Völkermord, zu sprechen, weil dieser Ausdruck für entsprechende Exzesse beim Menschen reserviert ist. Auch sollten wir, obwohl sich dieser Vergleich aufdrängen mag, von »Krieg« hier wirklich nur in Anführungszeichen sprechen.

Jedenfalls empfinden wir solche Beobachtungen als makaber. Vielleicht vor allem deshalb, weil Tiere wie Schimpansen oder Gorillas mit uns eng verwandt sind und wir bei ihnen das Töten von Artgenossen fast ebenso stark verabscheuen wie bei unserer eigenen Spezies. Wir sind geneigt, solche Verhaltensweisen in die individuelle Pathologie einzureihen. Ist das legitim? Sicher handelt es sich hier auch um eine Frage der Methode oder, wenn man so will, der Erkenntnislogik. Wenn mehrere Fälle von Kindestötung oder auch Tötung von Erwachsenen bei verschiedenen Arten von Primaten und anderen Säugetieren bekannt sind, dann muß das nicht notgedrungen zu dem Schluß führen, daß sich die Säugetiere ihren Artgenossen gegenüber ausnahmslos »destruktiv« verhalten. Aber auch wenn wir mit Verallgemeinerungen sehr vorsichtig und sparsam umgehen, bleiben *die bekannten Fälle* als Tatsachen, die einer Erklärung bedürfen.

Die Verhaltensforscher alter Schule haben den allerorts in der Tierwelt beobachtbaren Kampf – und zwar insbesondere zwischen Artgenossen – keineswegs unterschätzt. Tinbergen (1968, S. 19 f.) bemerkte, »daß die Mehrzahl der Kämpfe sich zwischen Tieren, meistens Männchen, derselben Art abspielen [und] die meisten Kämpfe im Anfang der Fortpflanzungszeit zu sehen sind«. Die Kämpfe der Tiere seien eng mit der Fortpflanzung verknüpft und müßten daher, so folgerte die (klassische) Verhaltensforschung, im Dienst der Arterhaltung stehen. Falsch! – sagen die Soziobiologen, was zählt, ist nicht die Erhaltung der Art, sondern des Individuums bzw. dessen Fortpflanzungserfolg: »Wer behauptet, Arterhaltung sei die treibende Kraft der Evolution, verwechselt Ursache und Wirkung« (Wirtz 1991, S. 195). Daher erklärt sich beispielsweise das Töten von Löwenbabys durch ein Löwenmännchen, das nicht ihr Vater ist, aus dessen Reproduktionsinteresse: Das Löwenweibchen, die Mutter, kann sich nach der Tötung ihrer Jungen dem Männchen widmen und erneut in Fortpflanzungsgeschäfte eintreten.

Was also das Löwenmännchen interessiert, ist nicht die Erhaltung seiner Art – denn in diesem Falle dürfte er unter keinen Umständen junge Löwen töten, ganz gleich, ob sie seine eigenen Kinder sind oder nicht, er müßte ihnen viel eher seine Fürsorge angedeihen lassen. Aber wie es scheint, interessiert den Löwen ausschließlich sein eigener Fortpflanzungserfolg, die Weitergabe seiner eigenen Gene. Der Kritiker wird hier einwenden, daß diese Erklärung eine Konstruktion sei, wenn nicht gar ein billiger Trick, um *Einzelfälle* plausibel zu machen. Das Konzept der individuellen Eignung – im reproduktiven Sinne – würde bloß den Eigennutz berücksichtigen, die Maximierung der eigenen Überlebenschancen oder, besser, der Überlebenschancen der eigenen Gene. So gesehen wäre dann jedes Tier, insbesondere jedes Männchen, ein »kalter Rechner«. Die beobachteten Fälle von Kindestötung oder auch Tötung erwachsener Artgenossen (vor allem Männchen) würden dann, so kann der Kritiker weiter argumentieren, *im nachhinein* als Beweise für die Hypothese genommen, daß die Natur insgesamt egoistisch und brutal sei. Aber auch Kritiker müssen, wie z. B. Hemminger (1983, S. 75) zugeben, daß »mit den abstrakt-nüchternen Verlust- und Gewinnrechnungen, die mit einer modernen evolutionstheoretischen Betrachtungsweise verbunden sind, ... allerdings gerade Naturfreunde häufig auch gefühlsmäßige Probleme« haben. Mit *gefühlsmäßigen Problemen* ist jedoch keine wissenschaftliche Hypothese zu widerlegen. Und auch der Naturfreund soll sehen, wie es in der Natur *wirklich* zugeht, ohne deshalb seine Bewunderung für die Natur aufzugeben.

Die Fälle der Tötung von Artgenossen mögen jeden Naturfreund erschüttern, sie mögen liebgewonnene (romantische) Vorstellungen ankratzen, sie sind aber nicht zu leugnen. Wir müssen uns wohl damit abfinden, daß es in der Natur nicht so zugeht, wie viele von uns das gerne hätten. Dabei kann es allerdings nicht darum gehen, den Menschen gleichsam zu retten.»Nun ja, auch in der Natur gibt es allerorten Gewalt und Brutalität, wir Menschen sind also nicht die einzigen ›bösen‹ Lebewesen.« So zu reden, wäre barer Unsinn, weil es erstens

»das Böse« in der Natur nicht gibt und wir zweitens unsere eigenen Verhaltensweisen nicht von einem Standpunkt der »Moral in der Natur« aus bewerten können.

Es empfiehlt sich deshalb, die Erklärungsleistungen der Soziobiologie ein wenig genauer unter die Lupe zu nehmen, um zu sehen, ob sie sich als Basis für eine biologische Erklärung der Entstehung moralischen oder unmoralischen Verhaltens eignet.

Vom Eigennutz der Gene

Die Soziobiologen beziehen verschiedene ihrer Modelle und Erklärungen auf *Gene,* haben den Genbegriff ins Zentrum ihrer Erläuterungen gerückt – und sich damit den Vorwurf eingehandelt, *Reduktionisten* zu sein (vgl. z. B. Lewontin et al. 1984). In der Tat ist es nicht unproblematisch, verschiedene Eigenschaften, die wir an *ganzen* Organismen beobachten, auf die Ebene der Gene zu verlagern oder darauf zurückzuführen, von »eigennützigen« oder »uneigennützigen« Genen oder sogar von der »Moralität des Gens« (Ruse 1984, Wilson 1975) zu sprechen. Was soll das denn bedeuten? Wenn sich ein Mensch nach unserem Empfinden etwa altruistisch verhält – heißt das, daß seine Gene sich altruistisch verhalten? Steckt ein Altruismus, stecken Moral oder Unmoral in den Genen?

Nach landläufiger Wortbedeutung sind Gene »Erbfaktoren«. Das sagt noch nicht viel. Man ist geneigt, sich unter einem Gen ein sehr kleines Gebilde vorzustellen, das in der Entwicklung des Einzelwesens bestimmte Merkmale determiniert. Diese Vorstellung ist zu einfach. Zunächst sind Gene nichts weiter als *hypothetische* Einheiten, etwa mit den Atomen vergleichbar, und *hypothetische* Ursachen für die Vererbung verschiedener Merkmale (Wagner 1988). Aber so, wie an der Realität von Atomen heute niemand ernsthaft zweifelt – auch wenn man darunter längst nicht mehr kleine, nicht zerteilbare Kugeln versteht –, so kommt auch den Genen eine Realität zu, die nicht bestritten werden kann. Allerdings ist nach moderner Auffassung das Gen nicht die fundamentale Einheit des Erbmaterials, sondern der Genbegriff steht vielmehr für eine Erscheinung (nämlich die Vererbungsregeln Mendels), »für das simple Resultat von komplexen Ursachen, die Mendel-Regeln, und ist nicht mehr selbst die Erklärung dieses Phänomens« (Wagner 1988, S. 249). Wovon reden also die Soziobiologen eigentlich, wenn sie von Genen reden?

Die Soziobiologen sehen die Gene im Zusammenhang mit der natürlichen Auslese. Dawkins (1987, S. 204) schreibt:

Von der natürlichen Auslese werden Gene immer wegen ihrer Fähigkeit ausgelesen, in ihrer Umgebung zu gedeihen. Wir denken uns diese Umwelt häufig als die Außenwelt, die Welt von Räubern und Klima. Aber vom Standpunkt jedes einzelnen Gens aus gesehen, besteht der vielleicht wichtigste Teil seiner Umgebung *aus all den anderen Genen, auf die es trifft.* Und wo trifft ein Gen auf andere Gene? Hauptsächlich in den Zellen der aufeinanderfolgenden individuellen Körper, in denen es sich befindet. Jedes Gen wird wegen seiner Fähigkeit ausgelesen, erfolgreich mit der Population anderer Gene zusammenzuarbeiten, auf die es wahrscheinlich in Körpern trifft.

Man könnte hier leicht den Eindruck gewinnen, es sei von kleinen Kügelchen die Rede, die irgendwo im Organismus »sitzen«, um dann regelmäßig mit anderen solcher Kügelchen zusammenzutreffen. Dieser Eindruck wäre falsch, weil »Gen« hier im wesentlichen für *Replikator* steht (siehe auch Dawkins 1976), worunter – durchaus entsprechend der modernen Erweiterung des Genbegriffs – jede Entität zu verstehen ist, von der Kopien angefertigt werden. Durch den Prozeß der Fortpflanzung würden – in der Redeweise von Dawkins und anderer Soziobiologen – Organismen entstehen, die, wie schon ihre Vorgänger, stets als *Vehikel* oder Träger der Replikatoren dienten.

In der modernen Evolutionsbiologie ist wiederholt die Frage diskutiert worden, wo nun die Selektion eigentlich ansetzt, ob –

der klassischen Vorstellung gemäß – am ganzen Organismus (oder an überindividuellen Einheiten wie Populationen und Arten) oder an den Genen bzw. Replikatoren, wie von den Soziobiologen behauptet wird. Hier ist nicht der Ort, diese Diskussion im einzelnen nachzuvollziehen. Worum es den Vertretern eines »Gen-Selektionismus«, also den Soziobiologen, geht, kann in einem Satz zusammengefaßt werden: Der Verlauf der organischen Evolution ist am besten durch relative Eignungsunterschiede zwischen individuellen Genen – allgemeiner: Replikatoren – zu beschreiben und zu erklären, und Evolution bedeutet demnach eine Veränderung von Genhäufigkeiten (vgl. Richardson 1985, Wagner 1989). Was das nun heißt, wird klar, wenn wir uns einige weitere Konzepte der Soziobiologie vergegenwärtigen.

Für die Soziobiologie zählt einzig das *Überleben*. Naturgemäß kann ein Individuum – oder auch eine Gruppe – nicht alle Zeiten überleben, insbesondere ist die Lebenszeit jedes Individuums stark beschränkt. Was also wird ein Individuum tun, um zu »überleben«? Es wird versuchen, seine Fortpflanzungschancen in der kurzen ihm als Einzelwesen zur Verfügung stehenden Zeit zu erhöhen, wofür es grundsätzlich zwei Möglichkeiten gibt (Wirtz 1991): Entweder wird die *Zahl der Nachkommen* erhöht, oder ein möglichst großer *Anteil der Nachkommen* wird zur Fortpflanzungsreife gebracht, indem viel Zeit und Energie in sie investiert (Brutpflege) und so ihre Chance erhöht wird, bis in die nächste Generation hinein zu überleben. In beiden Fällen werden die Gene (Replikatoren) des betreffenden Individuums eine relativ hohe Verbreitung erfahren – vorausgesetzt, das Individuum hat Erfolg und stirbt nicht selbst schon vor seiner eigenen Fortpflanzungsreife. Wovon die Soziobiologen also eigentlich reden, was sie im Sinn haben, wenn sie die Gene in den Mittelpunkt stellen, wird von Vogel (1989a, S. 75) mit den folgenden Sätzen auf den Punkt gebracht:

Natürliche Selektion arbeitet ... über differentiellen Reproduktionserfolg von individuellen Populationsmitgliedern, und das ist zugleich der unbestreitbare Grund, weshalb alle

Organismen (*Homo sapiens* eingeschlossen) via natürliche Selektion seit Jahrmilliarden programmiert sind, mit ihren je benachbarten Artgenossen um einen relativ höheren Reproduktionserfolg zu konkurrieren. »Nutznießer« dieses Prozesses ist primär also nicht die Art, aber auch nicht das mit seinen Nachbarn erfolgreich konkurrierende Individuum selbst, sondern es sind dessen weitergebende genetische Programme (Gene, Allele), die eine proportional höhere Vermehrungsrate innerhalb der Population gewonnen haben als die Allele von unterlegenen oder weniger erfolgreichen Konkurrenten. Da jedoch Kopien bzw. Replikate der eigenen Allele nicht nur in den eigenen direkten Nachfahren stecken, sondern mit kalkulierbarer Wahrscheinlichkeit auch in anderen Blutsverwandten nach Maßgabe ihrer Verwandtschaftsnähe, wird die natürliche Selektion zwangsläufig auch solche Verhaltensstrategien von Organismen »belohnen«, die jeweils nahen genealogischen Verwandten zu erhöhtem Reproduktionserfolg verhelfen.

Verständlicherweise spricht man in der Soziobiologie daher nicht nur von der persönlichen Eignung, also der Eignung bzw. Fitness des Individuums im evolutionären Drama, sondern man mißt insbesondere auch der Eignung der Gruppe bzw. der Gesamteignung *(inklusive Fitness)* einen hohen Stellenwert bei.

Die Gene (Replikatoren) verhielten sich nun, der soziobiologischen Argumentationsweise zufolge, »egoistisch«, zwängen ihre Vehikel oder Träger, also die (individuellen) Organismen, gleichsam dazu, sie zu vermehren, in die nächste Generation hinüberzuretten. Ein Lebewesen wäre demzufolge – und Dawkins (1976) bedient sich tatsächlich dieser Ausdrucksweise – nichts anderes als ein »Gepäckträger seiner eigenen Gene«, es wäre demnach genetisch determiniert, eine genetische Überlebensmaschine.

Dieser genetische Determinismus und Reduktionismus hat – verständlicherweise – viel Kritik erfahren (vgl. Wuketits 1990 b). Diese Kritik hat mehrere Ursachen. Zum einen sind wir – oder viele von uns – eine solche Redeweise einfach nicht gewohnt.

Nimmt man zur Kenntnis, daß diese Redeweise als Metaphorik zu verstehen ist, dann ändert das freilich auch nicht viel an der sich dahinter verbergenden Intention: Lebewesen also in der Hauptsache als genetisch programmierte Systeme zu beschreiben und zu erklären. Dagegen sträubt sich etwas in vielen von uns. Dazu kommt dann die ideologisch motivierte Kritik. Viele wollen ihre eigene Ideologie, etwa die vom »besseren Menschen« aufgrund veränderter Sozialbedingungen, um jeden Preis aufrecht erhalten. Da aber weder Emotionen, noch Ideologien über den »Wahrheitsanspruch« einer wissenschaftlichen Theorie entscheiden können, tut man gut daran, eine Kritik an der Soziobiologie anders anzusetzen.

Beispielsweise kann man den Reduktionismus der Soziobiologie kritisieren (vgl. Ruse 1989) und den Soziobiologen vorwerfen, daß sie zu schnell von Genen zum Verhalten eilten (Trigg 1982). *Verhalten* wäre als Ausdruck von Gesamtsystemen zu verstehen, wenn wir etwa vom Verhalten eines Organismus sprechen, dann meinen wir damit weder implizit noch explizit das »Verhalten seiner Gene«, sondern alles, was dieser Organismus als Ganzheit macht: Fressen, Schlafen, Laufen usw. Wer würde ernsthaft behaupten, daß Gene – oder Replikatoren welcher Art auch immer – fressen, schlafen, laufen usw. Nun, das behauptet auch kein Soziobiologe. Er behauptet vielmehr, daß die Gene gleichsam die basalen Triebfedern des Verhaltens seien; weil ihnen die Tendenz, sich auszubreiten, quasi innewohnte, würden sie ihren Träger, jeden Organismus, dazu »veranlassen«, dieses oder jenes zu tun, vor allem also danach zu trachten, sie, die Gene, weiterzugeben.

Eine Moral der Gene?

Manche Schwierigkeiten mit der Soziobiologie liegen, wie angedeutet, wohl in der ungewohnten Terminologie. Ausdrücke wie »Eigennutz«, »Altruismus«, »Moral« usw. sind in unserer Alltagssprache mit ziemlich klaren Inhalten besetzt. Wir würden kaum jemals sagen, daß »altruistische Gene jemanden dazu veranlaßt haben, einen Ertrinkenden zu retten« oder daß »egoistische« Gene zu einem Wirtschaftsskandal geführt haben, weil zwei ihrer Träger mit mehreren Millionen Mark aus der Staatskasse in die Karibik verschwunden sind«. Wir würden das Verhalten dieser Menschen ganz einfach (im ersten Fall) als moralisch richtig bzw. (im zweiten Fall) als moralisch falsch bezeichnen, würden dann vielleicht noch Wörter wie »Tapferkeit«, »Hilfsbereitschaft« usw. für den Helfer finden und Ausdrücke wie »Verbrecher«, »Diebe« oder – schon sehr alltagssprachlich – »Schweine« für die zwei Aufsichtsräte, die sich nun auf Kosten anderer ein schönes Leben machen werden. Es käme uns kaum in den Sinn, hier unmittelbar Gene (oder Replikatoren) ins Spiel zu bringen – was freilich nicht heißt, daß Gene (oder Replikatoren) in beiden Fällen tatsächlich nicht im Spiel sind. Reduktionismus hin oder her – es ist erlaubt, Ursachen für bestimmte Phänomene sozusagen auf einer tieferen Ebene zu suchen.

Was nun die Ausdrucksweise vieler Soziobiologen betrifft, kann vielleicht in gewisser Hinsicht Entwarnung gegeben werden: »Ein Gen oder ein Allel kann selbstverständlich nicht ›egoistisch‹ oder ›altruistisch‹ im moralischen Sinne sein. Im moralischen Sinne können nur Personen … egoistisch oder altruistisch handeln« (Dahl 1991, S. 31). Kaum ein Soziobiologe wird das leugnen. Hingegen bleibt die Gefahr, daß Verhaltensweisen, die wir – in unserer Alltagssprache oder auch in der Ethik – als moralisch oder unmoralisch bezeichnen, auf die genetische Ebene projiziert werden und man so den Eindruck gewinnt, daß bereits auf dieser Ebene über Moral und Unmoral entschieden wird. Womit dann eine Ethik tatsächlich nur eine Angelegenheit egoistischer und altruistischer Gene wäre und wir nur hoffen könnten, genügend altruistische Gene zu haben, um unsere ethischen Ansprüche auch halbwegs einzulösen. Aber wer würde unter diesen Voraussetzungen diese Ansprüche bestimmen? Wohl wiederum nur bestimmte Gene – »Ethik-Gene«? Wahrscheinlich führen solche Überlegungen in eine Sackgasse.

Es wurde bereits darauf hingewiesen, daß zwischen dem ethischen Altruismus-Konzept und dem biologischen Begriff des Altruismus zu unterscheiden sei, weil in der Ethik Altruismus gemeinhin nicht auf Fortpflanzungsinteressen zurückgeführt wird. Die biologische bzw. evolutionäre Definition des Altruismus (und ebenso natürlich auch des Egoismus) bezieht sich, wie aus dem vorhin Gesagten deutlich wird, praktisch ausschließlich auf Eignungs-Effekte, während im alltagssprachlichen Sinn eher der *psychologischen* Seite – und mithin dem *Motiv* einer Person, die sich altruistisch (oder egoistisch) verhält, Rechnung getragen wird (Wilson 1992).

Es wäre denkbar, daß sich »altruistische Gene« in der Evolution längst Selektionsvorteile gesichert haben, weil sie ihren Träger – und mithin ihre eigenen Chancen auf Replikation – besser absichern als »egoistische Gene«, die zusammen mit ihrem Träger nicht so oft »belohnt« werden. Auf jeden Fall wären es die Gene, die gleichsam als verborgene Agenten fungieren und uns ihren Egoismus oder, wo es vorteilhaft erscheint, ihren Altruismus aufdrängen. Was also Wunder, daß unter solcherart Prämissen die Soziobiologie, ungeachtet ihrer Verdienste hinsichtlich der Beschreibung und Erklärung kooperativer Tendenzen in der Organismenwelt, aus kritischer Sicht als eine »Mythen produzierende Aktivität« bezeichnet wurde (Midgley 1985). In der Tat ist die Gefahr einer »Gen-Mythologie« nicht ganz von der Hand zu weisen. Beruhigender wirkt wohl die Feststellung: »Gene verursachen unser Verhalten nicht, sie können das gar nicht. Noch verfügen sie über die nötige Kalkulation und das Verständnis, um entweder unbarmherzigen Egoismus oder aufopferndes Mitgefühl zu bewirken« (Flew 1984, S. 119).

Von einer »Moralität der Gene« zu reden ist also nicht unproblematisch. Aber diese Metapher ist durchaus geeignet, uns zu verdeutlichen, daß moralisches (oder unmoralisches) Verhalten tiefere Ursachen hat, daß bestimmte Verhaltensweisen in der Evolution von der natürlichen Auslese begünstigt worden sind und eine relativ große Verbreitung erfahren haben. Es ist sicherlich eine interessante und erfolgversprechende *Arbeitshypothese,* davon auszugehen, daß es für verschiedene Verhaltensweisen bestimmte Gene gibt. Zugleich wäre es aber erforderlich, sich die Komplexität des Gensystems jedes Lebewesens zu vergegenwärtigen und den Wechselwirkungen Rechnung zu tragen, die sich zwischen verschiedenen Genen abspielen, sowie zu berücksichtigen, daß zwischen den Genen und phänotypischen Merkmalen jedes Lebewesens ebenso eine komplexe Wechselwirkung stattfinden muß.

Trotz dieser Bedenken halte ich die soziobiologische Metaphorik für nicht ganz falsch. Denn unser Verhalten und Handeln werden sicher, mehr als uns lieb sein kann, von in der Tiefe der Stammesgeschichte entstandenen Antrieben beeinflußt.

In der Evolution des Lebenden herrscht der Egoismus vor, der absolut nichts Böses im ethischen Sinne darstellt. Aber selbst wenn wir uns auf die ethische Ebene begeben, dürfen wir zugestehen,»daß die Selbstliebe als solche nicht unmoralisch ist, sondern ein wichtiges Teilelement eines jeden praktikablen moralischen Systems darstellt« (Mackie 1981, S. 243).

Wenn in der Folge weiterhin von Genen die Rede sein wird, dann nur, weil ich in diesem Kapitel dem Sprachgebrauch der Soziobiologen folgen bzw. diesen deutlich machen möchte. Man könnte sich beispielsweise auch darauf einigen, von »Informationsträgern« zu reden, wie auch immer diese dann im einzelnen beschaffen sein mögen: genetische Strukturen, die z. B. die Information in sich tragen, daß es in bestimmten Situationen günstig ist, zu kooperieren, sich altruistisch zu verhalten. Da die Evolution des Lebenden nicht nur phänomenologisch beschrieben werden kann – als Entwicklung bzw. Veränderung von *ganzen* Organismen –, sondern natürlich auch, wenn nicht primär, als ein Vorgang der Entstehung und Entwicklung von *Informationsprogrammen,* wird man nicht umhin können, die Ursachen für das Verhalten von Organismen stets in den Tiefen jener Informationsträger zu suchen, die gleichsam als Verhaltensanleitungen zu verstehen sind. Man möge sich also nicht so sehr daran stoßen, wenn so oft von Genen die Rede ist. Irgendwo im Organismus muß ja die Erinnerung an das, was sich bereits bewährt hat, verankert sein: in Genen, in Replikatoren, in Informationsträgern...

Die Gene und das Böse

Thomas Hobbes wußte, warum sich die Menschen entschlossen, sich bestimmten Regeln, ja Zwängen, zu unterwerfen: Das »lag in dem Verlangen, sich selbst zu erhalten und ein bequemes Leben zu führen; oder mit anderen Worten, aus dem elenden Zustande eines Krieges aller gegen alle gerettet zu werden« (vgl. 1980, S. 151). Und Richard Dawkins weiß – oder glaubt zu wissen –, daß es die Gene sind, die hier ihr Spiel treiben. Sein Ausgangspunkt ist leicht nachzuvollziehen: Wenn wir von jemandem wissen, daß er ein langes und gutes Leben in der Welt der Gangster von Chicago geführt hat, dann dürfen wir raten, welche Art von Mensch er war, und wir werden zweifellos auf einige seiner Charaktereigenschaften kommen, die wir aus den Bedingungen jener Gangsterwelt herleiten können; wie erfolgreiche Chicago-Gangster haben nun auch unsere Gene überlebt, in manchen Fällen über Jahrmillionen, und zwar in einer Welt, die, durchaus vergleichbar mit der Gangsterwelt von Chicago, durch harten Wettbewerb gekennzeichnet ist (vgl. Dawkins 1976).

Das müßte einiges Licht auf die Qualität unserer Gene – Replikatoren, Informationsträger – werfen. Sie müssen, wie Dawkins vermutet, durch erbarmungslosen Egoismus ausgezeichnet sein. Denn wie sonst hätten sie, zusammen mit ihren Trägern, in einer Welt, in der sich, wieder mit Hobbes gesagt, jeder gegen jeden im Kampf, im Krieg befand, überleben können? Der »Naturzustand« war (und ist), anders als ihn die Romantiker zeichnen, nun einmal von einer gewissen Härte; Sein oder Nichtsein, das ist die Frage. Jeder gute Naturfilm, der nichts überzeichnet, macht klar, wie hart der Existenzkampf der Lebewesen in der Natur ist. Unschuldig dreinblickende, kleine und wehrlose Tiere werden zur Beute anderer – größerer und weniger unschuldig dreinblickender – Tiere, die aber ihrerseits nichts anderes tun, als ihrem Drang zu überleben zu folgen, und selbst permanent Gefahr laufen, zu verhungern oder wiederum anderen, noch größeren, schnelleren, aggressiveren Tieren zum Opfer zu fallen. Alle Tiere sind also offenbar dazu angelegt, programmiert, sich selbst zu erhalten und ihre eigenen »Bauanleitungen« weiterzugeben.

Die Situation änderte sich in der Evolution dramatisch mit dem Auftreten des über sich selbst nachdenkenden Lebewesens, welches meint, sich so oder so verhalten zu *sollen.* Die Soziobiologen freilich zweifeln nicht daran, daß dieses Verhalten eben von den Genen kontrolliert wird, die auch unser Sollen bestimmen. Der biologisch moderne Mensch, *Homo sapiens sapiens,* hat sich seit seinem ersten Auftreten vor etwa 40000 Jahren nicht nennenswert verändert. Die etwa 2000 Generationen seither haben die genetische Grundstruktur des Menschen bewahrt. Bewahrt hätte der Mensch daher nach Meinung der Soziobiologen seine egoistische Gene. Daher würden verschiedene Aktivitäten des Menschen, seine Sexualität, Ernährung, Erziehung, Arbeit und aggressive Handlungen in erster Linie zur Verbreitung der Gene beitragen (Wind 1980). Zur Verbreitung egoistischer Gene, so müßte man hier ergänzen, denn wenn sich der heutige Mensch von seinen »Urgroßvätern« und »Urgroßmüttern« kaum unterscheidet, dann muß er auch noch immer die gleichen Probleme haben wie diese und diese Probleme auch mit ähnlichen Mitteln zu lösen versuchen. Diese Mittel sind – wer wollte es leugnen? – heute noch vielfach Mittel der Gewalt. Unsere Gene hatten sich in einer Welt von Chicago-Gangstern zu bewähren, um bei Dawkins' Bild zu bleiben, so daß sie uns jetzt nach wie vor dazu zwingen würden, uns wie Chicago-Gangster aufzuführen. Zugegeben, das ist kein schmeichelhaftes Bild, zumal für ein Wesen, das sich als Ebenbild Gottes wähnt, eines allmächtigen und *gütigen* Gottes. Aber das ist für einen Soziobiologen kein Problem, denn selbst der Glaube an Gott könnte ja genetisch determiniert sein, wenn er sich für viele als vorteilhaft erwiesen hat, so daß Religion biologisch, funktional erklärt werden dürfte (vgl. z. B. Dawkins 1976, Lumsden 1989, Wilson 1978).

Wenn es also auch unsinnig ist, von »bösen Genen« zu sprechen, so erscheint es doch nicht völlig aus der Luft gegriffen, daß wir von unseren Vorfahren in der Stammesgeschichte verschiedene Verhaltensweisen geerbt haben, die wir heute in einem moralischen Sinne als böse bezeichnen können, vor allem Verhaltensweisen, die einen starken Egoismus zum Vorschein bringen. Aber wen wundert's, der prähistorische Mensch war sowohl Jäger als auch Gejagter, er mußte sich einerseits vor seinen Feinden schützen, andererseits fortpflanzen, was er aber nur konnte, wenn er genügend Energie tankte. Sexualität und das Ergreifen einer Beute sind wohl in der gesamten Evolution des Lebenden zwei wichtige Komponenten (Sterrer 1992), die auf der Stufe des Menschen natürlich nicht fehlen, sondern das menschliche Leben in verschiedener Hinsicht bestimmen. Soziobiologen drücken das noch krasser aus und betonen, wie z. B. Barash (1980, S. 275), daß alles menschliche Verhalten »ausschließlich auf die Erzeugung anderer Menschen ausgerichtet« sei. Sicher kann unter biologischem Aspekt daran nichts schlecht sein – schlecht, böse im moralischen Sinne, kann allenfalls die Wahl der Mittel sein, derer sich Menschen, im Bewußtsein der möglichen Folgen ihres Tuns, bedienen. Die wertneutralen Gene können also durchaus das Böse erzeugen.

Aber ist es nicht eine Übertreibung, eine unzulässige Vereinfachung der menschlichen Situation, zu sagen, daß praktisch *alles,* was der Mensch tut, nur seiner Reproduktion diene? Ich glaube, daß hier tatsächlich Kritik angebracht ist (vgl. Wuketits 1984), auch wenn nicht geleugnet werden kann, daß viele unserer Aktivitäten sich tatsächlich (direkt oder indirekt) auf Fortpflanzung beziehen. Die Gefahr besteht darin, daß die Soziobiologie, indem sie sich auf *eine,* wenn auch noch so wichtige Komponente menschlichen Verhaltens konzentriert, das menschliche Leben zu vereinfacht zeichnet und durch die Reduktion von Verhalten auf genetische Mechanismen wichtige

Aspekte übersehen könnte, die erst auf der Verhaltensebene einen Sinn ergeben und nicht in den Genen »sitzen« können. In diesem Zusammenhang ist daher in der Tat zu empfehlen, dem *ganzen* Organismus Aufmerksamkeit zu schenken, und nicht nur seinen Genen (Masters 1985).

Jedoch haben Soziobiologen durchaus auch Erfreuliches zu berichten. Zumindest geben sie zu, daß es im Verhalten des Menschen dem genetischen Eigennutz gegenüber neutrale Aspekte gibt (Wind 1980), so wie beispielsweise die Freude, die ein Mensch beim Anhören von Musik oder Poesie empfinden kann.

Die Gene und das Gute

Noch einmal: Gene (oder Replikatoren oder Informationsträger) können an sich weder gut noch böse sein. Sie können aber Verhaltensweisen hervorbringen, die wir im moralischen Sinne als gut oder böse klassifizieren können. Als »gut« klassifizieren wir üblicherweise uneigennütziges Verhalten, als »böse« eigennütziges Verhalten, das mit einer absichtlichen Beschädigung anderer, bis zum Mord, einhergehen kann.

Soziobiologen versichern uns, daß die Dominanz egoistischer Gene für uns keine Aufforderung sein kann, uns unmoralisch, d. h. egoistisch zu verhalten. Damit brechen sie ihren Gedankengang genau an der Stelle ab, wo es heikel wird: wo man fragt, was man denn nun mit den Erkenntnissen, Theorien und Modellen der Genetik und Soziobiologie anfangen solle. In letzter Konsequenz müßten die Soziobiologen so weit gehen zu sagen, daß man eigentlich nichts machen kann, daß jede Ethik vergeblich ist, weil uns ohnedies unsere (egoistischen) Gene determinieren. Ich glaube nicht, daß es der Zweifel an der Richtigkeit ihrer Modelle ist, der den Soziobiologen diesen letzten Schritt in ihrer Argumentation verbietet, sondern vielmehr die Angst vor einem *biologischen Fatalismus* und dessen potentiellen Folgen. So schwingt sich Dawkins (1976) auf, zu predigen: Versuchen wir doch, Altruismus und Mildtätigkeit zu lehren, gerade weil wir als Egoisten geboren wurden! Könnte aber ein solcher Appell irgend etwas Gutes im ethischen Sinne bewirken? Handelt es sich hier nicht um ein bloßes Lippenbekenntnis? Nichts kann doch programmierte Roboter bewegen (Flew 1984), d. h. nichts kann genetisch programmierte Überlebensmaschinen dazu bringen, sich altruistisch, ethisch richtig zu verhalten, weil sie eben anders programmiert sind. Die (berechtigte) Angst der Soziobiologen, aus ihren genetischen Modellen Unmoral abzuleiten, ist nicht zu übersehen. Aber, wie schon gesagt, Soziobiologen wissen auch, daß in der Evolution altruistisches Verhalten ebenso belohnt worden ist wie egoistisches, so daß sich zumindest die »halbe Soziobiologie« dazu eignen würde, zur Begründung von Ethik etwas beizutragen. Dawkins' Appell wäre damit doch kein bloßes Lippenbekenntnis.

Zwar eignet sich die Soziobiologie nicht dazu, die uns heute global beschäftigenden und bedrängenden Probleme zu lösen; auch kann uns kein Soziobiologe sagen, wie wir beispielsweise Problemen wie Rassismus, *Xenophobie* (Angst vor dem Fremden) usw. begegnen, welche ethischen Lösungen dafür verfügbar wären oder ob es dafür überhaupt ethische Lösungen gibt. Wir kommen darauf noch zurück. Immerhin aber wissen Soziobiologen – und ihre Einsichten decken sich dabei durchaus mit Ergebnissen anderer Disziplinen und verschiedenen unserer Alltagserfahrungen –, daß sich die Angehörigen kleiner Gruppen in der Regel kooperativ, altruistisch verhalten. Zwar meint kein Soziobiologe, daß sich ein Mensch altruistisch verhält, ohne die Hoffnung auf Gegenleistung hegen zu dürfen, aber das würde ja nichts ausmachen – die Tat allein zählt. Also muß altruistischem Verhalten in der Evolution ein erheblicher Selektionsvorteil erwachsen sein. Niemand wird in einem kleinen Dorf einen schwer verletzten Menschen auf der Straße unbeachtet liegen lassen, während in einer Millionenstadt Menschen auf den Straßen verrecken können, ohne daß irgend jemand sich um sie kümmern würde. Den persönlich bekannten Nachbarn zu bestehlen, gilt als Frevel, die städtischen Verkehrsbetriebe zu betrügen, indem man ohne gültigen Fahrausweis die Straßenbahn besteigt, ist in den Augen der meisten Menschen weder ein schweres Verbrechen, noch fällt es dem einzelnen besonders schwer, diesen Betrug ohne Skrupel auszuführen. Was also können wir daraus schließen?

Wir sind dank unserer genetischen Ausstattung durchaus in der Lage, uns im Sinne kooperativen Verhaltens ethisch richtig zu verhalten, aber nur im kleinen Kreis. Dazu bemerkt Barash (1980, S. 302):

Die Goldene Regel wird am ehesten unter Verwandten, Freunden und manchmal Bekannten eingehalten. Außerhalb dieses Personenkreises fällt die Strafe für Betrug in dem Maße beständig geringer aus, wie die genetische Verwandtschaft abnimmt; dies geht einher mit einer entsprechenden Verminderung der Wahrscheinlichkeit, daß Betrüger für ihre Untaten zur Rechenschaft gezogen werden.

Damit stimmt auch die Beobachtung überein, daß selbst Verbrecherorganisationen sehr strenge Regeln für das Verhalten ihrer Mitglieder untereinander haben. Alles ist erlaubt, solange es der Organisation nicht schadet. Außerhalb der Organisation stehende Menschen sollen geschädigt, beraubt, vergewaltigt, getötet werden, aber wehe, man vergreift sich am Hab und Gut oder am Leben eines der Organisationsmitglieder. Schließlich haben auch Gangster einen Moralkodex – was wiederum nur darauf hinweist, daß die Evolution auf altruistisches Verhalten nicht ganz verzichten konnte und uns unsere Gene vorschreiben, uns innerhalb einer relativ kleinen Gruppe kooperativ zu verhalten.

Innerhalb einer solchen Gruppe, ist es nicht erforderlich, Altruismus und Mildtätigkeit zu predigen. Predigen muß man sie erst, wenn man will, daß sie sich auf alle Angehörigen unserer Art ausdehnen.

Aber, so könnte man sich trösten, Werte werden ja nicht in den Genen geschaffen, sondern in unserem *Gehirn*. Sie können als Gehirnzustände betrachtet werden, die, wie der Gehirnforscher Roger Sperry (1985, S. 24) meint,»Handlungen, Gedanken und Entscheidungen lenken«, so daß man sie »innerhalb

174

der gesamten Kette biosphärischer Kontrollen durchaus in einer zentralen Position sehen [kann], aus der ein strategisch ordnendes Eingreifen möglich ist«. Ja, aber was, wenn auch das Gehirn nur eine genetisch programmierte Maschine sein sollte...?

Zusammenfassung. Die Soziobiologie hat in neuerer Zeit die Diskussion um eine Beziehung zwischen Evolution und Ethik stark belebt. Viele ihrer Erkenntnisse, Theorien und Modelle sind aber ernüchternd, wenn nicht gar schockierend. Im Gegensatz zu der lang gehegten Auffassung, das Verhalten der Organismen diene in erster Linie der Arterhaltung, konnten Soziobiologen – nicht zuletzt aufgrund empirischer Beobachtungen an unterschiedlichen Tierarten – glaubhaft machen, daß es in der Evolution vor allem um die Erhaltung des Individuums geht. Alle Lebewesen sind in der Meinung der Soziobiologen dazu programmiert, sich selbst und ihre Nachkommen zu erhalten. In der Terminologie einiger Soziobiologen sind Lebewesen nichts anderes als genetisch programmierte Überlebensmaschinen, von Natur aus egoistisch, nur darauf ausgerichtet, die eigenen Gene zu verbreiten. Altruistisches Verhalten wurde demnach nur hervorgebracht, weil es letztlich wiederum dem einzelnen Nutzen bringen kann. Wer sich altruistisch verhält, erwartet von seinen Nutznießern Gegenleistungen (reziproker Altruismus). Auch der Mensch ist somit von Natur aus egoistisch. Diese Schlußfolgerung deckt sich mit Hobbes' Vorstellung vom Krieg aller gegen alle. Wie Hobbes, so fordern auch Soziobiologen – ausgesprochen oder unausgesprochen – eine Ethik, die den Menschen in seine Schranken weist oder ihn gegen seine natürlichen Neigungen zu altruistischem Verhalten, zur Nächstenliebe animiert. Es ist verständlich, daß die Soziobiologie viele Gegner gefunden hat, weil sie in eine Art biologischen Fatalismus mündet und ein Menschenbild zeichnet, das einem nicht viel Hoffnungen läßt: der Mensch am Gängelband seiner Gene. Ich denke, daß die Soziobiologen in vielem Recht haben, auch wenn sie nichts Schmeichelhaftes über unsere Natur zu berichten haben. Aber ich meine auch, daß die Reduktion von Moralität, von Egoismus und Altruismus auf die Gene nicht gerechtfertigt ist und das menschliche Leben kraß vereinfacht. Eine ganzheitliche Betrachtung der Lebewesen und ihres Verhaltens ist vonnöten. Verhalten ist eine Systemeigenschaft von Lebewesen – Moralität eine Systemeigenschaft des Menschen; sie ist in nicht unerheblichem Maße genetisch beeinflußt, aber sie hat auf der genetischen Ebene keinen Sinn.

6. Die Leistungen einer evolutionären Ethik

Wie die Natur uns den Gebrauch unserer Glieder
gelehrt hat, ohne uns Kenntnis von den Muskeln
und Nerven zu geben, die sie bewegen, so hat sie
uns einen Instinkt eingepflanzt, welcher unser
Denken in einer Richtung vorwärts treibt.

DAVID HUME

Die Verknüpfung von Evolution und Moral, Biologie und Ethik ist nun evident. Wie aber kann eine Ethik *evolutionär* sein? Zunächst ist diese Frage einfach zu beantworten: Die Ethik kann insofern auf eine evolutionäre Basis gestellt werden, als ihr Gegenstand, das (moralische) Sollen, die Moral im allgemeinen nicht im luftleeren Raum entstanden ist, sondern sich in der Evolution des Menschen – mit ersten Andeutungen schon in prähistorischer Zeit – entwickelt hat. Auf einer zweiten Ebene ist die Frage sicher komplizierter. Die *Begründung* von Werten und Normen, der komplizierte Systeme von Geboten und Verboten, Rechtssysteme, folgten, geschieht im Bereich der soziokulturellen Entwicklung des Menschen, in historischer Zeit. Normen und Werte, das (moralische) Sollen, werden dabei, wie wir gesehen haben (Kapitel 1), meist in einem idealistischen, absoluten Sinne zu begründen versucht. Ja, so wird man sagen, das ist klar, man kann sie ja nicht mit den Gesetzen des Dschungels begründen, weil sich damit jede Ethik von vornherein ad absurdum führen würde. Mit einer *evolutionären* Ethik aber würde man, so eine weitverbreitete Befürchtung, in den Dschungelgesetzen steckenbleiben. Und dort, wo sich die Vertreter einer solchen »Ethik« um mildernde Umstände bemühen, müßten sie vieles von ihren Ansprüchen zurücknehmen. Was vermag dann ein biologischer Ansatz in der Ethik letztendlich zu leisten? »Wenig«, stellt Bayertz (1990) dazu lapidar fest. Ist man also einerseits bemüht, die Bedeutung der Biologie für die Ethik zu schmälern und sind selbst überzeugte »Evolutionisten« häufig dazu bereit, jenen Ansatz in nur milder Weise zu verteidigen, so gibt es andererseits sogar den Versuch, die *Vorschriften der Evolution für das Recht* (Helsper 1989) darzulegen, wobei in diesem eminent praktischen Versuch die Problematik in den »Vorschriften« liegt. »Recht« ist nicht gleich »Ethik«, aber jeder Rechtsprechung gehen ethische Grundüberzeugungen voraus, so daß »Vorschriften« für das Recht auch »Vorschriften« für die Ethik implizieren. Wäre das die Leistung und Konsequenz einer evolutionären Ethik? Diese Frage soll im vorliegenden Kapitel genauer untersucht werden.

Grundlagen und Konsequenzen menschlichen Sozialverhaltens

Menschliches Sozialverhalten ist, wie dargelegt, auf biologischer Basis entstanden, wobei nochmals darauf hinzuweisen ist (vgl. S. 53), daß »das Biologische« und »das Soziale« stets eng miteinander verknüpft sind, was heißen will: Die Entstehung und Entwicklung von Sozialstrukturen folgen einer biologischen Notwendigkeit, ein Lebewesen bleibt auch als »soziales Wesen« ein biologisches System. Das gilt auch für den Menschen. Keine, wie auch immer geartete Sozialstruktur, hat die biologische Natur des Menschen aufgehoben. Allerdings spiegelt sich in verschiedenen Sozialstrukturen unser altes stammesgeschichtliches Erbe. Was uns an dieser Stelle nun interessieren muß, sind die *Konsequenzen* der menschlichen Sozialität, der Vergesellschaftung, die zugleich als Konsequenzen jenes alten, phylogenetischen Erbes diskutiert werden können.

Beginnen wir mit dem Problem *Konflikt.* Konflikte sind, so will es scheinen, in allen Sozietäten – unabhängig von ihrer Größe und unabhängig von den sie (ideologisch) tragenden Wertvorstellungen – unvermeidlich. Sie sind eine Konsequenz vergesellschafteter Lebewesen, eine Konsequenz des Zusammenschlusses von Individuen, die für sich jeweils ein bestimmtes Maß an Autonomie und Freiheit beanspruchen. Einige der

Ursachen für Konfliktsituationen – Territorialität, Armut, Hunger, Ungerechtigkeit u. a. – haben uns in der Geschichte praktisch immer begleitet (vgl. z. B. Crozier 1974). Und keine dieser Ursachen ist bis heute beseitigt worden: Es gibt nach wie vor – manche werden sagen: mehr als je zuvor – den Kampf um Territorien, Armut, Hunger, Ungerechtigkeit usw. Es gab und gibt also immer *Konfliktstoff.* Wobei diese Tatsache als solche vielleicht weniger erschreckend ist als der Umstand, daß *Konfliktlösungen* so selten friedliche Lösungen sind. Trotz internationaler Friedensorganisationen sind auch heute noch kriegerische Auseinandersetzungen zwischen Staaten und zwischen einzelnen (religiösen, ethnischen, politischen) Gruppen innerhalb ein und desselben Staates scheinbar nicht zu vermeiden. Kurz gesagt, neben der Kooperation sind Konflikte »Aspekte aller Systeme sozialen Verhaltens« (Meyer 1982, S. 82). Es hat keinen Sinn, davor die Augen zu schließen. Denn um Konflikte grundsätzlich unmöglich zu machen, müßte man wahrscheinlich die Sozietäten selbst beseitigen – was einem Selbstmord aller in Sozietäten lebenden Organismen gleichkäme.

Der *Homo sociologicus* verhält sich immer »rollengemäß«, jeder einzelne Mensch ist Träger bestimmter Positionen, er tritt anderen Menschen in seiner jeweiligen Rolle – als Lehrer, als Vorgesetzter, als Finanzbeamter, als Bundespräsident, als Wissenschaftler – entgegen (vgl. Dahrendorf 1958). Das muß nicht heißen, daß jeder *zu jedem Zeitpunkt* seine Rolle spielt oder daß jedem stets nur *eine* Rolle zukommt. Die Art und Weise aber, wie der Träger einer bestimmten Rolle dem Träger einer anderen Rolle gegenübertritt, ja das Tragen einer bestimmten Rolle selbst, kann schon eine konfliktträchtige Situation heraufbeschwören. Konflikte entstehen ferner – und zwar keineswegs erst auf dem Niveau menschlicher Sozietäten –, wenn mehrere Individuen gleichzeitig um eine bestimmte Rolle wetteifern, die nur ein Individuum in einer Sozietät tragen kann. In der Tierwelt werden diese Konflikte durch Kämpfe gelöst, wobei der Gewinner den Verlierer in der Regel nur beschädigt und nicht tötet. Menschen wetteifern z. B. um wichtige politische

Ämter, indem sie subtile psychologische Beschädigungskämpfe austragen, wonach der jeweilige Verlierer zwar in der Regel physisch überlebt, aber politisch (zumindest vorübergehend) zusammengestutzt oder mundtot gemacht ist. In manchen Fällen wird ein Kampf freilich erst gar nicht geführt – der Inhaber einer Rolle, die man selbst haben möchte, wird einfach ermordet oder zumindest von seinem Thron gestürzt, seines Amtes enthoben, verbannt usw. Der politisch motivierte Mord ist in der Menschheitsgeschichte sehr alt, und er wird in unserer Zeit nach wie vor immer wieder verübt. Es ist bezeichnend, daß selbst in demokratischen Staaten – oder solchen, die sich »demokratisch« nennen – oft ausdrücklich von einem *fairen Wahlkampf* (Wahl*kampf!*) gesprochen wird. Ein unfairer – brutaler – Wahlkampf wäre also ohne weiteres möglich gewesen... Es nimmt uns nicht wunder, daß die Politik insgesamt als ein sehr hartes Geschäft gilt, denn die von ihr geschaffenen Wettbewerbsbedingungen beschädigen nicht nur viele Politiker, sondern ebenso auch viele andere Menschen, die eben zu Opfern ihrer politischen Repräsentanten werden – und zwar nicht nur in Diktaturen. Die gute Absicht scheint nichts zu zählen, der Erfolg aber alles (Szczesny 1971).

Konflikte, ob also in der Politik, in der Wirtschaft, im Bereich kleiner oder großer Sozialsysteme, Organisationen mit welcher Zielsetzung auch immer, sind allgegenwärtig; sie sind eine Konsequenz des Lebens in Gruppen. Sie zu beseitigen ist wohl nicht möglich, man kann sie aber minimieren bzw. ihre Folgen abschwächen; man kann sie in »kultivierter« Form austragen, man muß sich bemühen, jeden einzelnen Konflikt gewaltfrei zu lösen. Daß das Zusammenleben von Menschen grundsätzlich eine schwierige Sache ist, wußte schon Aristoteles, der bemerkte: »Man sieht das schon an den Reisegesellschaften: da geraten die Leute meist schon wegen des Nächstliegenden in Streit und bekommen wegen Kleinigkeiten Händel« (vgl. 1977, S. 80). Diese »Händel wegen Kleinigkeiten« begegnen uns tatsächlich auf Schritt und Tritt: Leute geraten in Streit wegen Belanglosigkeiten, ein Platz in einem Restaurant, ein Parkplatz, eine zerbrochene Kaffeetasse, eine vergessene Fahrradpumpe, ein Kratzer am Gartentor – solche Nichtigkeiten sind ständig Anlaß für Streit, der nicht selten von Gewalt begleitet wird. Daß der Mensch des Menschen Wolf sei, wird man so leicht nicht von der Hand weisen können, und der Leser möge selbst urteilen, ob es eine Übertreibung ist zu sagen, »daß wir die grausamste und skrupelloseste Spezies sind, die je auf Erden lebte« (Storr 1968, S. IX). Zweifelsohne sind durch unsere Zivilisation neuartige, vormals nie dagewesene Bedingungen für Aggression und Gewalt geschaffen worden, so daß wir in der Tierwelt Parallelen zu den menschlichen Konflikten bzw. deren *unmittelbaren* Ursachen nicht finden werden. Die Suche nach Parkplätzen in unseren im Autoverkehr erstickenden Großstädten oder das frisch gestrichene Gartentor konnten natürlich auch unsere direkten Vorfahren in der Stammesgeschichte nicht als mögliche Streitpunkte vorwegnehmen, aber schon auf ihrer Entwicklungsstufe war entschieden, daß sich Menschen, aus welchem konkreten Anlaß auch immer, leicht in die Haare geraten können.

Ich sehe hier davon ab, auf Konflikte im einzelnen einzugehen und mich mit ihren unterschiedlichen, als »Generationenkonflikt«, »Konflikt der Geschlechter« usw. bekannten Formen näher auseinanderzusetzen und die dazu reichlich vorhandene Literatur zu kommentieren. Wichtiger ist an dieser Stelle, sich zu vergegenwärtigen, daß es sich bei den menschlichen Konflikten um *Interessenkonflikte* handelt. Wir haben schon auf S. 65 festgestellt, daß alle Organismen in erster Linie ein Reproduktionsinteresse zeigen. Das gilt uneingeschränkt auch für den Menschen, auch wenn einzelne Individuen unserer Spezies dieses Interesse verdrängen, »sublimieren« oder durch andere Interessen überlagern. Was nun immer die Interessen der Menschen im einzelnen sein mögen – manche Leute wissen nicht, was sie eigentlich wollen, vermögen jedenfalls keine rationale Antwort auf die Frage nach ihren Interessen zu geben –, es ist sicher richtig, daß »moralische und ethische Probleme und Fragen ausschließlich wegen Interessenkonflikten existieren«

(Alexander 1987, S. 33). Die Konsequenzen des Zusammenschlusses von mehreren Individuen zu Gruppen waren natürlich schon früh evident – daher der Versuch, den Menschen zu »zähmen«, den einzelnen in seine Schranken zu weisen, etwa im Dekalog. Offenkundig auftretende Konflikte sollten minimiert, Konfliktsituationen entschärft, die Angehörigen der eigenen Gruppe zur Kooperation aufgefordert werden.

Was leistet nun in diesem Zusammenhang die evolutionäre Ethik – abgesehen von der trivialen und auch ohne Evolution einsichtigen Feststellung, daß Menschen allerorts Konfliktsituationen verursachen und aufgrund ihrer unterschiedlichen Interessen miteinander Schwierigkeiten haben? Wir können zwischen mehreren Ebenen, Aspekten der Moral unterscheiden und werden sehen, welche der dabei jeweils resultierenden (ethischen) Fragen ausgehend vom evolutionären Ansatz beantwortet werden kann (siehe hierzu Cela-Conde 1987):

1. Die *Alpha-Ebene,* auf der darüber reflektiert wird, warum der Mensch überhaupt ein moralisches Wesen ist, ob er über instinktive, angeborene Tendenzen zu egoistischem oder altruistischem Verhalten verfügt.

2. Die *Beta-Ebene,* die sich auf die Kriterien bezieht, welche der Mensch zur Feststellung und Klassifikation moralisch wünschenswerter Handlungen benutzt.

3. Die *Gamma-Ebene,* die empirische normative Regeln und moralische Vorschriften innerhalb von Gruppen enthält.

4. Die *Delta-Ebene,* auf der die Frage nach dem eigentlichen Ziel, dem letzten Zweck der Moral gestellt wird.

Eine evolutionäre Ethik kann die auf der Alpha-Ebene gestellten Fragen grundsätzlich beantworten. Die Antworten liegen auf der Hand: Der Mensch verhält sich innerhalb kleinerer Gruppen, trotz mehr oder weniger häufig auftretender Konflikte, durchaus moralisch, im Sinne von kooperativ; es gibt wie dargelegt, angeborene Tendenzen zu egoistischem und altruistischem Verhalten, wobei die egoistische Komponente stärker zu sein scheint, aber in konkreten Situationen und bei einzelnen Menschen – nicht zuletzt durch entsprechende soziokulturelle

Tradierung von Normen und Werten – vom Altruismus überlagert wird. Piaget (1973), der die Entwicklung des moralischen Urteils bei Kindern untersucht hat – und dessen *individualgeschichtlicher* Ansatz eine wichtige Ergänzung zur stammesgeschichtlichen Beschreibung und Erklärung von Moral darstellt –, kam zu einem Drei-Stufen-Modell: Demnach entwickelt sich das moralische Urteil beim Kinde ausgehend von einer Neigung zum Gehorsam den Erwachsenen gegenüber (»moralischer Realismus«) über einen »kooperativen Gerechtigkeitssinn« zum »Bewußtsein autonomer Gerechtigkeit«. Das würde zwar der Auffassung mancher Soziobiologen, wonach Kinder von vornherein ihre Eltern manipulieren (Dawkins 1976), widersprechen; andererseits könnte aber der Gehorsam kleiner Kinder auch durch ihre völlige Abhängigkeit von den Erwachsenen erklärt und gleichsam als Überlebensinstinkt gedeutet werden, was den Egoismus keinesfalls ausschließen würde.

Auf der Beta-Ebene kann eine evolutionäre Ethik ebenfalls Antworten versuchen. Moralisch wünschenswerte Handlungen scheinen – wiederum: innerhalb von Gruppen – diejenigen zu sein, die dem Bestehen der Gruppe dienen, also Kooperation, was sich aus den auf der Alpha-Ebene gegebenen Antworten ableiten läßt. Daraus aber wäre auch das Problem der Gamma-Ebene zu erhellen. Denn die Existenz normativer Regeln und moralischer Vorschriften innerhalb von Gruppen war eine evolutive Notwendigkeit – womit aber noch nichts darüber gesagt ist, was in einer Gruppe dann jeweils als Norm und moralische Vorschrift konkret gilt. Die Delta-Ebene schließlich entzieht sich dem »Zugriff« einer evolutionären Ethik. In der Evolution gibt es keine letzten Zwecke und kein Ziel, so daß wir – man erinnere sich in diesem Zusammenhang nochmals daran, daß die Idee des Fortschritts in der Evolution ins Reich der Ideologien und Mythen zu verweisen ist (Kapitel 4) – diese Frage dem Glaubenden überlassen müssen und den Vertretern einer idealistischen Ethik, die von der Idee eines Absoluten in der Moral beseelt sind.

Ich bin hier nun, ausgehend von einer kurzen Diskussion des

Problems der Konflikte, sehr schnell zu einigen allgemeinen Feststellungen über die Leistungsfähigkeit einer evolutionären Ethik geeilt. Davon wird in den weiteren Abschnitten dieses Kapitels und im nächsten Kapitel noch ausführlich die Rede sein. Als eine *Konsequenz menschlichen Sozialverhaltens* muß aber an dieser Stelle vor allem noch die Ethik selbst, die Reflexion über Gut und Böse herausgestellt werden. Wäre man allein auf der Welt, dann wäre jede derartige Reflexion überflüssig. Nur das Leben in Gemeinschaft zwingt den Menschen, über sein Verhalten und Handeln nachzudenken und Richtlinien für moralisch richtiges Verhalten zu finden. In diesem Sinne ist also jede Moral *evolviert* und das Vorhandensein von ethischen Systemen aus der Evolution menschlicher Sozialstrukturen erklärbar.

Normen und Werte – nur etwas Relatives?

Da aus biologischer Sicht in erster Linie das Überleben des Individuums und seiner Gruppe zählt, sind Normen und Werte sozusagen etwas Gruppenbezogenes. Auch manche Ethiker, die nicht unbedingt biologische, evolutionäre Überlegungen zum Ausgangspunkt ihrer Argumentation nehmen, kommen zu dem schwerwiegenden Schluß: »Es gibt keine objektiven Werte« (Mackie 1981, S. 11). Das ist in der Tat schwerwiegend, wenn nicht sogar peinlich, denn die Frage »Was soll ich tun?« war nicht so gemeint, daß verschiedene Antworten möglich sind. Im Gegenteil, verschiedenste Entwürfe in der Ethik zielen darauf ab, allgemeinverbindliche Richtlinien für moralisch richtiges Verhalten zu geben, und das Ideal jedes Moralisten ist es, universale Werte zu finden, an denen nicht gerüttelt werden kann. Ist diese Haltung des Relativierens also nicht gefährlich? Jedenfalls reduziert sie das menschliche Leben auf ein Maß der Gewöhnlichkeit. »In ungewöhnlichen Fällen geraten einfache Regeln miteinander in Konflikt; und selbst wenn sie es nicht tun – einer Regel folgen kann Unheil bringen« (Singer 1984,

S. 10 f.). Sogar eine so grundlegende Regel wie die, daß man nicht lügen darf, ist nicht immer anwendbar. Im Gegenteil, mitunter kann es passieren, daß der, der lügt, nicht nur sich selbst, sondern auch den Belogenen Schlimmes erspart und gerade durch die Lüge ethisch richtig handelt. Hat nicht gerade der, der die Stasi über seinen Nachbarn belog und ihn nicht denunzierte, ethisch richtig gehandelt?

Schon die Schriftsteller der Antike berichteten über verschiedene Sitten und Bräuche bei verschiedenen Völkern. Auch wenn diese Berichte zum Teil Übertreibungen sind und oft nur auf unvollständigen Beobachtungen und voreiligen Interpretationen beruhen, geben sie doch schon einen ersten Eindruck von den unterschiedlichen Normen- und Wertsystemen der Völker. Man lese dazu beispielsweise die *Historien* des Herodot (480–426 v. Chr.), des »Vaters der Geschichtsschreibung«, der unter anderem über die Perser zu berichten weiß, sie begrüben den Leichnam eines Verstorbenen nicht, bevor er nicht von Vögeln und Hunden herumgezerrt worden sei (vgl. Herodot 1961 I). Und der schon auf S. 16 erwähnte römische Autor Claudius Aelianus (vgl. 1990, S. 108) erzählt über das »Stiertöten« in Attika:

Folgendes ist in Attika Brauch: Wenn der Stier geschlachtet ist, beschuldigt der Reihe nach einer den andern des Mordes, und alle werden freigesprochen; verurteilt wird das Opfermesser, und man sagt, dieses habe den Stier getötet. Den Tag, an dem sie dies tun, bezeichnen sie als Dipolieia-Fest und als Buphonia (Stiertöten).

Es soll hier gar nicht um die Authentizität solcher Berichte gehen. Vielmehr ist es interessant, daß so, wie verschiedene Völker unterschiedliche Sitten und Bräuche gepflegt haben, auch unterschiedliche Normen und Wertvorstellungen – also letztlich ethische Systeme – entstanden sind bzw. daß den Sitten und Bräuchen verschiedene Moralvorstellungen zugrunde liegen. Das gilt heute natürlich nach wie vor, obwohl vor allem wirtschaftliche Interessen in vielen Ländern Uniformierungstendenzen begünstigen.

Wie sollen wir nun verschiedene Moralvorstellungen bewerten? Haben wir überhaupt das Recht, Wertvorstellungen anderer Völker zu kritisieren und unsere eigene Ethik – welche das auch immer sein mag – als einzig richtige anzusehen? Ich halte daran fest, daß Werte und Normen etwas Relatives sind und gruppenbezogen entstehen sowie von den spezifischen Lebensbedingungen der einzelnen Gruppen und Völker abhängen. Wenn etwa Eibl-Eibesfeldt (1984a) vom Infantizid bei den Eipo auf Neuguinea oder den Yanomami in Venezuela berichtet, dann muß man sich vergegenwärtigen, daß der Akt der Kindestötung von diesen Völkern offenbar als kulturell erzwungenes Mittel der Bevölkerungskontrolle empfunden wird, das *uns* unmoralisch und grausam erscheint, aber aus den jeweiligen soziokulturellen Rahmenbedingungen verstanden werden muß. Das heißt also nicht, daß die Eipo oder Yanomami grausamer wären als wir. Gerade Eibl-Eibesfeldt (1984a, S. 247) betont: »Wer immer sich die Mühe macht, Menschen anderer Kulturen einfühlend zu begegnen, wird feststellen, daß sie in ihren Gefühlsregungen kaum nennenswert von uns abweichen.« Das kommt nicht weiter überraschend, weil wir alle als Angehörige ein und derselben Spezies mit dem grundlegend gleichen emotionalen Potential ausgestattet sind. Unsere jeweilige Lebenssituation, die von uns jeweils übernommenen, soziokulturell tradierten Normen und Wertvorstellungen, können aber Emotionen in höchst unterschiedliche Richtungen lenken.

Während es sehr gefährlich sein kann, auf universell gültige Normen und Werte zu pochen, eine Ethik haben zu wollen, die für alle Menschen zu allen Zeiten gültig sein soll, wird man sicher auch im ethischen *Relativismus* Gefahren sehen. Wenn also alles relativ ist, wird man sagen, dann dürfte man ja auch die Stasi-Spitzel nicht verurteilen, weil sie im Rahmen einer bestimmten Ideologie, eines bestimmten Normensystems, richtig gehandelt haben; dann wären auch die zu entschuldigen, die mit den Nazis kooperiert oder die stalinistischen Exzesse unterstützt haben. Diese Konsequenz drängt sich sicher auf, und ich bin mir durchaus dessen bewußt, wie problematisch es ist, einen

Relativismus in der Ethik zu vertreten. Aber ich bitte den Leser noch um etwas Geduld, die Konsequenzen für eine angewandte Ethik werden im nächsten Kapitel diskutiert. Vorläufig möchte ich nur festhalten, daß die Entstehungsgeschichte von Normen- und Wertesystemen bzw. deren Entwicklung eine Vielfalt aufweist, die aus dem evolutionär erklärbaren Gruppenzentrismus hervorgeht. Wir können uns bemühen, einen ethischen Konsens zu finden, dürfen aber dabei die Vielfalt der Moralsysteme nicht übersehen. Es ist sicher nicht möglich, sich auf den Standpunkt eines kosmischen Beobachters zu stellen und messerscharf darüber zu urteilen, welches der vielen Moralsysteme objektiv richtig ist. Es ist aber möglich, den Schwierigkeiten durch eine evolutionäre Analyse zu begegnen und zu verstehen, warum ein ethischer *Maximalkonsens* – bislang jedenfalls – nicht gelingen konnte. Zu diesem Zweck muß ein gerade in unserer Zeit wieder sehr aktuelles und heikles Problem ins Auge gefaßt werden: der *Fremdenhaß*.

»Wir« und »der Fremde«

Es ist bekannt, daß die alten Griechen alle anderen Völker als »Barbaren« bezeichnet haben, weil diese angeblich nicht sprechen, sondern nur stammeln konnten (d. h. sie konnten kein Griechisch!); es ist ebenso bekannt, daß sich verschiedene Völker als »wahre Menschen« bezeichnen, von Gott auserwählt sehen und sich gegenüber anderen Völkern und Kulturen Vorrechte einräumen (Beispiele dazu finden sich etwa bei Winkler und Schweikhardt 1982). Diese Bevorzugung des eigenen Volkes mit seinen Normen- und Wertesystemen *(Ethnozentrismus)* begleitete die Menschheitsgeschichte von Anfang an und verursachte unzählige Greueltaten bis zum Genozid, der Auslöschung ganzer Völker oder doch einer großen Anzahl ihrer Angehörigen. Der bekannteste dieser Fälle ist – nicht zuletzt seiner unfaßbaren Ausmaße wegen – der Juden-Pogrom im Dritten Reich. Eine Reihe anderer Massenmorde an verschiedenen Völkern ist vielleicht weniger bekannt, aber ebenso erschreckend. Immer wieder dringen durch die modernen Medien Berichte zu uns, die zeigen, daß Völkerhaß und Pogrome *heute* nach wie vor in erschreckendem Ausmaß das Weltgeschehen begleiten. So zitiert *Der Spiegel* vom 23. März 1992 mehrere Armenier, die über die Massaker an ihrem Volk während des Konflikts in Berg-Karabach im Frühjahr 1991 berichten. Ein Augenzeuge erzählt unter anderem folgendes:

> Am 30. April fuhren Panzerkolonnen durchs Dorf, und die Bewohner flüchteten in die Dorfmitte zum Krankenhaus. Über dem Dorf kreisten acht Hubschrauber, aus denen mit Maschinengewehren geschossen wurde. Am Abend waren 15 Menschen tot und etwa 30 verletzt. Dem jüngsten der Getöteten war ein Ohr abgeschnitten worden. Bei einem anderen war nach Schlägen mit der Axt das Gesicht entstellt, einem dritten waren die Extremitäten abgetrennt worden. Die meisten waren alte Leute, deren Körper von Maschinengewehrkugeln durchsiebt waren.

Fassungslos liest man solche Berichte und wundert sich, daß das alles heute noch möglich ist. Aber offensichtlich ist es möglich, und es scheint, daß gerade in jüngster Zeit wieder vielerorts alte Nationalitätenkonflikte an die Oberfläche treten und der Völkerhaß geschürt wird.

Wir werden keine hinreichende Erklärung für Phänomene wie Ethnozentrismus, Rassismus, Xenophobie und Nationalismus finden, wenn wir die evolutionäre Dimension dieser Probleme unberücksichtigt lassen. Die Bedeutung dieser Dimension wird auch von Sozialwissenschaftlern mehr und mehr erkannt. Man versucht die biosozialen Komponenten des Ethnozentrismus zu begreifen (Meyer 1986), die biologische Basis für soziale Vorurteile zu erhellen (Flohr 1986) und die limitierte Sympathie des Menschen für seine Artgenossen als eine Folge seiner Evolution in kleinen Gruppen zu sehen (Ike 1986). Diese Versuche tragen dem Umstand Rechnung, daß der Mensch sein stammesgeschichtliches Erbe mit sich herumträgt und die

Grundstrukturen seiner Sozialsysteme aus prähistorischer Zeit in die Gegenwart herübergerettet hat.

Wie bereits auf S. 107 ausgeführt wurde, lebten die Hominiden praktisch mehrere Millionen Jahre lang in relativ kleinen Gruppen. Wenn man akzeptiert, daß die natürliche Auslese nicht nur einzelne Gene fördert oder eliminiert, sondern vor allem auch auf dem Niveau von Gruppen wirkt, dann findet man eine schöne Erklärung für die Ausbildung altruistischen Verhaltens zwischen den Individuen einer Gruppe. In der Evolution konnten nur diejenigen Gruppen bestehen, deren Mitglieder untereinander kooperierten, so daß Kooperation auf Gruppenniveau von der Selektion gefördert worden sein wird. Die Begünstigung der Kooperation zwischen *verschiedenen* Gruppen durch die natürliche Auslese ist weit weniger wahrscheinlich. Da eine Gruppe im ursprünglichen Sinne aus miteinander relativ eng verwandten Individuen besteht, gehört zum Gruppenverhalten zunächst die Bevorzugung von Verwandten *(Nepotismus)*. Dieses Phänomen ist wohlbekannt. Schon Darwin (1871, vgl. 1966, S. 138) stellte fest: »Eine junge, furchtsame Mutter wird sich, vom mütterlichen Instinkt getrieben, ihrem Kinde zuliebe ohne Zögern in die größte Gefahr begeben, nicht aber eines bloßen Mitgeschöpfes wegen.« Und Vogel (1989a, S. 52) schreibt: »Die enge Bindung und Begünstigung naher Verwandter wird konterkariert und zugleich bestärkt durch ein Abgrenzen von Außenstehenden, denen gegenüber man sich oft moralisch weniger oder gar nicht verpflichtet fühlt.« All das bedarf eigentlich keiner näheren Erläuterung – es ist jedem von uns aus seinem persönlichen Leben gut bekannt.

Aus dieser Bevorzugung von Verwandten und im weiteren von Angehörigen der gleichen Gruppe, des gleichen Stammes, und der Begünstigung nepotistischen, gruppenzentrierten Verhaltens durch die Selektion folgt eine sehr wichtige These: *»Menschen sind genetisch für den Ethnozentrismus prädestiniert«* (Irwin 1986, S. 154; meine Hervorhebung). Das hat schwerwiegende Konsequenzen für die Beurteilung moralischen Verhaltens. Wie schon auf S. 15 bemerkt wurde, gelten Moralprinzipien bei verschiedenen Völkern in erster Linie nur für die Mitglieder des eigenen Volkes, nicht aber für »Fremde«. Die Bevorzugung des eigenen Volkes wird von der Ausgrenzung anderer, »volksfremder Individuen« begleitet. Im günstigsten Fall nimmt man dem Fremden gegenüber, sofern er einem ungefährlich erscheint, eine gleichgültige Haltung ein; im schon weniger günstigen Fall begegnet man ihm mit Skepsis; und schließlich kann sich, unter spezifischen sozialen, ökonomischen und kulturellen Bedingungen, diese Skepsis zum Fremdenhaß steigern, der derzeit wieder vor allem – aber nicht nur! – in Deutschland zu beobachten ist, viele Politiker ratlos macht und uns allen Angst machen muß. Ich möchte mit dem biologischen Erklärungsschema die Dinge nicht vereinfachen. Denn eine genetische Prädisposition für Ethnozentrismus erklärt nicht dessen Auftreten in speziellen Fällen. Aus der (neueren) Geschichte sollten wir jedoch gelernt haben, daß Fremdenhaß, die Verfolgung von Völkern, der Versuch, ganze Völker auszurotten, aus dem Zusammentreffen folgender Faktoren entstehen kann: einem allgemeinen Unwohlsein, bewirkt vor allem durch ökonomische Probleme (Arbeitslosigkeit usw.); dem Auftreten eines Führers, der verspricht, die Probleme zu lösen, gleichzeitig die »Schuldigen« zu benennen weiß, die die Misere verursacht hätten; schließlich dem Versprechen des Führers, die Probleme gerade dadurch rasch zu lösen, daß man die »Schuldigen« beseitigt. Die »verborgenen Gesetze« der Massenpsychologie tun dabei noch das Ihre – und die Katastrophe, der Holocaust, ist nicht mehr aufzuhalten. Wenn also auch die biologische Erklärung nicht ausreicht, um alle Exzesse der Menschheit begreiflich zu machen, so kann man aus der Analyse unserer biologischen, genetischen Prädisposition doch zumindest mit hoher Wahrscheinlichkeit voraussagen, *unter welchen sozialen und ökonomischen Bedingungen die biologischen Faktoren destruktiv wirken und jene Exzesse mitverursachen können.*

Verschiedene Situationen sind dazu geeignet, das stammesgeschichtlich programmierte »Wir-Gefühl« zu verstärken und den Haß nach außen, auf die »Fremden« zu richten. Dieses Gefühl der Gruppenidentität bezieht sich heute natürlich nicht nur auf den engeren »Verwandtschaftskreis«, eine Familie oder Sippe, oder eine Gruppe mit überschaubarer Zahl der Individuen; es kann sich auch auf künstlich geschaffene (anonyme) Großgruppen beziehen, Nationen, deren Angehörige etwa durch eine ihnen aufoktroyierte Ideologie zusammengehalten werden. Man vergegenwärtige sich auch den Umstand, daß etwa bei internationalen sportlichen Wettkämpfen »ein Land gewinnt« (oder verliert) – und nicht die Individuen, die die Wettkämpfe tatsächlich ausgetragen haben. So hat beispielsweise bei den letzten Olympischen Winterspielen »Österreich« soundsoviele Medaillen gewonnen. Zweifelsohne haben internationale Sportereignisse wie die Olympischen Spiele auch Weltanschauungs-Funktion und erfüllen die Aufgabe ideologischer Repräsentation (vgl. Salamun 1988). Aus biologischer Sicht ist aber nicht zu erwarten, daß die Teilnehmer an Olympischen Spielen in erster Linie »ihr Land« repräsentieren – sie repräsentieren in erster Linie *sich selbst* und freuen sich über *ihren* Sieg.

Menschliches Verhalten ist offenbar stark situationsgebunden. Denn diejenigen, die sich über die Olympischen Medaillen *mitfreuen* – auch wenn sie absolut nichts dazu beigetragen haben – und den Sieg »ihres Landes« euphorisch begießen, werden in anderen Situationen »ihre Landsleute« zum Teufel wünschen. Keiner von uns verspürt in einer überfüllten U-Bahn den Drang, seinen »Landsleuten«, die da herumdrängeln, in heller Freude zu begegnen und sie als Brüder und Schwestern zu umarmen. Jeder von uns ist froh, wenn sich der Waggon leert und er in Ruhe Platz nehmen und seine Zeitung lesen kann.

Man soll, wie es so schön heißt, den Nächsten lieben wie sich selbst. Diese Aufforderung gehört sicher zum Nobelsten, was uns an ethischen Verhaltensregeln überliefert wurde. Die Biologie lehrt uns aber, daß der *Nächste* zuerst einmal immer man selbst ist (»das Hemd ist mir näher als der Rock«!); dann kommen die engen (genetischen) Verwandten; dann die Angehörigen der größeren eigenen Gruppe, mit denen man zwar nicht mehr im engeren (genetischen) Sinne verwandt ist, die man aber persönlich kennt. Das Zusammengehörigkeitsgefühl wird jeweils immer dann besonders stark, wenn Gefahr »von außen« droht. Würden außerirdische Wesen die gesamte Menschheit bedrohen, dann würden wir wahrscheinlich »alle zusammengehören«, die Kriege und Fehden der Völker und Nationen wären unter diesen Umständen vergessen, zumindest solange die Gefahr »von außen« bestünde. Kollektiv würden »wir« dem Feind von einer fremden Galaxie entgegentreten oder uns vor ihm zu schützen versuchen; jeder Angehörige eines uns ansonsten fremden Volkes stünde uns plötzlich näher als jene häßlichen, grausamen Wesen, die da »unseren« Planeten auslöschen wollten. Nun bedrohen uns glücklicherweise keine Außerirdischen, aber die Bedrohung des Menschen durch den Menschen ist groß genug. Die »abgestufte Aggression« des Menschen gegen seinesgleichen könnte man kaum besser ausdrücken als durch ein altes somalisches Sprichwort: »Ich und Somalia gegen die Welt; ich und mein Clan gegen Somalia; ich und meine Familie gegen den Clan; ich und mein Bruder gegen die Familie; ich gegen meinen Bruder.«

Als Vertreter einer evolutionären Ethik kann man allerdings auch gewisse – vielleicht nicht ganz unbegründete – Hoffnungen hegen: Der, der sich vergegenwärtigt, daß *alle* Menschen dieser Erde, unabhängig von ihrer Hautfarbe und ihrer sozialen und kulturellen Zugehörigkeit, Vertreter der einen und derselben Spezies, *Homo sapiens*, sind und auf demselben Ast des Stammbaums sitzen –, der wird seine Sympathien auch eher auf diesen großen »Verwandtschaftskreis der Menschheit« ausdehnen können als der, dem der Evolutionsgedanke fremd ist (vgl. z. B. Ruse 1986a, Wuketits 1988c). Freilich ist diese Einsicht nicht biologisch programmiert, biologisch sind wir anders angelegt. Diese Einsicht kann nur – so wie der Evolutionsgedanke selbst – eine *kulturelle Leistung* sein, wäre aber sozusagen eine positive Anwendung der evolutionären Ethik. Sicherlich wäre es die gewaltigste ethische Leistung überhaupt, würde man global die hinter der genetischen und soziokulturellen Vielfalt liegende Einheit unserer Spezies, unsere gemeinsame stammesgeschichtliche Wurzel, nicht nur erkennen, sondern auch als Basis für einen moralischen Konsens nehmen.

Dabei können wir heute nicht mehr so optimistisch sein, wie es noch Darwin war. Denn ob die Einsichten in unsere gemeinsame stammesgeschichtliche Wurzel in absehbarer Zeit auch wirklich dazu führen werden, daß alle Menschen einander als *Brüder* erkennen und demnach einander als *Brüder* begegnen können, ob unsere Kultur die alte Forderung nach Nächstenliebe auch wirklich einlösen und auf alle Angehörigen unserer Spezies ausdehnen kann – das bleibt mehr als fraglich. Vielleicht müssen wir die Forderung nach – ich sage schon gar nicht mehr »Nächstenliebe«, sondern einfach – *Kooperation* aller Menschen mit allen bloß durch eine *Klugheitsmoral* unterstützen, die uns verdeutlichen würde, daß sich moralisches Handeln *aller* auszahlt, weil sie *alle* besser stellen könnte (vgl. Hegselmann 1989). Oder, wie Mohr (1987, S. 11) sagt: »Da wir heute auf globale Kooperation angewiesen sind, benötigen wir einen weltweit verbindlichen, ethischen Minimalkonsens.« Dieser könnte durch das *Prinzip Weiterleben* (Fritze 1991) unterstützt werden, welches seinerseits auf den ausgewiesenen biologischen Drang nach Überleben reduzierbar wäre. Die Leistung einer evolutionären Ethik bestünde so gesehen in der Anwendung eines alten biologischen Prinzips, eben des Prinzips der Kooperation, das damit aber zum ersten Mal in der Evolution des Lebenden bei einer Art auf alle Individuen – und nicht nur die Angehörigen kleiner Gruppen – ausgedehnt wäre. Ich spreche dabei natürlich in der Möglichkeitsform, denn man muß sich schon einem gewissen Optimismus hingeben, wenn man glauben will, daß die *Menschheit* da auch sofort mitmachen wird. Die Menschheit muß natürlich überhaupt nichts ernst nehmen, und wir können uns dazu entschließen, auf Ethik zu verzichten – dann aber müssen wir uns auch sehenden Auges für die Katastrophe entscheiden und einsehen, daß die Evolution unserer Spezies nur ein lächerlicher Akt im evolutionären Drama ist bzw. gewesen sein wird.

Aus der Sicht einer evolutionären Ethik wäre es aber möglich, ein Prinzip der globalen Kooperation zu begründen und unser »Wir-Gefühl« auszudehnen, womit jeder »Fremde« für uns auch an »Fremdartigkeit« verlieren würde.

Das sogenannte Böse

Mit dem *sogenannten Bösen* kennzeichnete Lorenz (1963) vor allem die innerartliche Aggression, die der Arterhaltung diene. Er führte dabei den Rivalenkampf an und meinte, »daß dieser nur dort eine nützliche Auslese treibt, wo er Kämpfer züchtet, die nicht nur auf das innerartliche Duell-Reglement, sondern auf die Auseinandersetzung mit außerartlichen Feinden geeicht sind« (vgl. 1984, S. 59). Es mögen uns solche Kämpfe, so argumentierte Lorenz, auch als grausam erscheinen, aber sie könnten nicht als Ausdruck des »Bösen« gesehen werden. Die meisten Autoren, die sich mit dem Zusammenhang von Evolution und Moral beschäftigen, werden heute Lorenz darin beipflichten, daß es das »Böse« in der Evolution ebensowenig gibt wie das »Gute« im moralischen Sinne, daß die Natur eine Moral grundsätzlich nicht kennt. »Das Böse in der vormenschlichen Evolution ist ›Das sogenannte Böse‹...; es entzieht sich moralischen Kategorien« (Mohr 1987, S. 105).

Im Anschluß an das auf S. 186 Gesagte möchte ich hier den Begriff des »sogenannten Bösen« aber in einem etwas anderen Sinn verwenden, nämlich zur Charakterisierung verschiedener Verhaltensweisen beim *Menschen,* die zwar bestimmten Normen und Moralprinzipien widersprechen, aber nicht im engeren Sinne als moralisch verwerflich anzusehen sind, also nicht als »wirklich böse« (siehe nächster Abschnitt), weil viele Menschen mit der Befolgung jener Normen und Moralprinzipien einfach überfordert sind oder ihnen unbewußt – ohne »böse Absicht« – zuwiderhandeln. Das kann kaum besser deutlich werden als durch einen Blick auf unsere heutige Rechtskultur, deren Konflikt Helsper (1989, S. 23) folgendermaßen beschreibt:

Gesetzgeber und Rechtsanwender haben unterschiedliche Vorstellungen von Gesetzgebung. Während der Rechtsanwender einfache, verständliche Normen, Systematik und Beständigkeit einmal getroffener Regelungen erwartet, ergießt sich über ihn eine Flut oft selbst dem Spezialisten schwer verständlicher, unsystematischer, kurzlebiger und daher unverläßlicher Normen. Entsprechend umfangreich ist die Kritik der Rechtsanwender an der gegenwärtigen Gesetzgebung.

Und, so darf ich ergänzen, entsprechend zahlreich sind auch die Gesetzesübertretungen bzw. -verletzungen. Zwar verfügt der Mensch über ein (angeborenes?) Rechtsgefühl, »als Neigung zu einem Rechtsideal, als emotionale Bereitschaft zum Einsatz für bestimmte Gerechtigkeitsideen« (Rehbinder 1983, S. 273), doch scheint gerade der Gesetzgeber dieses Gefühl häufig zu verletzen, durch eine zugleich furchteinflößende wie unsinnige Flut von Verordnungen, Regeln, Geboten und Verboten, die noch dazu meist in einer Sprache abgefaßt sind, die niemand versteht.

Dieses Chaos in der Rechtskultur treibt mitunter seltsame Blüten auch in der Rechtsprechung. Ich erinnere mich an zwei schon einige Jahre zurückliegende Fälle in Österreich. Im ersten Fall hatte ein alkoholisierter Autofahrer ein Mädchen überfahren; das Mädchen starb, der Autolenker wurde nach einer langwierigen Gerichtsverhandlung zu einer Strafe von 10 000 Schilling verurteilt. Im zweiten Fall wurde ein Mann zu einer Geldstrafe von 14 000 Schilling verdonnert – und zwar, man höre, »wegen bedenklichen Ankaufs eines Fasans« (der Fasan war gestohlen bzw. von einem Wilderer erlegt worden, der Verurteilte hatte also illegal und billig eine Mahlzeit erworben). Also, 10 000 gegen 14 000 Schilling, ein getötetes Mädchen gegen einen gestohlenen Fasan. Das verletzt unser Rechtsgefühl. Der Mann, der den Fasan gekauft hatte, kann, sofern er sich sonst nichts zu Schulden kommen ließ, nicht als »wirklich böse« bezeichnet werden. Er hat sicher ein Gesetz übertreten, sei es willentlich oder in Unkenntnis der betreffenden Gesetzesparagraphen, aber das sagt über seine Moral grundsätzlich nichts aus.

In vielen Fällen also, wo Gesetze übertreten werden, würde ich bloß vom sogenannten Bösen sprechen, ja, manchmal ist selbst dieser Ausdruck zu hart. Es gibt freilich kompliziertere Probleme als das des gestohlenen Fasans, Probleme, die nicht bloß mit Hilfe juristischer Floskeln abgehandelt werden können, sondern wirklich die Moralphilosophie herausfordern. Nehmen wir einige Beispiele.

Ist die Yanomami-Frau, die ihr Kind tötet, im eigentlichen Sinne böse? Sie handelt gemäß einer in ihrer Kultur verbreiteten Regel der Bevölkerungskontrolle, verstößt also nicht gegen ein Gesetz (ihrer Kultur), sondern handelt nach bestimmten (ethischen) Normen. Trotzdem erscheint ihr Verhalten wohl manchem Europäer ungemein grausam. Andererseits müssen wir uns streng genommen hier mit einem Werturteil zurückhalten. Ein ethischer Relativismus legt nahe, daß diese Frau – mag *uns* ihr Verhalten auch unmoralisch erscheinen – sogar (ethisch) richtig gehandelt hat. Solang die Yanomami ihre Normen und Wertvorstellungen nicht auch auf andere Kulturen und Völker übertragen wissen wollen und nicht auch Kinder anderer Sozietäten zu töten versuchen, handeln sie nicht wirklich böse. Was sie innerhalb ihres Stammes praktizieren, ist das »sogenannte Böse« – weil es zweifelsohne ein Akt der Destruktion ist, ein Kind zu töten, ein Akt, der aber gleichzeitig *aus der Sicht* der Yanomami gerechtfertigt ist.

Als grausam oder zumindest unsinnig und moralisch nicht gerechtfertigt werden uns auch verschiedene *Initiationsriten* erscheinen, Übergangsriten, die bei vielen Völkern den Eintritt des Individuums in die Adoleszenzphase begleiten. So müssen beispielsweise junge Buschmänner, bevor sie als Erwachsene in ihre Gruppe aufgenommen werden, viele Entbehrungen erdulden, Hunger und Kälte ertragen; als Initiationszeichen werden ihnen Narben geschnitten, was eine sehr schmerzhafte Prozedur darstellt. Handeln die älteren Männer, die den Jungen diese Pein bereiten, unmoralisch? Nach *unseren* Maßstäben vielleicht, aber *ihrer* Tradition gemäß handeln sie moralisch richtig. Der Sinn dieser Initiationsriten steht wohl »mit der Notwendigkeit in Zusammenhang, einen Gruppengeist zu schaffen, dem Initianten ein die Familie übergreifendes Gruppenethos,aufzuprägen« (Eibl-Eibesfeldt 1984a, S. 745).

Ein anderes Beispiel ist die Feindseligkeit der Kongo-Pygmäen gegenüber Negern, die schon Gusinde (1942, S. 309) mit folgenden Worten beschrieb:

[Sie] überlisten... jeden Neger mit ihren Diebereien und plündern seine Felder hemmungslos, wann immer sie als Täter nicht gefaßt werden können. Zur eigenen Rechtfertigung derartiger Raubzüge reden sie sich selbst ein – und das nicht ohne Berechtigung –, daß sie die ersten und alleinigen Inhaber ihres Urwaldes sind, in welchen die Neger sich gewalttätig eingedrängt haben und wo sie sich eigentlich gar nicht aufhalten dürften.

Auch bei diesen »Diebereien« und »Raubzügen« handelt es sich bloß um das »sogenannte Böse«. Die Pygmäen sahen sich im Recht. Sie plünderten offenbar nicht aus purer Lust, sondern fühlten sich ihrerseits um etwas betrogen, worauf sie ein Anrecht zu haben glaubten.

Aber auch wenn in unseren Breiten ein Staatsbürger etwa gegen die Steuerlast protestiert und sich weigert, hohe Steuern zu zahlen, dann ist dies keineswegs Ausdruck des »wirklich Bösen«. Vor allem, wenn der Steuerzahler sieht, wie auf Staatsebene oft Geld verschwendet wird, wie allerorten für dubiose Projekte enorme Geldsummen aufgebracht werden, während auch in unseren sogenannten Wohlstandsgesellschaften genügend Menschen nahe an oder gar unter der Armutsgrenze leben – wie sollte er das kritiklos hinnehmen!?

Ebenso bloß als das »sogenannte Böse« würde ich in vielen Fällen die Lüge bezeichnen. Es ist richtig, daß die Übermittlung von »Wahrheit« für das Funktionieren einer Sozietät wesentlich ist und Lügen und Täuschungen schwerwiegende Konsequenzen haben können. Es ist aber ebenso richtig, daß uns ja alle möglichen Leute ununterbrochen belügen und täuschen und daß jeder von uns – der eine oft, der andere selten – es mit der Wahrheit nicht so genau nimmt, vor allem wenn diese niemandem Vorteile zu bringen scheint. Wir Menschen sind zweifelsohne in erster Linie darauf programmiert, aus verschiedenen Situationen persönlichen Nutzen ziehen zu wollen, ein einigermaßen angenehmes Leben zu führen, und versuchen natürlich, uns jeden, der uns unser Leben vergällen möchte, vom Leibe zu halten – wenn das nicht anders geht, eben mit allen möglichen Tricks. Hüten wir uns daher vor jenen Exemplaren unserer Spezies, die nur allzu bereitwillig auf alles ihr Ehrenwort geben und schwören, nichts als die reine Wahrheit zu sagen! Böse Absicht nämlich könnte sich dahinter verbergen. Eine plumpe Lüge oder Ausrede ist peinlich, aber vor einem charmanten, intelligenten Schwindler empfinden wir sogar einen gewissen Respekt. Man verstehe mich nicht falsch, ich will niemanden zur Lüge und zum Schwindeln verführen – das wäre auch nicht nötig, gelogen und geschwindelt wird ohnehin überall, man muß also niemanden dazu animieren –, aber ich möchte auch nicht jeden, der sich in dieser oder jener Situation einer »guten Lüge« bedient, verurteilen (das überlasse ich gerne den Moralisten, denen ich aber ans Herz legen möchte, nur dann den ersten Stein zu werfen, wenn sie sich nicht nur über alles Menschliche erhaben fühlen, sondern darüber auch wirklich erhaben sind!).

Solcherart entlastet, müssen wir uns nun die Frage stellen, was denn *wirklich böse* an uns Menschen ist.

Das wirklich Böse

Obwohl eine evolutionäre Ethik keineswegs dazu mißbraucht werden darf, alles zu entschuldigen – was gar nicht ihre Aufgabe sein kann –, könnte man nun doch den Eindruck gewinnen, daß ihre Vertreter viel eher als die Repräsentanten einer idealistischen Ethik bereit sind, über viele kleine Schwächen des Menschen hinwegzusehen. Dieser Eindruck ist sicher richtig, obwohl er sich nicht auf sämtliche Vertreter der evolutionären Ethik beziehen muß.

Nun ist aber die Lage der Menschheit heute doch so ernst, daß man sich nicht über alles achselzuckend mit der Bemerkung hinwegsetzen kann, wir Menschen seien eben so, wie wir sind. Die Milliarden von Menschen, die bisher in den unzähligen Kämpfen und Kriegen ihr Leben lassen mußten, die Unterdrückten und Verfolgten, die Kinder, die von ihren Eltern vernachlässigt werden, die Alten, die ihre Kinder in Altersheime stecken, um Ruhe zu haben, die Tiere, die von Menschen gequält und getötet werden – sie alle sind (meist stumme) Zeugen eines Verhaltens, das an Grausamkeit auf diesem Planeten nicht mehr überboten werden kann. Die Yanomami-Frau, die unter Tränen ihr Kind tötet, um den Normen ihres Volkes Genüge zu tun, handelt nicht mit böswilliger Absicht oder aus reiner Tötungslust. Die Verbrecher des Dritten Reiches aber, die das bisher furchtbarste Gemetzel auf der Erde angerichtet haben, haben sich nach allen uns verfügbaren Maßstäben grausam und unmoralisch verhalten; ihr Verhalten ist durch nichts zu relativieren oder gar zu entschuldigen.

Man wird sicher verschiedene Schwierigkeiten ins Auge fassen müssen, wenn man sich bemüht, eine klare Grenzlinie zwischen dem »sogenannten« und dem »wirklich Bösen« zu ziehen. Salopp gefragt: Wo hört der Spaß auf? Sicherlich dort, wo »das Wirkungsgefüge der organischen Natur streikt, wenn kurzsichtiges technomorphes Denken sie rücksichtslos ausbeutet« (Lorenz 1974, S. 298). Zwar kommen wir auf diesen Aspekt noch im nächsten Kapitel zurück, aber schon an dieser Stelle können wir festhalten, daß die menschliche Gier, alles an sich zu reißen, die Natur rücksichtslos auszubeuten, gewiß eine Seite des »wirklich Bösen« ist, nicht zuletzt deshalb, weil sich dieses Verhalten auf uns selbst negativ auswirkt und wir unseren Nachkommen eine Welt hinterlassen werden, in der wir selbst nicht leben wollten: eine graue, ihrer Vielfalt und ihrer Ressourcen beraubte Welt, die einen nicht mehr ernährt und nicht mehr atmen läßt.

Die vermenschlichende Tierbeschreibung zeichnet verschiedene Tiere als grausam, wir hören da vom »bösen Wolf« und der »listigen Schlange« und von vielen anderen grausamen und bösartigen Tieren, die andere Tiere töten und überlisten, ihnen ihr Futter wegnehmen, sie verfolgen usw. Aber es muß klargestellt werden: »Der Löwe, der die Gazelle schlägt, sündigt nicht; der moderne Jäger, der aus Lust am Töten die Gazelle erschießt, begeht eine Sünde« (Mohr 1987, S. 105). Ob hier die Ausdrücke »Sünde« und »sündigen« am Platz sind, sei dahingestellt. Aber worum es geht, ist der Umstand, daß alle Aktivitäten der Tiere wertneutral sind und wir kein Tier verurteilen können, was es auch »anstellen« mag, während wir Menschen, die wir *bewußt* über Gut und Böse nachdenken können, ethisch richtig oder falsch handeln, wenn wir dieses oder jenes tun. Von uns verursachtes Leid kann nicht wertneutral behandelt werden, wir haben es sittlich zu verantworten, zwar nicht vor Gott, aber immerhin vor uns selbst.

Allerorts in der Natur wird getötet, Löwen, Tiger, Leoparden und viele andere Tiere schlagen ihre Beute; es gibt darüber hinaus, wie wir gesehen haben, das Töten von Artgenossen, jungen oder erwachsenen. Kein Tier aber begeht wirklich einen *Mord,* es verfolgt nicht *absichtsvoll,* in Kenntnis der Folgen seines Verhaltens, andere Tiere, sei es der eigenen oder einer fremden Art, um sie zu töten. Auch dies ist, wie so vieles, ein Privileg des Menschen (man verzeihe mir diesen ironischen Ton). Der Mensch tötet nicht nur in Notwehr oder unbeabsichtigt (fahrlässige Tötung, Totschlag), oder aufgrund strenger Normen innerhalb einer bestimmten Gruppe oder eines bestimmten Stammes (Infantizid); er tötet oft auch bewußt, absichtsvoll, er *plant* die Auslöschung nicht nur artfremder Lebewesen, sondern vor allem auch arteigener Individuen – das ist das *wirklich Böse.* Was das Töten anderer Lebewesen durch den Menschen betrifft, muß man sicher differenzieren. Niemand kann als unmoralisch gelten, wenn er ihn beißende oder stechende Insekten tötet oder Tiere tötet, um sich zu ernähren. Moralisch bedenklich und »wirklich böse« wird aber das Töten von Tieren durch den

Menschen dann, wenn es aus reiner Profitgier geschieht oder bloß mit der Absicht, sich Trophäen ins Wohnzimmer zu hängen, um die eigene Furchtlosigkeit zu beweisen (wobei viele Jagdpraktiken nichts mit Furchtlosigkeit zu tun haben, sondern auf jämmerliche Weise die Überlegenheit des mit Waffen gut ausgerüsteten Jägers unter Beweis stellen).

Was das Töten von Menschen durch den Menschen betrifft, so gibt es für den geplanten Mord keinerlei Entschuldigung; nicht für den Mord eines Individuums und nicht für den Massenmord, schon gar nicht für den Krieg, den man von vornherein mit der Absicht führt, möglichst viele Menschenleben auszulöschen. Es gibt auch keine Entschuldigung für die Produktion von Waffen. Der Hinweis, den man so oft von Militärs zu hören bekommt, Waffen würden für friedliche Zwecke produziert, zeigt nichts anderes als Heuchelei. In manche Länder darf man Waffen exportieren, in andere nicht. Abgesehen davon, daß sich die internationalen Waffenschieber keinen Deut um Gesetze scheren und mit Hilfe korrupter Politiker auf jeden Fall ihre Geschäfte machen, ist die Rechtfertigung, man exportiere Waffen nur in Länder im Friedenszustand, keineswegs stichhaltig und überzeugend. Wer gibt denn die Garantie, daß diese Länder für immer nur Frieden wollen und sich bloß verteidigen werden, falls sie angegriffen werden sollten? Tatsache ist, daß die Industrienationen, in Ost und West, viele Länder der Dritten Welt mit einem enormen Waffenpotential ausgerüstet haben und man täglich Schlimmes fürchten muß. Nicht nur, daß die ärmsten der armen Länder ohnedies fortgesetzt Kriege gegeneinander führen – jene Länder, die sie bedenkenlos mit Waffen versorgen, müssen sich schon davor fürchten, daß eines Tages der Schuß nach hinten losgehen könnte.

Da man weder auf lange noch auf kurze Sicht global mit dem »guten Menschen« rechnen kann, sondern die destruktiven Neigungen unserer Spezies als ein tiefsitzendes stammesgeschichtliches Erbe ins Kalkül ziehen muß, ist jede Industrie, die Waffen herstellt, moralisch zu verurteilen, weil sie damit jene

Neigungen unterstützt, und das Töten, den Mord, erleichtert. Das gilt mutatis mutandis für alle Geschäfte, die in irgendeiner Form geeignet sind, Gewalt zu begünstigen, wie etwa brutale Video-Filme, die nachweislich dazu führen können, daß labile Jugendliche sie zum Vorbild für ihre eigene Brutalität nehmen. Kurz gesagt, eine Zivilisation, die Gewalt in verschiedenen Formen fördert, ist *wirklich böse,* wobei das nicht immer so offenkundig sein muß wie im Falle der Erzeugung und Verbreitung von Waffen. Die Verherrlichung von Pseudo-Helden in diversen Filmen und Druckwerken, Elektronikspiele, die mögliche Situationen in einem Konzentrationslager simulieren, Propagandamaterial für »Soldatentum« und ähnliche schwachsinnige Erzeugnisse skrupelloser Geschäftemacher, die auf die Labilität und Dummheit ihrer potentiellen Kunden zählen, sind dazu geeignet, Schlimmes anzurichten. Anstatt sich mit dem Entwurf komplizierter Gesetzesparagraphen für Leute zu beschäftigen, die den bedenklichen Kauf eines Fasans tätigen könnten, und anstatt Gesetze herauszugeben, die die Höhe von Hausmauern, die Länge der auf den Markt kommenden Gurken und die Breite von Hotelbetten regeln, sollten die Gesetzgeber viel stärker ihr Augenmerk auf jene Tendenzen unserer Zivilisation richten, die eine wirkliche Bedrohung des Zusammenlebens von Menschen darstellen und derer es heute viele gibt. Diese Forderung ergibt sich, wenn wir die Biologie des Menschen ernst nehmen und nicht die Augen davor schließen, daß der Mensch biologisch mit Egoismus, Aggressivität, der Anlage zur Gewaltanwendung ausgestattet ist. Diejenigen, die so gern Sozialutopien entwerfen, sollten zuallererst diese Tatsache berücksichtigen und sich dann überlegen, wie eine Kultur beschaffen sein müßte, die Exzessen entgegenwirken und Gefahren von Gewalt minimieren könnte. Es ist wenig hilfreich, damit zu beginnen, wie der Mensch sein *müßte* – wir haben zuerst zu sehen, wie er wirklich *ist,* um danach eine Schutzmauer zu errichten, den Menschen vor dem Menschen zu schützen, das »wirklich Böse« in Schranken halten.

Kritikern, die der Meinung sind, eine evolutionäre Ethik

leiste nur wenig moralphilosophisch Relevantes, kann also entgegnet werden: Auch wenn der evolutionäre Ansatz in der Ethik nicht auf die *Begründung* von Normen und Werten abzielt, so kann man doch von diesem Ansatz ausgehend zu Feststellungen über das »sogenannte« und das »wirklich Böse« gelangen; man kann erkennen, wodurch das »wirklich Böse« gefördert wird, und man kann Postulate aufstellen, wie ihm entgegengewirkt werden könnte, welchen Tendenzen in unserer Zivilisation heute entgegengewirkt werden müßte.

Zusammenfassung. Was leistet eine evolutionäre Ethik? Das soziale Leben des Menschen ist, wie das aller Lebewesen, konfliktbeladen. Wir müssen damit rechnen, daß der Mensch von Natur aus kein friedfertiges Lebewesen ist, sondern in erster Linie auf seinen eigenen (individuellen) Vorteil bedacht, also nicht dazu geschaffen ist, über alle Angehörigen seiner Spezies und andere Arten seine hütende Hand zu halten. Da der Mensch auf das Leben in kleinen, überschaubaren Gruppen angelegt ist, begegnet er allem Fremden mit Skepsis; diese Skepsis kann sich in vielen Fällen zum Fremdenhaß steigern, der aus allen Epochen der Geschichte gut dokumentiert ist. Nur die Einsicht, daß die gesamte »Menschheitsfamilie« – und mit ihr jeder einzelne! – heute auf dem Spiel steht, könnte auf der Basis der ebenfalls biologisch programmierten Neigung zur Kooperation dazu führen, daß wir uns, wenn schon nicht zur Nächstenliebe, so doch zu einer Klugheitsmoral entschließen, die unser Überleben erleichtert, wenngleich dieses durch nichts für alle Zeiten garantiert werden kann. Eine evolutionäre Ethik hilft uns aber auch, zwischen dem »sogenannten« und dem »wirklich Bösen« zu unterscheiden. Erst der Mensch, der sich seiner eigenen Existenz bewußt ist, kann böse handeln, zumal wenn er seine Aktivitäten (bewußt) so plant, daß andere Lebewesen, seine eigenen Artgenossen eingeschlossen, Schaden nehmen oder vernichtet werden. Aus biologischer, evolutionärer Perspektive gibt es keinen Grund zu glauben, daß wir Menschen Engel sind; wir können uns aber bemühen, unsere Kultur so zu gestalten, daß Exzesse, vor allem Exzesse der Gewalt, vermieden werden. Das ist eine bescheidene Forderung, aber angesichts der natürlichen Veranlagung des Menschen schon schwer genug zu erfüllen.

7. Angewandte Ethik

*Aber wenn die Werte Tatsachen sind, stellen wir
fest, daß wir keinen Grund mehr haben, uns auf sie
zu verlassen. Warum sollten wir uns den Werten
unserer Gesellschaft unterwerfen?*

JEAN-PAUL SARTRE

Warum wir uns, um Sartres Gedanken weiterzuspinnen, den
Normen und Werten unserer Gesellschaft unterwerfen sollten,
ist tatsächlich nicht leicht einzusehen. Das war – und ist – in
kleinen Gesellschaften einzusehen, wo jeder jeden kennt, wo
sich jeder auf jeden verlassen können muß und wo die Grup-
penmoral eine Überlebensfrage – für die Gruppe, für den
einzelnen – darstellt. In unseren heutigen anonymen Großgesellschaften wird die Befolgung von Normen, die irgendwer
ausgibt, zu einer Glaubensfrage, oder, wie wir aus biologischer
Sicht sagen können, zu einer Frage des Vorteils des einzelnen,
der nicht an die Gruppe, an die Gesellschaft glauben muß, aber
bestimmte Normen und Werte einfach übernimmt, weil ihm das
das Leben erleichtert!

Sind aber Werte wirklich bloß *Tatsachen?* In der Ethik bemüht
man sich seit langem, zwischen Sein und Sollen zu unterscheiden, deutlich zu machen, daß aus Aussagen über das Sein keine
Sollensforderungen abgeleitet werden dürfen. Eine evolutionäre Ethik befaßt sich in erster Linie damit, wie der Mensch
aufgrund seiner Evolution als biologische Spezies beschaffen ist,
was aufgrund der biologischen Bedingungen seiner Existenz an
ethischen Forderungen überhaupt sinnvoll ist. Damit werden
zwar noch keine Normen aufgestellt und keine Werte begründet, aber es wird gezeigt, daß manche ethische Forderungen
vielleicht nicht eingelöst werden können. In diesem Kapitel
beschäftigen wir uns mit der Frage, was die evolutionäre Perspektive in der Moralphilosophie zu »praktischen« Fragen bei-

tragen kann. Das ist eine heikle Frage. Von ihrer Beantwortung wird aber abhängen, ob sich die Ethik tatsächlich als angewandte Wissenschaft darstellen kann oder von unseren Erkenntnissen über die Natur unserer eigenen Spezies abgehoben bleibt. Muß die Ethik denn eine (angewandte) *Wissenschaft* werden? Sie will doch in erster Linie »Lebenshilfe« sein. Sicher, aber diese Aufgabe kann sie nicht erfüllen, wenn ihr der Bezug zu wissenschaftlichen Erkenntnissen über den Menschen fehlt.

Können, Dürfen und Sollen

Zu den Grundproblemen jeder Ethik gehören die Fragen, inwieweit wir das, was wir tun *können,* auch tun *dürfen,* und was wir unabhängig vom Dürfen und darüber hinaus tun *sollen.* Diese Probleme sind immer wieder umfassend diskutiert worden. Allerdings hat sich die Moralphilosophie im 19. und 20. Jahrhundert vor allem im deutschen Sprachraum von der menschlichen »Lebenspraxis« mehr und mehr entfernt, sich in die Erörterung von Grundsatzfragen und Begründungsproblemen verstrickt und in die heiligen Hallen der akademischen Philosophie zurückgezogen. Neuerdings beginnt sich die Situation wieder zu ändern, man interessiert sich verstärkt für die möglichen *Anwendungen* ethischer Reflexionen, etwa mit dem Ziel einer »problemorientierten Moralphilosophie« (Bayertz 1991), die konkret auf die uns heute beschäftigenden und bedrohenden Probleme ausgerichtet ist. Gerade in dieser Phase der Konjunkturbelebung in der Ethik wäre die Chance gegeben, die biologischen Erkenntnisse über den Menschen nicht nur in theoretische Reflexionen einzubauen, sondern auch bei »praxisorientierten« ethischen Postulaten zu berücksichtigen.

Wir müssen uns an dieser Stelle näher mit dem Verbot, aus Tatsachen Werte und Normen abzuleiten, also mit dem *naturalistischen Fehlschluß* auseinandersetzen.

Der schottische Philosoph und Historiker David Hume (1711–1776) bemerkte, daß Ethiker häufig von »Ist-Sätzen« zu

»Soll-Sätzen« gelangen, was aber doch logisch unmöglich sei. Später sprach der englische Ethiker George E. Moore (1873–1958) ausdrücklich von einem »naturalistischen Fehlschluß«, der zusammen mit Humes Überlegungen zur Forderung führt, »einen scharfen Unterschied zwischen sittlichen Werttatsachen und Tatsachen jeder anderen Art zu ziehen, zwischen allen reinen Tatsachen einerseits und Wertsachverhalten andererseits, zwischen Beschreibung und Wertung« (Mackie 1981, S. 79). Nun macht uns dieser Unterschied zunächst keinerlei Schwierigkeiten, denn aus verschiedenen Aussagen, Feststellungen vor allem im naturwissenschaftlichen Bereich lassen sich auch kaum sinnvolle Sollensforderungen, Forderungen mit ethischer Bedeutung ableiten. Die Tatsache der Schwerkraft verpflichtet mich ethisch zu nichts, ich kann mich ihr auch nicht entgegenstellen; eine meteorologische Aussage, etwa die Feststellung von 21°C Außentemperatur, bedeutet ethisch ebensowenig wie die Tatsache, daß es mehrere Tausend Säugetierarten auf der Erde gibt. Ich muß diese Tatsachen hinnehmen, sie haben keinerlei Auswirkungen auf mein Moralverhalten. Doch kann es durchaus Situationen geben, in denen ich mein Handeln durch Tatsachen *rechtfertigen* kann. Heftiges Schneetreiben beispielsweise, eine meteorologische Tatsache also, kann mich dazu veranlassen, anders zu handeln, als ich bei Schönwetter gehandelt hätte. Tatsachen der außersubjektiven Wirklichkeit sind zwar absolut wertneutral, aber sie können in ethische Überlegungen einfließen, wenn sie mein Verhalten maßgeblich zu beeinflussen in der Lage sind.

Es dürfte klar sein, daß es in der Natur, den Dingen meiner Umgebung, keine Werte an sich gibt, daß selbst eine soziale Institution mit bestimmten Normen mich nicht *objektiv* dazu zwingen kann, mich so oder so zu verhalten, dieses oder jenes zu tun oder zu unterlassen. Aber soziale Institutionen bilden, genauso wie die Natur um mich herum, bestimmte Rahmenbedingungen für mein Verhalten. Ich verlasse mich in vielen Fällen einfach darauf, daß bestimmte Handlungsweisen im

Rahmen bestimmter Institutionen *üblich* sind, und interpretiere die Handlungen der diesen Institutionen angehörenden Menschen gemäß den dort herrschenden Normen, und innerhalb derselben Institution werde ich mich vielleicht auch ihren Normen gemäß verhalten. Ich bin also in meinem Verhalten und Handeln von äußeren Rahmenbedingungen beeinflußt. Ich bin aber zuallererst *von meinen eigenen biologischen Möglichkeiten beeinflußt,* die biologischen (evolutiven, genetischen) Bedingungen meiner Existenz geben einen ersten Rahmen für mein Moralverhalten vor.

Die in diesem Buch vertretene Ethik ist eine *naturalisierte Ethik,* die zweierlei bedeutet: Zum einen sind Normen und Werte sozusagen etwas natürlich Gewachsenes (wobei sich »natürlich« auf die menschlichen Lebensbedingungen bezieht); zum zweiten muß jedes Moralprinzip, soll es sinnvoll angewendet werden können, diese Bedingungen berücksichtigen. Wir leiten damit zwar nicht aus einzelnen Tatsachen konkrete Werte und Normen ab, nehmen aber die Tatsachen als Basis, auf der Normen und Werte begründet werden können. Kutschera (1982, S. 54) stellt kritisch fest:

Die Attraktivität des Naturalismus liegt vor allem darin, daß er die schwierige Problematik der Begründung moralischer Aussagen umgeht. Ließen sich... normative Sätze in nichtnormative übersetzen..., dann würden sich ethische Begründungen auf Begründungen in [den] Einzelwissenschaften reduzieren. Es ist verlockend, der Ethik dadurch den Status einer Wissenschaft zu verleihen, daß man sie zu einem Teil empirischer Einzelwissenschaften erklärt.

Zum Teil, so behaupte ich, lassen sich normative Aussagen tatsächlich in nichtnormative Aussagen übersetzen bzw. auf diese zurückführen. Nehmen wir beispielsweise das Lügeverbot. Die normative Aussage »Du sollst nicht lügen« läßt sich auf den Umstand zurückführen, daß, zumal in kleinen Gruppen, sagen wir bei einer Jäger-und-Sammler-Gesellschaft, eine Lüge diese Gesellschaft gefährden kann. Wenn ein Individuum die anderen Gruppenangehörigen bewußt falsch über ein Tier informiert, das erlegt werden könnte, wenn es dieses Tier etwa als viel kleiner beschreibt, als es ist, dann kann das zu erheblichen Problemen, vielleicht sogar zum Tod mehrerer Individuen führen. Die normative Aussage »Du sollst nicht lügen« läßt sich also auf *Tatbestände* zurückführen bzw. auf *Erfahrungen* bestimmter Situationen. Eine der normativen Aussage vorausgehende nichtnormative Aussage könnte im Falle des Lügens etwa folgendermaßen aussehen: »Die Existenz einer Gruppe – und damit jedes einzelnen in der Gruppe – kann nur gewährleistet werden, wenn sich die einzelnen Individuen verläßlich verhalten, wenn sie einander über mögliche Gefahren von außen, über Futterquellen usw. richtig informieren.« Die Norm, nicht zu lügen, steckt hier gewissermaßen schon in der (neutralen) Beschreibung der Gruppensituation und der Lebensbedingungen der Gruppe.

Welchen Sinn hat also überhaupt der naturalistische Fehlschluß oder, besser gesagt, das Verbot, diesen Fehlschluß zu begehen? Handelt es sich überhaupt um einen *Fehl*schluß? Das beste Beispiel für den naturalistischen Fehlschluß ist sicher der Sozialdarwinismus: Es ist falsch, aus der Beobachtung, daß in der Natur ein Wettbewerb – und zuweilen ein wirklicher Kampf – ums Dasein herrscht, zu schließen, der Mensch *solle* kämpfen, *solle* sich bemühen, andere Organismen (einschließlich der eigenen Artgenossen) zu verdrängen, und *dürfe* diese auch töten. Dieser Schluß ist falsch, solange nicht nachgewiesen ist, daß der Mensch nicht tatsächlich auch anders handeln *kann*. Und *daß* er anders handeln kann, zeigen die vielen Fälle kooperativen Verhaltens auf verschiedenen Ebenen, die bisweilen bis zur Selbstaufopferung gehende Zuneigung einzelner Menschen zueinander, die Rettung vieler Menschen durch andere Menschen in Krisensituationen usw. Es soll hier nicht nochmals darüber diskutiert werden, inwieweit jedes altruistische Verhalten einen Egoismus zur Grundlage hat und auf der Hoffnung beruht, von anderen Menschen früher oder später Unterstützung zu bekommen. Tatsache ist, daß der Mensch kooperativ, altruistisch handeln *kann* und daß seine Spezies wohl auch nur deshalb bisher überlebt hat, weil sie *nicht nur* Kämpfe und Kriege, Aggression und Gewalt produziert hat.

Was also können wir tun? Was dürfen wir tun? Was sollen wir tun? Diese Fragen sind sicher nicht pauschal zu beantworten, weil vor allem die Antwort auf die zweite und dritte Frage stark von der jeweiligen Situation, in der sie gestellt wird, abhängt. Aber wir wissen heute einiges über die Antriebe unseres eigenen Verhaltens und Handelns, um abschätzen zu können, daß sich eine reine *Verbotsethik* ebensowenig durchsetzen kann, wie die Menschheit überleben würde, wenn jeder jedem seiner momentanen Triebe auch augenblicklich freien Lauf lassen dürfte. Es gibt keine Garantie dafür, daß die Menschheit mit einer rigorosen Ethik überleben würde, aber zumindest glauben einige von uns, das Leben der Menschen regeln zu müssen, damit es an Exzessen in dieser Welt nicht noch mehr gibt als ohnehin schon. Aus allem, was wir über Menschen, diese Bündel von Trieben, wie schon Hobbes beobachtete, diese seltsamen Kreaturen, die gut und böse zugleich sein können, heute wissen, dürfte nur eine Ethik erfolgversprechend sein, die in uns positive, lebensbejahende Gefühle zu wecken vermag (vgl. Leinfellner 1985). Die *Lebensfreude* wird zumindest ab einer bestimmten Stufe der Evolution unserer Gattung eine nicht untergeordnete Rolle gespielt und auch menschliches Moralverhalten beeinflußt haben. Wir wissen aus eigener Erfahrung mit unseren Mitmenschen, daß die negativ eingestellten unter ihnen, die griesgrämigen Querulanten und mit ihrem Leben und dem Leben überhaupt Unzufriedenen uns größere Schwierigkeiten machen als diejenigen, die sich ihres Lebens erfreuen.

Unser Leben wird von tiefsitzenden Antrieben beeinflußt, von »Instinkten«, die keine Ethik zum Verschwinden bringen kann, auch wenn manche Moralisten zu glauben scheinen, alles was tief in unserer Natur steckt, müsse unterdrückt werden. Hume (vgl. 1888, S. 106) schrieb, es sei ein »Instinkt, welcher den Menschen heisst, das Feuer zu meiden, wie es ein Instinkt ist, welcher dem Vogel die richtige Art des Brütens und die Einrichtung und Ordnung in Aufziehung seiner Jungen zeigt«. In der Tat kann Hume in mancher Hinsicht als philosophischer Vorläufer Darwins und einer evolutionären Ethik gelten (vgl. Richards 1987, Ruse 1986a). Aber ist es nicht auch ein »Instinkt«, welcher den Menschen darin beeinflußt, daß er Lust sucht und Unlust vermeiden möchte? So wie der Mensch schon in grauer Vorzeit bemerkt hat, daß er sich mit Feuer verbrennen kann und daher nicht mit bloßer Hand ins Feuer greifen sollte, so muß er auch schon früh bemerkt haben, daß ihm verschiedene Aktivitäten Lust und Feude bereiten, die er sodann bewußt gesucht haben wird. Die Moralisten, die – wohl ausgehend von ihrem eigenen Leben und ihrer eigenen Lustlosigkeit – jeden Lustgewinn verteufeln, machen damit nicht nur vielen Menschen, die meinen, sich den vorgeschriebenen Moralprinzipien beugen zu sollen, unnötig das Leben schwer, sondern gehen auch an grundlegenden Konditionen des menschlichen Lebens vorbei. Wir werden diese Gedanken noch weiterverfolgen.

Ethik und Ideologie

Diese Frage hier zu behandeln ist schon deshalb von einiger Bedeutung, weil gerade jene Ansätze in der Ethik, die sich – mit welcher Intention auch immer – auf die Evolution stützen, häufig pauschal mit Ideologie gleichgesetzt werden, einer »bösen Ideologie«, versteht sich, die das Recht des Stärkeren, die Unterdrückung der Armen und Hilflosen und – im Extremfall – das Ausmerzen »unwerten Lebens« fordere und fördere. Man weiß, welche Erfahrungen aus der neueren Geschichte in dieser Kritik an der Evolutionslehre und der Biologie überhaupt mitschwingen. Es ist eine traurige Tatsache der Biologiegeschichte, daß Darwins Lehre sozusagen auf den Kopf gestellt wurde und im Sozialdarwinismus zu verheerenden Konsequenzen geführt hat. Dennoch sind diejenigen, die in einer evolutionären Ethik die Auferstehung des Sozialdarwinismus erkennen zu können glauben, im Irrtum. Das kann nicht heißen, daß es unter den Vertretern einer evolutionären Ethik nicht auch Sozialdarwinisten geben kann. Von diesen hoffe ich mich für den Leser klar erkennbar abzuheben.

Grundsätzlich kann ich als Vertreter einer evolutionären Ethik hinsichtlich deren Konsequenzen zu einer von vier möglichen Positionen gelangen (ähnliche Überlegungen finden sich auch bei Alexander 1987):

1. Ich kann, wie die Vertreter des Fortschrittsgedankens (siehe Kapitel 4), hoffen, daß Evolution zu immer Besserem führen und daher notgedrungenermaßen auch einmal den moralisch hochstehenden Menschen, den viele von uns erwarten, hervorbringen werde. Diese Ideologie kann schlimme Auswirkungen haben, sie nährt Utopien, kann uns also zumindest bitter enttäuschen.

2. Ich kann die Evolution zum Vorbild nehmen, weil alles, was sich natürlich entwickelt hat, auch gut sei. Damit stünde die Ethik auf der Basis der Evolution, sie wäre eine strikte Anwendung von Evolutionsprinzipien. Diese Haltung ist der Keim für den Sozialdarwinismus.

3. Als Vertreter einer evolutionären Ethik kann ich aber auch argumentieren, daß die Ethik, auch wenn sich unser Moralverhalten auf biologische, evolutionäre Wurzeln zurückführen läßt, von diesen Wurzeln abgekoppelt werden muß, daß wir unsere ethischen Probleme völlig unabhängig von – und zum Teil gegen die – Prinzipien der (organischen) Evolution lösen müßten.

4. Schließlich kann ich argumentieren, daß uns die (organische) Evolution zwar nichts im normativen Sinne *vorschreibt*, daß wir aber den von ihr festgelegten Rahmen, die biologischen Rahmenbedingungen unserer Existenz nicht sprengen können, wir eine Ethik daher nur innerhalb dieses Rahmens sinnvoll ansetzen können, der somit doch zu einem »normativen Rahmen« wird.

Ich vertrete die vierte dieser möglichen Positionen, räume aber ein, daß wir in einzelnen Fällen in der Lage wären, über die *bisher* geltenden und uns einschränkenden biologischen Rahmenbedingungen hinauszugehen. Meine Stütze ist dabei die *Flexibilität unseres Gehirns,* von dem ich nicht glaube, daß es genetisch determiniert ist, sondern in seiner (individuellen) Entwicklung über die genetischen Determinanten hinaus Prozesse der *Selbstorganisation* beschreibt (vgl. Oeser und Seitelberger 1988, Roth 1990).

Damit wären die Gefahren eines Sozialdarwinismus, der neben skurrilen Blüten in seiner Konsequenz als angewandte »Ethik« auch inhumane Praktiken hervorgebracht und Greueltaten gerechtfertigt hat, die durch nichts – mit oder ohne Evolution – zu rechtfertigen sind, hoffentlich beseitigt. Gegen die Idee bzw. Ideologie des Fortschritts habe ich mich bereits in Kapitel 4 ausgesprochen. Solange man diese Ideologie nur als Brutstätte für Hoffnungen benutzt, ist sie nicht gefährlich. Gefährlich wird sie aber, wenn man aus diesen Hoffnungen *Postulate* ableitet und die vermeintlichen Fortschrittsprozesse künstlich zu beschleunigen versucht und Utopien um jeden Preis verwirklichen möchte.

Ich meine aber auch, daß eine Ethik, wird sie vollständig abgekoppelt von biologischen, evolutionären Überlegungen, ein luftschloßartiges Gebilde bleiben muß. Moral, so habe ich argumentiert, ist eine biologische Kategorie (Wuketits 1990a), die sich als ein entscheidender Aspekt menschlichen Lebens zusammen mit anderen Aspekten der Evolution des Menschen entwickelt hat und von diesen nicht losgelöst betrachtet werden kann. Normen und Werte sind nicht etwas objektiv Gegebenes, sie sind stets eng verknüpft mit der menschlichen Lebenssituation. Wenn man jeden idealistischen Ansatz in der Ethik ablehnt, dann kommt man nicht umhin, Werte und Normen zu relativieren.

Ausgehend von evolutionären Überlegungen ergeben sich aber noch eine Reihe weiterer Gesichtspunkte, die für eine Diskussion des Problems »Ethik und Ideologie« relevant sind. Der evolutionäre Ansatz kann nämlich die Gefahren verschiedener Ideologien sehr deutlich machen.* Eine dieser Ideologien ist die Überzeugung, daß man die größer und komplexer werdenden sozialen Systeme des Menschen durch die Einführung immer besserer Kontrollsysteme in den Griff bekommen könne. Diese Überzeugung, von der Politiker und Gesetzgeber offenbar stark beeinflußt sind, steht nicht nur auf schwachen Füßen, sondern ist obendrein auch gefährlich.

Ein in diesem Buch immer wieder hervorgehobenes Problem ist, daß der Mensch die Moral – oder die Moral, die er meint – in kleinen Gruppen entwickelt hat. Es handelt sich dabei um eine Moral des Nepotismus, die in verschiedene Bereiche unseres Lebens eingreift, ob wir wollen oder nicht. Daß wir heute – abgesehen von einigen zahlenmäßig relativ kleinen Völkern – in anonymen Großgesellschaften organisiert sind, ändert an dieser Moral nichts. Jeder ist in erster Linie an den Personen interessiert, die er persönlich kennt und weniger oder gar nicht an den Millionen, Milliarden anderer Menschen, die unseren Planeten bevölkern. Wenn wir durch eine Großstadt schlendern, sehen wir zwar unzählige Menschen, die an uns vorbeigehen oder vor einem Geschäftslokal herumstehen, aber jeder einzelne von ihnen bleibt für uns anonym, wir merken uns in der Regel weder sein Gesicht, noch seine Haarfarbe oder Kleidung. Im Klartext: Er interessiert uns nicht. Dieses Desinteresse beruht auf Gegenseitigkeit, und wir rechnen auch nicht damit, daß die uns da jeweils entgegenkommenden oder uns eilig überholenden Menschen besonderes Interesse und besondere Sympathien für uns hegen. Diesen unüberschaubaren Haufen

* Ich verwende den Ausdruck »Ideologie« hier in einem sehr weiten Sinne, nämlich als Summe von Grundüberzeugungen und wertenden Aussagen über soziale Systeme, als Summe von Ideen darüber, wie unsere Gesellschaft organisiert werden sollte. Dabei ist es für eine Ideologie charakteristisch, daß sie wenig Rücksicht auf objektiv feststellbare Tatsachen und Entwicklungsprozesse nimmt, sondern sich in der Hauptsache von Hoffnungen nährt, die die möglichen Bürden unserer Vergangenheit oft nicht berücksichtigen und nur »Soll-Zustände« in die Zukunft projizieren. (Über verschiedene Aspekte von Ideologie kann sich der interessierte Leser z. B. bei Salamun 1988 einen Überblick verschaffen.)

von Einzelwesen, die, jedes für sich, bestimmte (Lebens-)Ziele und Interessen verfolgen, will der Gesetzgeber durch verschiedenste Verordnungen, Verbote und Gebote einigermaßen im Zaum halten. Das gelingt mehr schlecht als recht. Die Millionenstädte auf der Erde sind Zeitbomben, die jederzeit explodieren können, wie die jüngsten Rassenunruhen in den USA wieder einmal deutlich gemacht haben sollten. Millionen Menschen mit verschiedenen Interessen, Menschen verschiedener Religionszugehörigkeit und Hautfarbe, verschiedener Berufsgruppen und in höchst unterschiedlicher sozialer und ökonomischer Lage befindliche Menschen werden da gleichsam in eine Zwangsjacke gesteckt, in der sich viele naturgemäß benachteiligt fühlen. Ein relativ geringfügiger Anlaß genügt, um das unter dieser Zwangsjacke angesammelte Potential an Ärger und Frustration zu entladen. Die Mittel, die der Staat in solchen Situationen dann einzusetzen weiß, sind keine anderen als die der polizeilichen und militärischen Gewalt, um vorübergehend wieder ein wenig Ruhe zu schaffen.

Eine Reihe von weiteren Phänomenen ließe sich hier anführen, die aber doch alle nur zeigen, daß sich der einzelne Mensch in einer anonymen, von »verborgenen Mächten« diktierten Welt nicht wohl fühlt. Diese »Mächte« antworten auf jede Schwankung der äußeren Ruhe des Systems mit Zwangsmaßnahmen, beseitigen aber nie die Wurzel des Übels, und ihre jeweiligen Aktivitäten bzw. Reaktionen auf das Verhalten der Masse sind doch stets nur Ausdruck von Ohnmacht, so wie sich die Masse selbst mitunter gegen ihre eigene Ohnmacht auflehnt. Man könnte nun, gemäß einer *laisser-faire*-Politik, einfach alles dulden, die Menschen einzeln und die Masse sich selbst überlassen, ganz gleich, was dabei herauskommt. Diese Politik wird heute allgemein abgelehnt – irgendeine Ordnung, so sagt man, müsse es ja schließlich geben, wo kämen wir denn hin, wenn alle... Das andere Extrem ist der totale Überwachungsstaat, wie ihn George Orwell in seinem bewegenden Buch *1984* gezeichnet hat. Bemerkenswert ist aber, daß selbst in Orwells Horrorvision nicht nur zwei Klassen von Menschen, die Parteimitglieder und die »Proles«, existieren (wobei letztere eine größere Freiheit genießen, weil sie gleich Tieren behandelt werden, die für die Ideologie keine ernsthaften Gefahren darstellen), sondern daß Korruption, Nepotismus und Privilegienwirtschaft nicht ganz abgeschafft worden sind.

Sind sie denn abzuschaffen? Wenn wir unsere Einsichten in die Biologie des Menschen, seine organische und soziale Evolution wirklich ernst nehmen, dann werden wir hier auf erhebliche Schwierigkeiten stoßen. Man sollte sich nicht zu viele Illusionen machen über staatliche Ordnung und Gerechtigkeit. Jeder Staat ist ein künstliches Gebilde, das grundsätzlich, unter bestimmten Bedingungen, zusammenbrechen kann, und zwar jederzeit. Der Staat funktioniert einigermaßen, solange er dem einzelnen ein gewisses Maß an Wohlstand garantiert und diesen Wohlstand jährlich um ein paar D-Mark oder Schilling zu vermehren verspricht. Kann das nicht mehr gewährleistet werden, regt sich bei den Bürgern Protest, ein Streik wird ausgerufen, und schon sieht man, daß eigentlich alles an einem seidenen Faden hängt. Der Staat kann den Protest seiner Bürger niederknüppeln oder auf jede Forderung seiner Bürger eingehen, doch so oder anders – er wird das Problem nicht wirklich lösen. Die Ideologie des unbegrenzten Wachstums wird uns auf jeden Fall früher oder später das Genick brechen, und der Staat, der nur verspricht, aber nicht hält, was er verspricht, wird sich nicht lange halten können. In Diktaturen verhalten sich die Dinge anders, aber Diktaturen sind, wie uns die jüngste Geschichte zeigt, relativ kurzlebig (was nicht heißen kann, daß jede Diktatur immer von einer *Demokratie* abgelöst wird, in vielen Ländern löst eine Diktatur die andere ab). Was also können wir tun?

Auch wenn wir den naturalistischen Fehlschluß vermeiden und aus der Evolution keine Normen für unser Verhalten ableiten, so sollten wir – meiner vorhin kurz skizzierten Position gemäß – unser Wissen um die Evolution und den Menschen dazu benutzen, Empfehlungen für die Organisation sozialer Systeme auszuarbeiten, Empfehlungen darüber, wie der Mensch unter *menschlichen Bedingungen* in dieser Welt leben *könnte* (siehe hierzu auch Campbell 1978), was als angewandte Ethik zu verstehen wäre. Ich sehe die Hoffnung auf eine *Universalisierung* ethischer Normen und Werte schwinden. Ein »Globalismus«, eine »Internationalisierung« unseres Lebens könnte eine Hoffnung sein, die durch unser rasch sich global ausbreitendes Kommunikationsnetz Nahrung erhält. Aber diese Hoffnung wird sozusagen künstlich ernährt, weil die fortschreitende Kommunikationstechnik nichts an der Natur des Menschen ändert: Sie ist kein Indiz dafür, daß der Mensch jetzt »besser« geworden ist oder »besser« werden wird. Der Umstand, daß heute beispielsweise einige Menschen in Europa für die Freilassung politischer Häftlinge in Lateinamerika auf die Straße gehen, ist eine der positiven Folgen der weltweiten Kommunikation. Die Solidarität vieler Menschen mit Menschen in fernen Ländern wäre in der Tat ein Hoffnungsschimmer, und man mag geneigt sein zu glauben, daß der *Homo sapiens* langsam wirklich seine »sozialen Instinkte«, seine Sympathien auf alle Angehörigen seiner Spezies auszudehnen beginnt. Der »fernethische Illusionismus« (Becker 1989) scheint an Substanz zu gewinnen. Ihm steht aber gerade in unseren Tagen die Tatsache des überall um sich greifenden Nationalismus entgegen.

Die einzige Hoffnung wäre eine Organisation menschlicher Sozial- und Wirtschaftssysteme in kleineren Einheiten mit Selbstverwaltung und Eigenverantwortung, mit größtmöglichen Entfaltungsmöglichkeiten für den einzelnen. In einer Zeit, in der die Welt, die Menschheit angeblich zusammenrückt, klingt das wohl reichlich anachronistisch. Aber das ist es ja, die Menschheit rückt eben nur *scheinbar* zusammen. Ihre großen Sozial- und Wirtschaftssysteme sind riesige Luftblasen, die jederzeit platzen können, gefährliche Experimente, deren Ausgang ungewiß ist und wahrscheinlich schnurgerade in die Katastrophe führen wird.

Vielleicht aber besteht doch eine Hoffnung, wenn wir unsere bisherige Evolution bewußt hinter uns lassen?

Ethik kontra Evolution?

Mehrere Vertreter einer evolutionären Ethik haben betont, ethische Prinzipien müßten unabhängig von unserer stammesgeschichtlichen Mitgift verfolgt werden, wir dürften uns sozusagen nicht gehen lassen, die Evolution sei für uns keine Entschuldigung. Die Gefahr für unser Weiterleben liege, so meint Mohr (1987, S. 105) »im Erlahmen unserer geistig-moralischen Kraft, den Herausforderungen unserer Zeit angemessen, vernünftig und kraftvoll zu begegnen«. Und er betont an gleicher Stelle:

Die Gene, die wir im Pleistozän erworben haben, bilden kein Alibi für Barbarei, nicht einmal einen Anlaß für mildernde Umstände. Wer Freiheit in Anspruch nimmt, *muß* sich die moralische Kraft zutrauen, die genetischen Determinanten seines Verhaltens durch eine wertorientierte, kultivierte Disziplin zu bändigen. Wir dürfen uns keine Illusionen über die Natur des Menschen machen; wir dürfen aber auch nicht nachlassen, der »Lichtseite des Menschen« zu vertrauen, seiner mit Sittlichkeit verbundenen Freiheit.

Ähnlich bemüht sich auch Vogel (1989a, S. 127), die Grenzen der Biologie in der Diskussion ethischer Fragen deutlich zu machen, und hebt hervor: »Ethik bedarf weder einer evolutionsbiologischen Legitimation, noch ist eine solche überhaupt möglich.«

Gerade im deutschen Sprachraum scheinen an der Philosophie (hier: Moralphilosophie) interessierte Biologen nach wie vor einen so großen Respekt vor der (moral-)philosophischen Tradition zu haben, daß sie, vor den Ergebnissen ihrer Untersuchungen über die Biologie des Menschen und den Einsichten in unsere eigene Natur erschrocken, für von der Natur abgehobene Werte plädieren und Ideale der Sittlichkeit retten wollen. Nicht nur meinen viele, daß unsere Erkenntnisse über die Biologie des Menschen für die Ethik keine Gefahr bedeuten müßten; sondern der Mensch müsse sich auch gleichsam *gegen* die Evolution, gegen seine in der Evolution entstandenen Neigungen stellen, um seine moralischen Ziele zu erreichen. Damit wären die »moralischen Ziele« – was immer diese im einzelnen auch sein mögen – von der Evolution abgekoppelt.

Es ist natürlich verständlich, daß die meisten von uns sich nicht damit abfinden werden, daß der Mensch ein egoistisches, nepotistisches Wesen ist. Wir alle haben unsere ethischen Ideale, bemerken, daß etwas faul sein muß in dieser »schönen, neuen Welt«, in der fortgesetzt politische Intrigen und Wirtschaftsskandale produziert werden (was freilich früher nicht anders war, nur gab es keine Medien, die täglich darüber informiert hätten). Wir meinen, gewissen Moralprinzipien folgen zu sollen, wissen aber meist gar nicht, warum. Warum also sollen wir nicht betrügen, vor allem, wenn der Betrug wahrscheinlich nicht auffliegen wird? Warum sollen wir, wenn wir als Zeugen vor Gericht geladen sind, die Wahrheit sagen, »nichts als die Wahrheit«, wenn Richter und Staatsanwälte ohnedies damit überfordert sind, jede Zeugenaussage genau zu prüfen? Vielleicht folgen wir bestimmten Moralprinzipien wirklich nur deshalb, weil wir »vor den anderen gut dastehen« wollen und uns irgendeine Gegenleistung für unser (moralisches) Verhalten oder zumindest Anerkennung erwarten. Eine Ethik, die auf diesem Prinzip der Reziprozität aufbaute, ist wahrscheinlich manchen zu »dünn« – aber wäre nicht das Wichtigste, daß sie funktioniert?

Was aber machen wir mit all jenen Fällen, wo gegen den Wert eines menschlichen Lebens verstoßen wird? Strikt biologisch gesehen, wäre beispielsweise eine Vergewaltigung nichts weiter als der Versuch eines (männlichen) Individuums, seine Reproduktionschance zu erhöhen. Warum also soll ich nicht vergewaltigen? Die Antwort darauf ist relativ einfach: Weil ich davon ausgehen muß, daß der Mensch, der von mir vergewaltigt werden könnte, *die gleichen Gefühle hat wie ich,* die zu verletzen mir einfach nicht zusteht. Folgt diese Einsicht nun aus der Evolution, oder muß ich mich damit nicht doch entschieden *gegen* die Evolution (den Drang, meine Reproduktionschancen zu erhöhen) stellen? Hier bleibt zu bedenken, daß zur Evolution *unserer* Spezies auch die Erkenntnis gehört, daß alle Menschen, und auch Tiere, *Gefühle* haben, die durch entsprechende Handlungen verletzt werden können. Sobald ich einsehe, daß ich die Gefühle eines Menschen verletzen könnte – und mir vergegenwärtige, daß ich ja meine Gefühle durch niemanden verletzt wissen möchte –, muß ich von der möglichen Tat Abstand nehmen. Meint also jemand, man könnte – ungeachtet des naturalistischen Fehlschlusses – aus der Evolution etwa eine Vergewaltigung rechtfertigen, dann ließe sich dem entgegenstellen, daß man aus der Evolution ebenso das Unterlassen einer Vergewaltigung rechtfertigen kann, weil die Evolution von Gefühlen eine neue Ebene der Betrachtung zuläßt: die Betrachtung eines Menschen und seiner Gefühle im Vergleich zu mir und meinen Gefühlen.

Ähnliches meinen wohl auch andere Vertreter einer evolutionären Ethik, vor allem, wenn sie davon überzeugt sind, daß der Mensch, einer den Egoismus fördernden Evolution zum Trotz, prädisponiert ist, das Gemeinwohl zu suchen und altruistisch zu handeln (Leinfellner 1990, Richards 1986, Rottschaefer 1991 u. a.). Oder, wie Ruse (1986a, S. 252) bemerkt: »Unser Sinn für [moralische] Verantwortung ist eine Funktion der menschlichen Natur. Wir fühlen, daß wir anderen helfen sollen ...«. Und wenn wir fühlen, daß wir anderen helfen sollen, dann fühlen wir wohl auch, daß wir andere verletzen können, wenn wir uns so oder so verhalten. Warum also sollten wir uns dann *gegen* die Evolution stellen, die ja auch Gefühle hervorgebracht hat – nicht zuletzt Gefühle für das ethisch Richtige und Falsche?

Aufgabe einer Ethik, die auf evolutionären Grundlagen aufbaut, wäre demnach die Förderung unserer Veranlagung für *Sympathie,* für Mitgefühl und Mitleid. Wenn wir davon ausgehen (siehe oben), daß jeder Mensch Lust sucht und Unlust vermeiden will, sich auch am sozialen Leben erfreuen kann, dann dürfte die Begründung einer solchen Ethik nicht unmöglich sein: einer Ethik, die *positive Gefühle* fördert. Freilich wäre eine wichtige Voraussetzung dafür die Einsicht, daß *jeder* Mensch positive Gefühle sucht und daher kein anderer das Recht hat, ihm diese zu nehmen. Das ist einfach gesagt, in der Praxis ergeben sich dabei natürlich erhebliche Schwierigkeiten. Wir erkennen diese Schwierigkeiten nicht zuletzt in der Konfrontation mit Gesetzen, die uns ja vieles vorschreiben, was Unlust verursacht, und vieles, was unsere Lust steigert, nicht gestatten. Gewiß genügt es für das soziale Leben des Menschen nicht, ihn »mit Gesetzen zu programmieren und dann auf die Motivationen als Programmauslöser zu hoffen« (Helsper 1989, S. 137). Das Problem sind wiederum unsere Großgesellschaften, die das Leben des einzelnen erschweren, weil sie scheinbar nur mit einem ungeheuren Beiwerk von Regeln, Verordnungen, Gesetzen, Verboten und Geboten existieren können und auf die Lust und Unlust des Individuums wenig Rücksicht nehmen.

Sicher wird man es als gefährlich betrachten, eine Ethik überhaupt auf das »Prinzip Lust« zu beziehen. Denn bekanntlich empfinden manche Menschen Lust, wenn sie andere Menschen und auch Tiere quälen, was im *Lustmord* den stärksten Ausdruck findet. Also sind der Lust des einzelnen klare Grenzen zu setzen, nämlich überall dort, wo sie bei anderen zu Unlust führt.

Um zu unserer Frage zurückzukehren: *Ethik muß nicht notwendigerweise gegen die (organische) Evolution gerichtet sein.* Wir haben ethische Ideale, die sicher weit über die Prinzipien der (organischen) Evolution hinausgehen; viele von uns verfolgen Ideale, die nur erreicht werden können, wenn wir uns tatsächlich gegen die (organische) Evolution und unsere stammesgeschichtliche Mitgift stellen. Wenn wir aber einräumen, daß der Mensch in seiner Evolution auch viele positive Gefühle entwickelt hat, beispielsweise ein positives Gefühl für Geselligkeit, für das Beisammensein mit anderen Menschen, ja auch mit Tieren, dann müßte jede Ethik, um eine Förderung des Positiven, des Guten bemüht, jene Gefühle fördern.

Das Recht des Menschen

Aus dem Gesagten folgt, daß jedem Menschen ein Recht auf positive Lebensgefühle zugesprochen werden muß. Wichtig ist aber zunächst, daß wir akzeptieren, daß *jeder* Mensch positiven Lebensgefühlen zugänglich ist. Das wurde und wird keineswegs immer akzeptiert, weil sich manche Völker gegenüber anderen als »höherstehend« betrachtet haben und noch immer betrachten. Haeckel (1905, S. 452) meinte über die Pygmäen: »Der Lebenswerth dieser niederen Wilden ist gleich demjenigen der Menschenaffen oder steht doch nur sehr wenig über demselben.« Daher haben Haeckel und ähnlich denkende Zeitgenossen diesen »niederen Wilden« auch kaum die gleichen Rechte zugesprochen wie den sogenannten zivilisierten Völkern. Aber man kennt das. Dazu folgende kleine Begebenheit: In der S-Bahn in der Nähe von Wien saßen mir gegenüber zwei Chinesinnen, die sich in ihrer Sprache unterhielten; dahinter zwei Österreicher, die den Chinesinnen offenbar zuhörten; schließlich meinte einer der beiden Österreicher in breitem, kaum verständlichem Wiener Dialekt, es sei eine blöde Sprache, die da von diesen Schlitzaugen gesprochen werde, man verstehe überhaupt nichts.

Daß andere Menschen, unabhängig von ihrer Herkunft, Rasse oder Religionszugehörigkeit über die gleichen Gefühle verfügen wie ich, werde ich sicher leichter einsehen, wenn ich mir das gleiche stammesgeschichtliche Erbe vergegenwärtige, das alle Angehörigen meiner Spezies – unabhängig von ihrer soziokulturellen Vielfalt – verbindet (vgl. S. 192). Adam Smith (vgl. 1926 I, S. 125) schrieb:

Die heiligsten Gesetze der Gerechtigkeit, diejenigen, deren Verletzung am lautesten nach Ahndung und Bestrafung zu rufen scheint, sind ... die Gesetze, welche das Leben und die Person unseres Nächsten schützen; die nächstwichtigen sind diejenigen, die sein Eigentum und seine Besitzungen schützen; und als letzte von allen kommen jene, die seine sogenannten persönlichen Rechte oder die Ansprüche, die ihm aus den Versprechungen anderer zustehen, in ihren Schutz nehmen.

Die Frage bleibt, wer denn »die Person unseres Nächsten« ist. Aus biologischer Sicht natürlich immer der genetisch am engsten mit uns Verwandte. Aber wir bemühen uns in der Ethik doch gerade um Prinzipien, die den Schutz *aller* Menschen gewährleisten. Das ist offenbar so entsetzlich schwer durchzusetzen. Jahrtausende unserer Kulturentwicklung mußten verstreichen, bis man sich über *Menschenrechte* Gedanken zu machen begann, Grundrechte, die jedem Menschen unter allen Umständen zugebilligt werden müßten, aber, wie die Berichte der Menschenrechts-Kommission zeigen, heute nach wie vor in vielen Ländern mit Füßen getreten werden. Die Evolution positiver Lebensgefühle scheint also nur eine Seite der Münze zu sein; die andere ist, daß viele, in ethnozentrischem Denken gefangen, nicht bereit sind, diese Gefühle auch anderen Menschen, außerhalb des eigenen Volkes, einzuräumen. Sind wir also doch gezwungen, uns gegen unsere eigene Evolution zu stellen?

Wir müssen uns wahrscheinlich nicht gegen die Evolution stellen, müssen aber einige unserer stammesgeschichtlichen Programme erweitern, also das Recht auf positive Lebensgefühle nicht nur jenen einräumen, mit denen wir genetisch eng verwandt sind, sondern auf *alle* Angehörigen unserer Spezies ausdehnen.

Wie aber ist es nun in Fällen, wo wir positive Lebensgefühle nicht erwarten können, wo sie erloschen sind? Stichwort *Euthanasie*.

Singer (1984) hat mit seiner Diskussion über Euthanasie, Kindestötung und Abtreibung eine Welle der Entrüstung ausgelöst. Er weicht in seinem Ansatz von dem traditionellen Prinzip der »Heiligkeit des Lebens« ab und rechtfertigt, um es etwas überspitzt auszudrücken, eine »Ethik des Tötens«. Er schreibt (S. 208 f.):

Wir bezweifeln nicht, daß es richtig ist, ein schwer verletztes oder krankes Tier zu erschießen, wenn es Schmerzen hat und seine Chance auf Genesung geringfügig ist. »Der Natur ihren Lauf zu lassen«, ihm eine Behandlung vorzuenthalten, aber sich zu weigern, es zu töten, wäre offensichtlich falsch. Nur unser unangebrachter Respekt vor der Heiligkeit des Lebens hindert uns daran zu erkennen, daß das, was bei einem Pferd offensichtlich falsch ist, ebenso falsch ist, wenn wir es mit einem behinderten Säugling zu tun haben.

Es ist verständlich, daß solche Worte auf Ablehnung und Entrüstung stoßen. Zu lebendig sind noch die Bilder (und nicht nur die Bilder) von den Gaskammern des Dritten Reiches, und mit Recht jagt uns die Phrase von der »Ausmerzung unwerten Lebens« den kalten Schauer über den Rücken. Gewiß wollte Singer nicht die Gaskammern rechtfertigen, aber vielleicht sind wir noch nicht so weit, über *alles* einfach einmal zu reden. Es mag eine Ermessensfrage sein, wann im einzelnen Fall die Verlängerung von Leid ethisch eher zu rechtfertigen ist als die Tötung des Leidenden, und wo hier eine Grenze zu ziehen ist. Wer kann überhaupt beurteilen, ob nicht auch der Leidende zu positiven Lebensgefühlen fähig ist und sich seines, wenn auch sehr beschränkten, Lebens eben auf *seine* Weise freuen kann?

Es gibt Fälle, wo der von einer schweren Krankheit Betroffene oder das Opfer eines schweren Unfalls nur künstlich – für beschränkte Zeit – am Leben erhalten werden kann, aber nicht bei Bewußtsein ist und nach menschlichem Ermessen auch keinerlei positive Lebensgefühle mehr entwickeln kann. »Kranksein«, meint andererseits Schipperges (1985, S. 309), »... hilft dem Menschen auch, wenn auch nicht immer, zu seinem eigentlichen Sein zu gelangen«. Das muß man fraglos bedenken. Es gibt aber Fälle, man denke vor allem an Unfallopfer, die nur mit Hilfe aufwendiger Apparate (funktional) am Leben erhalten werden, wo es dann geradezu zynisch wäre, vom »eigentlichen Sein« zu sprechen. Auch kann das Prinzip der Heiligkeit des Lebens meines Erachtens kaum ein Prinzip der »Heiligkeit des Leidens« rechtfertigen.

Ein weiteres Problem sind jene Kinder, die mit schweren angeborenen Fehlern zur Welt kommen und eine Lebenserwartung von nur wenigen Monaten haben. Soll man nun glauben, daß den Eltern solcher Kinder zumindest für diese kurze Dauer Freude über ihr Kind zuteil wird? Oder würden sich diese bedauernswerten Eltern nur ein paar Monate des Leidens und Mitleidens ersparen, wenn das Kind gleich nach der Geburt getötet werden würde? Oder kann die Hoffnung berechtigt sein, daß die Medizin – so unwahrscheinlich das auch sein mag – in einigen wenigen Fällen, oder auch nur in einem Fall Wunder wirken wird?

Aktive Euthanasie ist ein heikles Thema, das hier in aller Kürze nicht adäquat abgehandelt werden kann. Etwas leichter wird man sich aber bei der »passiven Euthanasie«, dem »Sterbenlassen«, tun. Wenn es, so könnte man argumentieren, ein Recht auf Leben gibt, dann wäre das Sterbenlassen vor allem jener, die nicht mehr leben wollen, moralisch ebenso vertretbar. Akzeptiert man dieses Argument, dann folgt man damit obendrein einem Prinzip in der Natur: Tiere lassen ihre schwachen und kranken Gruppenmitglieder in den meisten Fällen zurück, diese verenden schließlich oder fallen einem Raubtier zum Opfer. Singer (1984) gibt allerdings zu bedenken, daß auch das Sterbenlassen inhumane Faktoren enthalten kann, vor allem wenn es sich um einen langsamen und schmerzhaften Tod handelt. In der Tierwelt sind diese Faktoren zwar nicht von Belang, sehr wohl aber beim Menschen, der sich entscheiden kann, das Leid eines anderen entweder vorzeitig, also aktiv zu beenden oder den Leidenden seinem Schicksal zu überlassen. Natürlich haben wir zuallererst die Pflicht, dem Leidenden zu helfen, seinen Schmerz zu lindern, ihn zu heilen. Aber wo nichts mehr hilft...?

Ich schließe mich hier jenen an, die – wie etwa auch Mackie (1981) – davor warnen, Euthanasie unter allen Umständen und in jedem Falle als unmoralisch abzuqualifizieren. Es kommt sicher auf den Einzelfall an, und jeder einzelne Fall bedarf einer sorgfältigen Prüfung. Es sollte keiner Diskussion bedürfen, daß jedes Individuum ein Recht auf Leben hat und auf seine Weise glücklich werden soll. Wir haben aber auch Grenzfälle zu berücksichtigen: den Lustmörder, der seine Lust auf Kosten anderer Menschenleben gewinnt; den Schwerkranken, der keine Lust auf Leben mehr hat. Für Epikur (341–270 v. Chr.) war die Lust das höchste Gut, der Schmerz ein Übel, dem unbedingt zu entgehen ist (vgl. Schmidt 1911). Wer wollte ihm widersprechen!? Das Problem ist nur, daß wir dem Schmerz nicht immer entgehen können. Aber wir können ihn bis zu einem gewissen – objektiv nicht einfach zu definierenden – Grade ertragen. Wo er (subjektiv) unerträglich wird und nicht mehr gelindert werden kann – wer verantwortet dort das Leben des Geplagten, der nichts mehr wünscht, als von seinem Schmerz erlöst zu werden?

Wir leben in einer Zeit, die von uns – vielleicht mehr als alle früheren Zeitalter – ethische Entscheidungen verlangt. Der mit uralten stammesgeschichtlichen Verhaltensprogrammen ausgestattete Mensch ist unsicher im moralischen Urteil, weil Moral ein junges Produkt der Stammesgeschichte ist. Vielleicht ist er gerade deswegen gezwungen, mit einer »Doppelmoral« zu leben, die aber über eine »provisorische Moral« nicht hinauskommt.

Wir messen also jedem Menschen ein Recht auf Leben bei, was schon dadurch begründet werden kann, daß jedes Individuum ungefragt zur Welt kommt, seine Existenz nicht selbst rechtfertigen muß. Daß manchem einiges erspart worden wäre, wenn er erst gar nicht das Licht der Welt erblickt hätte, mag eine triviale Feststellung sein, die aber andererseits – wie man an der nach wie vor hitzig geführten Debatte um die Abtreibung sieht – eine Reihe von Problemen aufwirft. Der Mensch ist das einzige Lebewesen, das die Möglichkeit hat, darüber zu entscheiden, ob ein einmal gezeugter, sich im Embryonalstadium befindlicher potentieller Erdenbürger auch zur vollen Reife gelangen soll. Ich habe hier das Problem der Abtreibung nicht eigens behandelt, meine aber, daß es wiederum eine Ermessensfrage – vor allem der schwangeren Frau – ist, ob das Kind zur Welt kommen soll oder nicht.

Das Recht der Tiere

In der Tierwelt taucht diese Frage erst gar nicht auf. Tiere werden geboren, viele von ihnen sterben sehr früh, andere behaupten sich im Existenzkampf, zeugen eigene Nachkommen, töten diese vielleicht wieder (vgl. S. 158) – sie können jedenfalls nicht über Moral und Unmoral ihrer Aktivitäten entscheiden. Die Haltung *des Menschen gegenüber Tieren* ist jedoch längst (für den Menschen) zu einer Frage der Moral geworden.

Wenn der Mensch heute vielfach als *Partner der Natur* (Sachsse 1976) oder *Mitwisser der Schöpfung* (Altner 1991) begriffen wird, dann stellt sich sicher auch die Frage, inwieweit die Natur – um nicht von »Schöpfung« zu reden – umgekehrt seine Partnerin ist oder sein kann, inwieweit Tiere seine Partner sind oder sein können. Daß der Mensch zu vielen Tieren eine enge Beziehung entwickelt hat, ist offensichtlich und könnte eine evolutionäre Erklärung darin finden, daß er von Anfang an mit anderen Spezies zusammengelebt und daraus so etwas wie eine »Biophilie« entwickelt hat (Wilson 1984), eine grundsätzlich freundliche Einstellung zu Tieren und Pflanzen. Schwingt hier aber nicht ein Hauch von Romantik mit?

Der altsteinzeitliche Mensch hatte sicher eine sehr unmittelbare Beziehung zu den Kreaturen um ihn herum, er begegnete ihnen aber gewiß nicht nur mit Respekt und Freundlichkeit, weil ihn mit vielen Arten nichts weiter als Konkurrenz »verband«. Manche der Tiere seiner Umgebung waren für ihn gefährlich, andere nützlich. Naturromantik war also wohl seine Sache nicht. Erst heute beginnen wir darüber zu reflektieren, daß andere Arten vielleicht unseres Schutzes bedürfen. Wir beginnen uns darüber Gedanken zu machen, welches Recht eigentlich die Tiere haben, und ob bzw. inwieweit uns das Recht zukommt, sie zu töten. Eine der Grundfragen, die in diesem Zusammenhang immer wieder aufgeworfen wird, ist die nach dem *Wert* aller Arten, dem *Wert* der Natur schlechthin. Manche Vertreter einer evolutionären Ethik verweisen darauf, daß Artenvielfalt sozusagen »an sich« etwas Gutes sei und sich für den

Menschen Pflichten der Natur gegenüber daraus ergäben, daß er mit allen anderen Bewohnern seines Planeten verbunden ist (vgl. Huxley 1964). In jüngster Zeit ist von Vertretern einer *ökologischen Ethik* wiederholt betont worden, daß der Mensch nicht das einzige Objekt seiner Ethik sein könne, sondern moralische Pflichten auch anderen Lebewesen gegenüber habe (vgl. Birnbacher 1991). Und längst wird auch, unter dem Begriff *Bioethik*, der (moralisch) richtige Umgang mit Lebewesen in der biologisch-wissenschaftlichen Forschung diskutiert (vgl. Mohr 1987). Die Frage »was sollen wir tun?« bezieht sich also nicht mehr allein auf das Verhalten des Menschen seinen Artgenossen gegenüber, sondern reflektiert auch die möglichen Pflichten, die der Mensch für andere Lebewesen zu übernehmen hätte.

Der Hintergrund solcher Reflexionen ist sicher nicht nur die allerorts spürbare »ökologische Krise« und die mancherorts gewonnene Einsicht, daß wir mit zunehmender Naturvernichtung schließlich unsere eigene Existenz gefährden. Wichtig ist die Erkenntnis, daß auch Tiere über Eigenschaften verfügen, die denen des Menschen ähnlich sind, daß also nicht nur der Mensch Gefühle hat, Schmerz empfindet und leiden kann. Gelegentlich (z. B. von Paxton George 1992) wird sogar argumentiert, daß Tiere tugendhafte Wesen sind und manche ihrer Verhaltensweisen in spezifischen angeborenen moralischen Neigungen wurzeln. Singer (1984) räumt ein, daß zumindest einige Tiere als *Personen* anzuerkennen seien; daher müßten wir uns ihnen gegenüber so verhalten, wie wir uns Menschen gegenüber verhalten, wenn wir moralisch sein wollen. Tiere wie Schimpansen und andere Menschenaffen, aber auch andere Primaten und ebenso Hunde, vielleicht auch Katzen, werden viele von uns in der Tat als Lebewesen zu betrachten geneigt sein, denen der Status von »Personen« nicht ganz abgesprochen werden kann, die zumindest einen individuellen Charakter zeigen und tatsächlich oder scheinbar zielgerichtet handeln können. Sicher spielen hierbei auch Emotionen eine Rolle. Vor allem zu Hunden und Katzen haben wir eine enge Beziehung. Möglicherweise spielen anthropomorphe Kategorien in der Betrachtung dieser Tiere mit, doch wird insbesondere ein Hundeliebhaber keinen Zweifel daran lassen, daß sein Vierbeiner auch sein *Freund* ist. Niemandem, der jahrelang einen Hund hatte, fällt es leicht, diesen einzuschläfern, ihm also (aktive) Sterbehilfe zu leisten. Es scheint, daß viele von uns im Falle des Tötens von Hunden die gleichen moralischen Bedenken haben wie im Falle des Tötens von Menschen. Es gibt freilich Extreme, wo einem Menschen sein Hund mehr wert ist als ein anderer Mensch. Manche Menschen sind zumindest sprichwörtlich nicht in der Lage, auch nur eine Fliege zu töten, hätten aber keine Skrupel, Menschen zu töten.

Die Frage nach dem Recht der Tiere ist mit der Frage nach dem Recht des Menschen eng verbunden. Überzeugte Vegetarier meinen, man dürfe grundsätzlich keine Tiere töten und essen – so wie es unsere Moral auch verbieten würde, Menschen zu töten und zu verspeisen. Gegen dieses Argument ist – vor allem unter Berücksichtigung des Umstands, daß alle Tiere tatsächlich mit uns (stammesgeschichtlich) verwandt sind – scheinbar nichts einzuwenden. Ich sage »scheinbar«, weil sich bei näherer Hinsicht doch auch Gegenargumente finden lassen. Auch Pflanzen sind mit uns stammesgeschichtlich verwandt, wenn auch nicht so eng wie die meisten Tiere; nur empfinden wir die Nähe von Pflanzen nicht so wie die der Tiere, weil diese wesentlich mehr an Reaktionen zeigen, die uns auch emotional ansprechen. Müßte also der – ich bin geneigt zu sagen: »eingefleischte« – Vegetarier nicht auch beim Verzehr von Tomaten, Kürbissen und Kohlköpfen ernsthaft in Konflikt mit sich selbst kommen? Nun gut, man wird einsehen, daß sich ja der Mensch schließlich von irgend etwas ernähren *muß*. Von Natur aus ist der Mensch ein omnivores Lebewesen und ist vor allem deshalb in der Evolution so erfolgreich, weil er alles fressen kann (Watson 1971). Natürlich können wir uns bemühen, unsere Veranlagung zu überwinden und einer Moral zu folgen, die unser omnivores Wesen einschränkt und uns nur pflanzliche Nahrung erlaubt: weil wir den Tieren ein Recht auf Leben zubilligen können.

Das Argument, Tiere zu schützen und ihnen a priori ein Recht auf Leben einzuräumen, wird, wie vorhin angedeutet wurde, aus der These abgeleitet, daß Tieren ein ähnlicher moralischer Status zukomme wie Menschen: Hat also der Mensch ein Recht auf Leben, dann müßte für Tiere das gleiche Recht gelten. Wenn man allerdings das Argument umkehrt und mit dem Recht der Tiere auf Leben – und das heißt implizit auch auf adäquate Nahrung – beginnt, dann müßte man doch dem Menschen auch die gleichen Rechte zubilligen, ihm also auch das Recht auf fleischliche Nahrung zusprechen. Wenn der Mensch ein Lebewesen ist wie alle anderen (was unter evolutionstheoretischem Gesichtspunkt nicht bestritten werden kann), dann hat er auch die gleichen Rechte. Es ist bemerkenswert, daß radikale Tierschützer für die Freiheit aller Tiere eintreten, aber scheinbar mühelos den Umstand akzeptieren, daß Menschen in den Betonställen unserer Großstädte auf kleinstem Raum leben müssen (wobei unsere Spezies für ein solches Leben ebensowenig die stammesgeschichtlichen Voraussetzungen mitbringt wie die anderen Säugetiere). Und es ist ebenso bemerkenswert, daß zumindest in den industrialisierten Ländern Hunde- und Katzenbesitzer ihren Lieblingen täglich köstliche Mahlzeiten servieren, gleichzeitig aber scheinbar keine Probleme damit haben, daß Millionen von Menschen hungern.

Ich halte jede »Tierromantik« für ebenso falsch und übertrieben wie die anthropozentrische Überheblichkeit, die Tieren keinerlei Gefühle zugesteht und sie zu willenlosen Objekten degradiert, mit denen der Mensch tun kann, was er will. Freilich gibt es in unserem Empfinden Tieren gegenüber große Unterschiede, man kann von einer Hierarchie unserer Gefühle für Tiere sprechen. Mit Schimpansen und Hunden verbindet uns emotional mehr als mit Käfern und Spinnen.

Aufgrund unserer phylogenetischen Ausstattung sind wir nicht in der Lage, *allen* Tieren die gleichen Rechte zuzubilligen. Kinzelbach (1989, S. 123) bemerkt ganz richtig:

Ein Wert von Arten und Artenvielfalt entsteht... nur aus dem Nutzen für den Menschen, wobei hier emotionaler

Nutzen (Freude an der Ästhetik der Arten, Sammelleidenschaft, geistiges Interesse, forscherische Neugierde etc.) schon gleich eingeschlossen sei. Auch geistige oder psychische Inanspruchnahme ist Nutzung. Arten sind Gegenstand kultureller Identität: Was ist, wenn – nach vielen anderen – bei uns nun auch noch z. B. Seerose und Tanne, Storch und Hase verschwinden? Mit ihnen vergehen Jahrtausende vielfältiger kultureller Verflechtung.

Ich glaube nicht, daß der Mensch in absehbarer Zeit in der Lage sein wird, allen anderen Geschöpfen ohne Berücksichtigung seiner eigenen Interessen ein Recht auf Leben zuzusprechen. Faßt man aber eine ökologische Ethik gleichsam als eine *Ethik menschlichen Überlebens* auf, dann ließe sich meines Erachtens für den Artenschutz besser argumentieren (vgl. Wuketits 1981 b, 1988 a): Die Natur ist die Trägerin des Menschen; zu dieser Natur gehört die enge Verknüpfung vieler Arten in unterschiedlichen Ökosystemen, die jedoch empfindlich gestört werden, wenn wir Arten ausrotten, so daß wir durch unseren Raubbau an der Natur, die Dezimierung der Artenvielfalt, unser eigenes Überleben als Spezies in Frage stellen (ganz abgesehen von dem emotionalen Verlust, den wir mit dem Verschwinden bestimmter Arten erleiden).

Hätten also Tiere (und Pflanzen) nur ein Recht auf Leben, weil sie dem Menschen Nutzen bringen? Sicher nicht. Millionen von Organismenarten haben vor dem Menschen, unabhängig von ihm gelebt, ihre Existenz bedurfte (und bedarf) des Menschen nicht und ist keine Frage von Recht und Unrecht. *Für den Menschen* jedoch stellt sich die Frage nach dem Recht anderer Lebewesen, weil er sich über alles erhaben fühlt, gleichzeitig aber auch bloß, wie alle anderen Lebewesen auch, überleben möchte und dabei andere Spezies verdrängt. Kein Tier kann sich die Frage stellen, ob es moralisch richtig oder falsch ist, andere Tiere zu verdrängen. Kein Tier ist aber auch »wirklich böse«, ganz gleich, wie es sich anderen Lebewesen gegenüber verhält, während der Mensch, der sich trotz besseren Wissens und keineswegs aus bloßer Lebensnotwendigkeit, sondern aus

Profitgier anderen Geschöpfen in Feindschaft nähert und sie ausrottet, »wirklich böse« handelt.

Eine evolutionäre Ethik verpflichtet uns, uns diesen Problemen zu stellen. Sie verpflichtet uns nicht, als Art zu überleben – wenn wir uns aber entscheiden wollen, als Menschheit in Würde zu überleben, dann haben wir uns auch damit auseinanderzusetzen, wie lange es noch würdevoll ist, fortgesetzt andere Arten zu verfolgen und auszurotten. Freilich kann man geneigt sein, das *Überleben in Würde* als eine abgedroschene Phrase zu betrachten, die angesichts des Elends in der Welt, des unsäglichen Siechtums, des Hungers und Kampfs ums nackte Überleben von Millionen von Menschen nicht viel besagt...

Zusammenfassung. Es ist also an der Zeit, unsere Einsichten in unsere eigene Natur »praxisorientiert« zu überdenken, auf unser Leben anzuwenden. Damit kann nicht gemeint sein, daß aus unserem (immer beschränkten) Wissen darüber, wie wir wirklich sind, auch gleichsam automatisch moralische Normen folgen würden. Eine naturalisierte Ethik, wie sie hier vertreten wird, hebt aber Normen und Werte nicht vom menschlichen Leben ab, versucht nicht, sie sozusagen von außen dem Menschen aufzuerlegen, sondern erkennt, daß der Mensch *von Natur* aus bestimmte Regeln befolgt, die wir im nachhinein als moralisch akzeptieren – oder als unmoralisch verwerfen können. Der Mensch ist ein Wesen, das Emotionen hat und zur Freude fähig ist. Daher wäre eine Ethik, die an positiven Lebensgefühlen vorbeigeht oder diese gar unterdrücken möchte, auf die Dauer zum Scheitern verurteilt. Aus meiner auf die Evolution gegründeten Sicht ist eine Ethik zu fordern, die positive Lebensgefühle beim Menschen fördert. Zugleich ist der Mensch das einzige Säugetier, das in Massengesellschaften lebt, die seine positiven Lebensgefühle zunehmend unterdrücken. Letztlich mündet also eine evolutionäre Ethik mit den aus ihr gewonnenen Perspektiven in eine Kritik an der heutigen Massengesellschaft – das aber ist ein Thema für einen anderen Zeitpunkt und für ein anderes Buch. Ich wollte in diesem

Kapitel nur zeigen, daß wir uns nicht sinnvoll gegen unsere eigene Evolution stellen können, sehr wohl aber in der Lage sind, bestimmte in dieser Evolution erworbene Verhaltensprogramme bewußt zu verbessern. Dazu gehört das Mitgefühl, das wir anderen Menschen, aber auch Tieren gegenüber hegen. Vor diesem Hintergrund kann die Frage nach dem Recht des Menschen ebenso wie die nach dem Recht der Tiere in ein neues Licht gerückt werden.

Epilog:
Der Mensch, von Natur aus gut?

Es gibt Sünden- und Tugendböcke; außerdem gibt es Schafe, die ihrer bedürfen.

ROBERT MUSIL

Die Frage, ob der Mensch von Natur aus gut sei, ist nach dem Gesagten vielleicht nur eine rhetorische Frage. Was heißt denn »gut«? Wir haben gesehen, daß es in der Natur weder das Gute gibt, noch das Böse, daß aber aus der Sicht des Menschen manches als gut oder böse erscheint. Die Fähigkeit des Menschen, seine eigenen Handlungen und auch die Dinge um ihn herum zu bewerten, ist Teil seiner Natur. Insoweit ist auch die Ethik Teil seiner Natur. Um so bemerkenswerter ist es daher, daß der Mensch in moralischer – besser: moralisierender – Absicht seine Natur zu überwinden versucht, daß mancher seinen Zeigefinger erhebt und dem Rest der Menschheit zuruft: »Du sollst...! – Du sollst nicht...!« Dabei scheint es die besondere Stärke der Moralisten zu sein, eine »Doppelmoral« aufzubauen. So findet mancher Prediger der Tugend nichts dabei, daß Menschen Kriege gegeneinander führen; manchen Moralapostel stört es nicht, daß Menschen anderer Hautfarbe oder Religionszugehörigkeit und überhaupt Andersaussehende oder auch nur Andersdenkende unterdrückt werden; mancher Tierschützer findet sich mit der desolaten Lebenssituation vieler Menschen ab; viele sprechen sich offen gegen die Abtreibung aus, sind aber gleichzeitig für Sterbehilfe oder umgekehrt. Vielleicht ist all das nur ein Zeichen für unsere moralische Ratlosigkeit, vielleicht auch nur ein weiteres Indiz dafür, daß Normen und Werte relativ sind, abhängig von der jeweiligen Lebenssituation und den dem Wandel der Situation gemäß wechselnden Emotionen.

Bevor die Frage nach dem »Guten im Menschen« noch ein wenig untersucht werden soll – weil sie nicht notwendigerweise eine bloß rhetorische Frage bleiben muß –, möchte ich die wichtigsten der in diesem Buch angeführten Beobachtungen und Argumente nochmals kurz in wenigen Punkten zusammenfassen.

1. Die Ethik bemüht sich, dem Menschen Richtlinien für moralisch richtiges Verhalten an die Hand zu geben, Werte und Normen zu begründen. Als philosophische Disziplin erhebt sie somit den Anspruch, unser Sollen zu erfahren, unmoralisches von moralischem Verhalten zu scheiden. Das tatsächliche Verhalten und Handeln des Menschen findet allerdings *vor* jeder systematischen ethischen Reflexion statt – keine noch so gut begründete Ethik vermochte bislang den Menschen zu ändern, einen »besseren« Menschen hervorzubringen. Denn was auch immer an ethischen Imperativen ausgegeben wird – es nützt nicht viel, wenn der Mensch ihnen nicht folgen kann oder will. Es kommt nicht überraschend, daß die Geschichte der Ethik von fortgesetzten Verstößen gegen die jeweiligen (moralischen) Regeln begleitet wird. Die Frage, »was *kann* ich tun?« hat somit vorrangige Bedeutung. Sie kann von der Biologie zu beantworten versucht werden. Verhaltensforschung, Evolutionsbiologie, Neurobiologie, Soziobiologie und andere Disziplinen zeigen die biologisch-genetischen Rahmenbedingungen der menschlichen Existenz auf. Zwar gilt der Mensch nicht als bloß biologisches Wesen, sondern auch – wenn nicht gar primär – als Wesen mit Kultur, doch läßt sich die kulturelle Evolution nicht von der biologischen trennen. Gewiß zeigt die kulturelle Entwicklung des Menschen einige Linien, die über die organische Evolution hinausweisen, aber auch Kultur konnte (und kann) nur innerhalb bestimmter Rahmenbedingungen geschaffen werden, die wiederum von der organischen Evolution festgelegt sind. Kultur ist gleichsam ein spezieller Aspekt der menschlichen Natur. Werte und Normen gehören zwar in den Kulturbereich, aber sie werden sozusagen von den tiefer liegenden Mechanismen unseres Verhaltens vorentschieden.

Das ethische Sollen kollidiert daher nicht selten mit dem biologischen Können. Nur zu leicht könnte man deshalb den Eindruck gewinnen, daß die Erkenntnisse der Biologie über den Menschen gleichsam eine Entschuldigung dafür sind, daß sich der Mensch oft nicht den jeweils geltenden Werten und Normen gemäß, also unmoralisch verhält.

2. Was nun »moralisch« oder »unmoralisch« ist, »gut« oder »böse«, läßt sich nicht ein für allemal, für alle Völker und Kulturen verbindlich entscheiden. Die unterschiedlichen Lebensbedingungen der Menschen schaffen unterschiedliche Rahmenbedingungen für Werte und Normen. Unsere Betrachtungen führen zu einem ethischen Relativismus und machen deutlich, daß es keine universellen Werte und Normen geben kann. Dennoch ist nicht zu übersehen, daß es einige Normen gibt, die praktisch bei allen Völkern ihre Gültigkeit haben, beispielsweise das Tötungs- und das Lügeverbot. Bei näherer Hinsicht zeigt sich aber, daß diese Verbote meist nur für das Verhalten im Gegenüber zu Angehörigen der eigenen Gruppe gelten, gegenüber dem Gruppenfremden aber ihre Bedeutung verlieren.

3. Biologisch ist der Mensch – und das ist eine der wichtigsten Feststellungen in diesem Buch – auf das Leben in Kleingruppen angelegt. Über mehrere Jahrmillionen haben die Hominiden ihr soziales Leben in Gruppen mit einer kleinen, überschaubaren Zahl von Mitgliedern sozusagen erprobt. Von den paläolithischen Jäger-und-Sammler-Gesellschaften haben wir elementare Verhaltensformen übernommen. Dazu gehört vor allem auch das kooperative Verhalten, der Altruismus. Der Altruismus bringt sowohl der Gruppe als auch dem Individuum in der Gruppe entscheidende Vorteile und findet sich daher bereits bei Sozietäten im vormenschlichen Bereich. Es ist anzunehmen, daß altruistisches Verhalten von der Selektion begünstigt wird. Altruismus erscheint uns im ethischen Sinne als gut, als moralisch richtig. Ethik ist unter diesem Gesichtspunkt nichts wesentlich anderes als die Wertschätzung eines uralten Evolutionsprinzips. Was wir heute als

ethisch richtig einschätzen (Kooperation, Hilfsbereitschaft, Nächstenliebe und – im Extremfall – Selbstaufopferung für andere), entstand in der Evolution jenseits von Gut und Böse, als ein Überlebensprinzip, das mit Ethik und Moral nichts zu tun hat. Jedoch steht das Moralverhalten so auf einer natürlichen Basis, die Ethik ist naturalisiert, sie rechnet nicht mit ewigen Werten und Moralprinzipien, die gleichsam von außen dem Menschen aufoktroyiert werden könnten. Wo dennoch versucht wird, dem Menschen Normen und Werte aufzuzwingen, die seiner Natur widersprechen, dort besteht wenig Aussicht, daß diese Normen und Werte von den Menschen auch befolgt werden. Kann also die Biologie, kann eine naturalisierte, evolutionäre Ethik am Ende doch unmoralisches Verhalten entschuldigen?

4. Wir haben zwischen dem »sogenannten« und dem »wirklich Bösen« unterschieden. Obwohl ich subjektiv der Meinung bin, daß das menschliche Leben in jedem Falle einen höchsten Wert darstellt (vgl. Wuketits 1985 b), kann ich beispielsweise die Kindestötung, die zur Bevölkerungskontrolle bei einigen Stämmen gehört, nicht als »wirklich böse« bezeichnen, weil sie innerhalb des Normensystems dieser Stämme moralisch gerechtfertigt werden kann. Die Biologie kann nicht als Entschuldigung für moralisches Fehlverhalten herangezogen werden, nur müssen wir uns vor Augen führen, daß manches, was wir aus unserer Perspektive als unmoralisch zu bezeichnen geneigt sind, für andere Völker ethisch richtig ist. Das zu verstehen, hilft uns die Biologie zusammen mit den Sozialwissenschaften und vor allem einer vergleichenden Kulturanthropologie. Sobald die Mitglieder einer Gruppe bestimmte Normen und Werte für sich und ihre Gruppe akzeptieren, müssen wir daher sehr vorsichtig sein, wenn wir diese Normen und Werte verurteilen, weil wir ja dazu einen anderen Zugang haben (der nicht unbedingt der allgemeingültige zu sein braucht). Was als ethischer Minimalkonsens gefordert werden kann, ist freilich nicht nur die Toleranz der Normen und Werte anderer; wir müssen auch

jeden Normen- und Werteimperialismus vermeiden und jedes Verhalten einer Gruppe zurückweisen, das aufgrund der Übertragung spezifischer Normen auf Gruppenfremde, also gleichsam Unbeteiligte, zur Verletzung der Normen und Werte dieser »Fremden« führt. Für die Exzesse des Nationalsozialismus beispielsweise gibt es daher auch aus der Sicht eines ethischen Relativismus keinerlei Entschuldigung.

5. Das Prinzip der Kooperation, das wir als weitverbreitetes Prinzip bei sozial lebenden Organismen ausgewiesen haben, darf nicht darüber hinwegtäuschen, daß das eigennützige, egoistische Verhalten eine mächtige Triebfeder im Leben aller Organismen ist. Nach Meinung der Soziobiologen kommt dem Egoismus sogar primäre Bedeutung zu: Die Lebewesen verfolgen ein ausgesprochenes »Reproduktionsinteresse«, altruistisch verhalten sie sich mithin aus egoistischen Gründen; ein Individuum kooperiert, weil es Vorteile aus diesem Verhalten ziehen kann (*tit for tat,* reziproker Altruismus). Zwar sind diese Aussagen der Soziobiologie nicht sehr schmeichelhaft, weil sie uneingeschränkt auch auf den Menschen übertragen werden. Wenn wir uns um eine »pragmatische Ethik« bemühen, ist es jedoch gleich, aus welchen Gründen ein Mensch kooperativ handelt, seine Mitmenschen unterstützt – Hauptsache, er tut es. Vorbehalte sind aber gegen den genetischen Reduktionismus mancher Soziobiologen anzumelden. Es gibt weder uneigennützige, noch eigennützige Gene, Gene können weder moralisch, noch unmoralisch sein; Organismen sind auch nicht bloß die Gepäckträger ihrer Gene. Das Verhalten eines Lebewesens ist stets ein Systemverhalten; zwar dürfen wir mit genetischen Dispositionen für bestimmte Verhaltensweisen rechnen, aber es ist nicht sinnvoll, organismisches Verhalten auf die Gene zu reduzieren.

6. Die Soziobiologie hat allerdings wichtige Beiträge zu unserem Verständnis der organischen Evolution geleistet. Galt in der klassischen Verhaltensforschung noch die Arterhaltung als grundlegendes Prinzip, konnten die Soziobiologen wahr-

scheinlich machen, daß kein Lebewesen an der Erhaltung seiner Spezies, sondern nur an seiner Selbsterhaltung bzw. der Erhaltung seiner Gruppe interessiert ist. Auch der Mensch ist demzufolge von Natur aus egoistisch und nepotistisch, er fördert in erster Linie seine eigenen Verwandten bzw. die Angehörigen seiner Gruppe. Daraus erhellt, daß die Sympathien des Menschen für seine Artgenossen limitiert sind und der Gruppen- und der Ethnozentrismus tiefe biologische Wurzeln haben. Allerdings kann sich der Mensch bemühen, kraft seiner Einsicht – nicht zuletzt seiner Einsicht in die Evolution – alle Angehörigen seiner Spezies als einen großen »Verwandtschaftskreis« anzuerkennen. Aus dem Wissen, daß alle Völker trotz ihrer unterschiedlichen Sozialsysteme und Kulturen stammesgeschichtlich die gleichen Wurzeln haben, daß jeder Mensch über Emotionen verfügt, Schmerz empfindet usw., also die gleiche biologische und emotionale Grundausstattung aufweist – aus diesem Wissen kann ich als einzelner moralische Richtlinien für mein Verhalten gegenüber anderen ableiten. In der Tat: Wenn auch aus evolutionärer Sicht von idealistischen Systemen der Ethik nicht viel übrigbleibt, so sind Kants kategorischer Imperativ und die noch viel ältere goldene Regel nicht von der Hand zu weisen. Aber ich benötige, um diese Moralvorschriften ernst zu nehmen, nicht den Rückgriff auf im Abstrakten festgeschriebene Prinzipien: Es genügt zu akzeptieren, daß andere Menschen ähnliche Bedürfnisse und Emotionen haben wie ich selbst.

7. Indes ist es auch nicht zu übersehen, daß die Interessen der Menschen unentwegt Konflikte erzeugen. Es gab wohl nie in der Evolution der Organismen eine Sozietät ohne Konflikte, und es gab wohl nie eine menschliche Sozietät, deren Mitgliedern der Konflikt vollkommen fremd gewesen wäre. Diese Einsicht muß uns schon früh gedämmert haben, so daß wir ethische und rechtliche Richtlinien entwickelt haben, Normen- und Rechtssysteme, die das Schlimmste vermeiden sollen. Leider ist die friedliche Konfliktlösung oft nur ein Desiderat geblieben – die unzähligen Kriegsschauplätze auf

unserem Planeten legen Zeugnis davon ab, daß es dem Menschen in vielen Fällen nicht einmal möglich ist, das Schlimmste zu vermeiden. Die Entwicklung der Massengesellschaften des Menschen ist von kollektiver Gewalt begleitet, die moderne Zivilisation fördert die aggressiven Potentiale, mit denen der Mensch ausgestattet ist und die seinem Überlebenskampf seit jeher dienen. »Moralische und ethische Probleme können nur durch Kompromisse und Verträge zwischen jenen gelöst werden, die unterschiedliche Interessen verfolgen« (Alexander 1987). Allerdings müssen diese Probleme überhaupt erst als moralisch und ethisch erkannt werden. Kriegführende Staaten bzw. deren Repräsentanten, die »ihre« Völker in den Krieg hetzen, haben in der Regel keine moralischen Bedenken. Sie sind verdammte Egoisten, die ihre eigenen Machtansprüche und ihren Platz in der Geschichte sichern wollen. Die einzige Hoffnung wäre hier, daß möglichst viele Menschen erkennen, daß ihre »Führer« eben nichts anderes sind als triebhaft-egoistisch handelnde Wesen, denen das Wohlergehen »ihres« Landes und seiner Bewohner gleichgültig ist.

8. Eine evolutionäre Ethik hat also zunächst deskriptiven Charakter. Sie hilft zu verstehen, warum der Mensch so ist, wie er ist, sie erklärt unsere Moralität als Ergebnis der Evolution durch natürliche Auslese. Man kann die Evolution jedoch verschiedenartig interpretieren, man kann Hoffnungen in sie setzen, was vor allem dann auch tatsächlich geschieht, wenn Evolution mit Fortschritt verbunden, als eine Entwicklung zum »Besseren« gesehen wird. Ich habe die Fortschrittsidee in der Evolutionstheorie zurückgewiesen; es ist kein Mechanismus auszumachen, der quasi automatisch zu »höheren« Formen der Lebewesen führen und schließlich eine Verbesserung des Menschen in moralischer Hinsicht bewirken würde. Das heißt, die (organische) Evolution läßt uns mit unseren ethischen Problemen allein. Ich glaube aber auch nicht, daß wir uns in unserem Bestreben, ethisch richtig zu handeln, strikt gegen die Evolution stellen müssen. Zum Teil

können wir das gar nicht, weil die Evolution die Rahmenbedingungen unserer Existenz definiert; zum Teil aber ist nicht
alles, was in der Natur geschieht bzw. was wir Menschen als
biologische Wesen tun, moralisch verwerflich.
9. Der Mensch – jeder Mensch – sucht positive Lebensgefühle
und möchte Unlust vermeiden. Eine evolutionäre Ethik, wie
sie in diesem Buch vertreten wird, führt zu dem Postulat,
Lustgefühle zu fördern. Das soziale Leben vermittelt dem
Menschen positive Gefühle, er sucht seinesgleichen; damit
wird die egoistische Komponente in unserem Leben sozusagen kompensiert, wenn auch nie aufgehoben. Die Ethik, als
Forderung nach Kooperation und Altruismus, kann aber
hier ansetzen, als eine Ethik, die das Angenehme fördert.
Freilich stößt man auch hier auf Grenzen; eine Ethik kann
nur dort positive Lebensgefühle fördern, wo diese nicht die
Gefühle anderer verletzen. Notwendigerweise führen uns
diese Überlegungen zur Frage nach dem Recht auf Leben
beim Menschen und bei den Tieren. Das ist eine Frage der
angewandten Ethik. Aus evolutionärer Perspektive gibt es
natürlich keinen Grund, irgendeinem Wesen sein Recht auf
Leben abzusprechen. Andererseits zwingt uns gerade eine
Ethik der positiven Lebensgefühle, unsere Auffassungen
über Abtreibung und Euthanasie ebenso neu zu überdenken
wie die Probleme des Artenschutzes.

Ich habe damit einige der wichtigsten Probleme und Aussagen
dieses Buches nochmals in Kurzform Revue passieren lassen,
wobei es, wie ersichtlich, nicht darum ging, die Reihenfolge der
einzelnen Kapitel einzuhalten, sondern die Schwerpunkte und
Zusammenhänge zu verdeutlichen. Kehren wir nun wieder zur
Frage zurück, inwieweit der Mensch – mit allen sich aus dem
Gesagten ergebenden Vorbehalten – von Natur aus als gut
eingestuft werden könnte.

Naturalistische Ansätze in der Ethik waren, wie wir gesehen
haben, häufig mit dem Fortschrittsgedanken eng verknüpft,
der Idee einer harmonischen Ordnung des Universums, in dem
letztlich alles gut sein müsse. Nach Darwin (1859), der die Idee

eines universellen Zwecks in der Natur verabschiedet hat, sind wir gezwungen, andere Wege zu gehen (siehe auch Williams 1983), obwohl Darwin selbst noch von dem Gedanken an eine Evolution, die zum Guten führen würde, beseelt war. Es fällt vielen Menschen offensichtlich schwer zu glauben, daß das Leben in einem sinnlosen Universum Sinn haben könnte. Mag sein, daß der Glaube an einen universellen Sinn für viele sehr hilfreich ist und tatsächlich positive Lebensgefühle vermittelt. Wir sollten aber auch nicht so naiv sein zu glauben, daß das »Gute« eine kosmische Angelegenheit sei und wir es lediglich zu erkennen hätten. Diejenigen, die auf Naturgesetze zählen, welche mit Notwendigkeit auch den »guten Menschen« hervorbringen werden, könnten nicht nur bitter enttäuscht werden, sondern leisten womöglich, auch wenn sie es nicht wollen, gefährlichen Ideologien Vorschub. Ich räume ein, daß vieles, was ich im vorliegenden Buch ausgeführt habe, als ein »ethischer Pessimismus« interpretiert werden könnte: Es gibt keine absoluten Normen und Werte, und der Mensch ist von Natur aus egoistisch, er sucht seinen Eigenvorteil, beschwindelt andere, beutet die Natur aus und ist über sein Wesen und seine Handlungen oft so entsetzt, daß er eine Ethik erfindet, die dann entweder seine Handlungen im nachhinein rechtfertigen oder beim nächsten Mal Schlimmes verhindern soll. Jede Ethik, die keine Rücksicht auf den Ursprung des Menschen im »nicht-moralischen« Bereich nimmt, muß eine bloße Konstruktion bleiben. Das bräuchte uns nicht weiter zu stören – würde sie nur funktionieren, könnte sie nur wirklich Schlimmes vermeiden. Aber jener nicht-moralische Bereich ist nicht zu umgehen: Die archaischen Antriebe unseres Verhaltens sitzen tief, sie brechen unentwegt hervor. Wir brauchen uns nur die täglichen Weltnachrichten im Fernsehen anzuschauen: Kriegerische Auseinandersetzungen, Kämpfe um Territorien, Einfluß und Macht, Mord und Totschlag, Betrug und Korruption sind an der Tagesordnung, daß Moral in der Politik irgendeine Rolle spielen könnte, glauben nur noch naive Leute. Also ist die Frage, ob der Mensch von Natur aus gut sei, doch nur eine rhetorische

Frage, die ich hier gleichsam aus Symmetriegründen – im Prolog fragte ich, ob der Mensch von Natur aus *böse* sei – an den Schluß des Buches stelle? Nicht ganz.

Ich betonte mehrmals, daß sich der Mensch – wie sicher auch einige andere Organismen – am sozialen Leben erfreuen kann, seinesgleichen sucht, sich dabei durchaus in Hilfsbereitschaft übt, kooperiert, positive Gefühle für andere empfindet. Und das, glaube ich, ist von Natur aus so, kein Mensch könnte völlig allein, auf sich allein gestellt, umgeben von lauter Feinden, existieren. Es ist bemerkenswert, wie nahe uns fremde Menschen in Krisensituationen plötzlich stehen; bei einem Unfall verlassen wir uns auf die Hilfe uns unbekannter Menschen – und ist es nicht erstaunlich, daß uns so mancher dann auch tatsächlich seine Hilfe angedeihen läßt? Es ist uns gewiß nicht möglich, zu vielen Menschen ein Nahverhältnis zu entwickeln, wir sind von der Evolution anders programmiert. Aber gerade in Krisensituationen zeigt es sich, daß wir dann bereit sind, *jeden* als unseren Nächsten zu akzeptieren, so wie auch viele von uns, wenn sie Zeugen eines Unglücks sind, Hilfe zu leisten bereit sind, ohne zu fragen, wer der- oder diejenige sei, der oder die da unserer Hilfe bedarf. Die Bereitschaft, Hilfe zu leisten, haben wir denn auch zu einer Tugend erhoben, und es gibt keine Ethik, die nicht, wenn auch beschränkt auf die Angehörigen einer kleinen Gruppe, Hilfe zu leisten gebietet.

Ich glaube nicht, daß man den Menschen als von Natur aus gut im moralischen Sinne bezeichnen kann, weil ihm Fragen der Moral oder Unmoral die längste Zeit fremd waren. Ebensowenig kann man den Menschen als von Natur aus böse bezeichnen. Das Gute und das Böse kamen erst in die Welt, als der Mensch verschiedene seiner Handlungen als gut oder böse zu werten begann. Nur der, der an ein »höheres Wesen«, an einen richtenden Gott glaubt, wird das anders sehen. Aber wie schrieb Voltaire (vgl. 1985, S. 118):

Das moralische Übel, über welches zahllose Bücher geschrieben worden sind, ist im Grunde dasselbe wie das physische. Es ist nichts weiter als ein Schmerzgefühl, das ein organisches

Wesen einem anderen organischen Wesen zufügt. Erpressungen, Beleidigungen und dergleichen sind nur insofern ein Übel, als sie Schmerz verursachen. Da wir nun Gott ganz bestimmt kein Übel zufügen können, sagt unsere Vernunft uns (der Glaube ist eine Sache für sich), daß in bezug auf das höchste Wesen von moralischem Übel keine Rede sein kann. Anders gewendet: Das Übel kam erst mit dem Menschen in die Welt, insofern, als er das einzige Lebewesen ist, daß etwas als Übel erkennt, Böses vom Guten unterscheidet, *bewußt* Unglück vermeiden will und Glück sucht.

Moral ist also letztlich eine Sache von Empfindungen. So gesehen kann sie nicht objektiv sein, sie unterliegt unseren Gefühlen. Die einzige Hoffnung, die ein Mensch in bezug auf die moralischen Fähigkeiten seiner Gattung haben kann, ist, daß sich diese Gefühle in einer Richtung entwickeln werden, die Kooperation, Altruismus, Hilfsbereitschaft fördert, Egoismus, Aggression, Gewalt jedoch minimiert. Ob sich diese Hoffnung aber bewahrheiten kann, wird sich weisen. Der Mensch strebt immer danach, glücklich zu sein, ohne daß er im einzelnen so genau wüßte, was Glück überhaupt ist. »Tiere«, sagt Bertrand Russell (1961, S. 11), »sind glücklich, solange sie gesund sind und genug zu essen haben. Menschen, so könnte man meinen, sollten glücklich sein, sind es aber in der modernen Welt in den meisten Fällen nicht.« Ebenso kann man sagen, daß der Mensch seit jeher danach gestrebt hat, sich moralisch richtig zu verhalten – in den meisten Fällen aber verhält er sich nicht so. Vielleicht haben wir in der Ethik die Latte tatsächlich zu hoch angesetzt, vielleicht auch ist der Mensch sozusagen dazu verurteilt, zwischen den Desideraten seiner ethischen Forderungen und seiner wahren Natur zu schwanken. Einzelne Menschen mögen ihren eigenen ethischen Forderungen und den Forderungen anderer absolut entsprechen – aber die Menschheit? Die Menschheit besteht derzeit aus über fünf Milliarden Individuen – bald dürften es wesentlich mehr sein! –, Individuen mit unterschiedlichen Neigungen und Interessen. Es ist ein Ding der Unmöglichkeit, diese Neigungen und Interessen auf einen

Nenner zu bringen – wer sollte dies auch bewerkstelligen und zu welchem Preis?!

Das rasante Wachstum der Erdbevölkerung stellt uns vor immer schwierigere Probleme, und es ist abzusehen, daß neben Armut und Hunger auch Aggression und Gewalt zunehmen werden. Die Moralisten, die auf ewigen Werten insistieren, auf eine universelle, für jeden und jede in jeder Situation gültige Ethik drängen, könnten bald ihre Stunde kommen sehen. Aber sie werden, nach allen unseren bisherigen Erfahrungen, das Übel in der Welt nicht beseitigen, sondern bestenfalls durch neue Übel ersetzen. Diejenigen – zu denen ich mich zählen darf –, die meinen, daß wir zuallererst unsere wahre Natur zu erkennen haben, bevor wir ein für allemal die Frage beantworten können, was wir tun *sollen,* werden sich den Vorwurf gefallen lassen müssen, daß sie damit wesentliche, möglicherweise für das Überleben der Menschheit maßgebliche Lösungen von Problemen nur hinauszögern. Nun denke ich zwar, daß das, was wir heute schon über unsere Natur wissen, nicht wenig ist, im Gegenteil, es ist sehr viel, und wir begegnen ja dieser Natur durch unsere Selbsterfahrung unentwegt. Vielleicht aber können wir gerade deshalb einen – wenn auch nur sehr schmalen – Silberstreif am Horizont erkennen.

Es sei denn, wir fahren damit fort, unsere Natur zu verschleiern und zu verklären und zu übersehen, was wir tatsächlich sind: von den Bäumen herabgestiegene Primaten, verunsichert in einer Welt, in der unser Auftreten nicht vorgesehen war, der wir gleichgültig sind, die wir aber nach unseren eigenen – unsicheren – Maßstäben neu gestalten wollen, ohne eben zu wissen, was daraus werden wird. Bisher jedenfalls sind wir weit davon entfernt gewesen, unseren eigenen Bildern von einer *humanen* Menschheit zu entsprechen. Es ist auch nicht auszuschließen, daß der Traum vom »besseren« Menschen für immer ein Traum bleiben wird.

Glossar

Aggression. Verhaltensweise, die eines von zwei oder mehreren Individuen dazu zwingt, seine Ziele zu ändern. A. kann zwischen Individuen derselben Art (intraspezifische A.) oder zwischen verschiedenen Arten (interspezifische A.) beobachtet werden.

Altruismus. Uneigennütziges Verhalten. Ein Verhalten, das die → Eignung des Handlungsurhebers mindert, die des Handlungsempfängers bzw. Nutznießers erhöht. Mit reziprokem A. meint man eine auf Gegenseitigkeit beruhende Uneigennützigkeit bzw. gegenseitige Hilfeleistung, wobei jeder der Altruisten von seinem Partner Belohnung erwartet. Damit wird der A. letztlich zu einem → Egoismus: Jeder der Partner möchte seine Interessen verwirklichen, kooperiert aber, weil er den anderen benötigt.

Anthropophagie. → Kannibalismus.

Arterhaltung. Die Summe der organischen Strukturen, Funktionen und Verhaltensweisen, die das Fortbestehen einer Spezies garantieren.

Australopithecus. Älteste bekannte Gattung der → Hominiden, die mit mehreren Arten bis vor etwa zwei Millionen Jahren in Süd- und Südostafrika beheimatet war.

Behaviorismus. Eine Milieutheorie. Psychologische Richtung, deren Vertreter Lebewesen als Resultate von Umwelteinflüssen betrachten. Jedes Lebewesen wäre demnach bei seiner Geburt ein »leerer Kasten«, der nur mit Außeneinflüssen vollgestopft wird.

Bewußtsein. Fähigkeit eines Systems, über sich selbst zu reflektieren, zu sich selbst »in Distanz zu gehen«. In seiner spezifischen Form als Selbstbewußtsein, die Fähigkeit, Ziele in die Zukunft zu projizieren, zukunftsorientiert zu handeln usw. ist B. nur dem Menschen eigen.

Biogramm. Der »Lebensstil« einer bestimmten Art, Gattung, Familie, Klasse usw.; die Gesamtheit der physiologischen, eine Gruppe von Lebewesen verbindenden Mechanismen bzw. Reaktionsmöglichkeiten.

Cerebralisation. Gehirnvergrößerung. Die Gesamtheit der Prozesse, die insbesondere bei den → Hominiden zu einer Differenzierung des Gehirns und einer Vergrößerung der Gehirnkapazität geführt haben.

Egoismus. Gegenteil von → Altruismus; eigennütziges Verhalten; Verhalten, welches die Vorteile eines Individuums auf Kosten anderer gewährleistet.

Eignung. Maß für Fortpflanzungserfolg. Auch Fitness. Bezieht sich auf → Gene, Individuen, Populationen.

Epigenetische Regeln. (Genetische) Regeln, welche die Entwicklung eines anatomischen Merkmals, einer Funktion oder einer Verhaltensweise eines Organismus in bestimmte Richtungen lenken. Die → Soziobiologie nimmt die Wirksamkeit dieser Regeln in allen Stadien der individuellen Entwicklung eines Lebewesens an.

Ethik. Moralphilosophie; Sittenlehre; Wertlehre. Disziplin der praktischen Philosophie, die sich mit dem moralisch richtigen Handeln beschäftigt und die Frage »Was soll ich tun?« als Ausgangspunkt hat. E. enthält auch grundlegende Überlegungen darüber, was unter »gut« und »böse« zu verstehen sei, wie Normen und Werte begründet werden. → evolutionäre E., → idealistische E.

Ethnozentrismus. Die in der menschlichen Stammesgeschichte aufgrund des Lebens in Kleingruppen entstandene Neigung, die eigene Sozietät, das eigene Volk bzw. auch die eigene Kultur höher zu bewerten als andere Sozietäten, Völker und Kulturen.

Evolution. Allgemein Entwicklung. In der Biologie – organische E. – die Veränderung der Arten in der Zeit (Stammesgeschichte, Phylogenese) insbesondere aufgrund der → natürlichen Auslese oder → Selektion. Die soziale E. umfaßt die Prozesse und Mechanismen der Entwicklung von Sozietäten in der Organismenwelt, die kulturelle E. vollzieht sich als Prozeß, der zwar auf biologischen Strukturen und Funktionen aufbaut, darüber hinaus aber seine Eigendynamik entwickelt.

Evolutionäre Erkenntnistheorie. Theorie der stammesgeschichtlichen Bedingungen des (menschlichen) Erkennens und Denkens. Die e. E. geht von der Tatsache aus, daß alle Lebewesen informationsverarbeitende Systeme sind und beschreibt die → Evolution insgesamt als einen komplexen Informationsvorgang.

Evolutionäre Ethik. Theorie der stammesgeschichtlichen Bedingungen des (menschlichen) Moralverhaltens. Die e. E. geht davon aus, daß → Moralität biologische Wurzeln hat und auf altruistisches Verhalten (→ Altruismus) zurückführbar ist. Als beschreibende Disziplin erhebt die e. E. keine normativen Ansprüche; allerdings können, wie in diesem Buch argumentiert wird, aus der e. E. zumindest Hinweise auf die Gestaltung sozialen Lebens abgeleitet werden, da die e. E. die Bedingungen erhellt, unter denen moralisches Verhalten funktioniert.

Evolutionstheorie. Allgemein jede Theorie, die den Wandel, die Veränderung von Strukturen erklärt, sei es im biologischen, im sozialen oder im kulturellen Bereich.

Fitness. → Eignung.

Fortschritt. Im allgemeinen eine Entwicklung, die zum »Besseren« führt. Der Glaube an → Fortschritt ist problematisch, da wir keine verbindlichen Kriterien dafür haben, was als jeweils »besser« gelten kann. Oft wird → Evolution mit F. gleichgesetzt. In diesem Buch wird dieser Auffassung widersprochen.

Fortschrittsideologie. Jede → Ideologie, die davon ausgeht, daß insbesondere die soziale → Evolution gleichsam automatisch zum → Fortschritt führt, aber auch die Auffassung, daß die organische → Evolution letztlich nur »Gutes« hervorbringt. Die moderne biologische → Evolutionstheorie ist mit F. unvereinbar.

Gene. Im gewöhnlichen Sprachgebrauch »Erbfaktoren«. Abschnitte auf der DNS (Desoxyribonucleinsäure), die erblich bestimmte Strukturen/Funktionen von Lebewesen codiert.

Genozid. Die systematische Ausrottung von Völkern oder ethnischen, religiösen usw. Gruppen, z. B. Judenverfolgung im Dritten Reich. Der G. ist der extreme Auswuchs des → Ethnozentrismus. Er ist im engeren Sinne nur vom Menschen bekannt, allerdings sind Ansätze dazu auch bei anderen → Primaten diskutiert worden.

Hominiden. Familie der → Primaten mit zwei Gattungen, → Australopithecus und Homo. Die einzige rezente Spezies ist → Homo sapiens. Nach moderner Auffassung haben die H. ein stammesgeschichtliches Alter von etwa 4 bis 6 Millionen Jahren.

Homo erectus. Spezies der → Hominiden, die in mehreren Varietäten (Rassen?) und Unterarten in Afrika, Asien und Europa auftrat. Aus einer der Unterarten oder Varietäten hat sich wahrscheinlich Homo sapiens entwickelt.

Homo sapiens. Einzige rezente Art der → Hominiden, zusammen mit einigen »Präsapiens«-Formen etwa 200000 Jahre alt, heute weltweit verbreitet, mit enormen Einflüssen auf den »Rest der Welt«.

Homo sociologicus. Bezeichnung für den Menschen als geselliges bzw. gesellschaftliches Wesen.

Humanität. Menschlichkeit. H. reflektiert die Auffassung, daß sich der

Mensch altruistisch, hilfsbereit und rücksichtsvoll gegenüber seinen Artgenossen zu verhalten habe.

Idealistische Ethik. Jede → Ethik, die von einem absoluten Sittenprinzip ausgeht und ethische → Normen und → Werte im wesentlichen ohne Berücksichtigung der natürlichen, biologischen Rahmenbedingungen der menschlichen Existenz zu begründen sucht.

Ideologie. Allgemein »Weltanschauung«. Jedes Ideensystem mit (normativen) Aussagen über die Organisation von Gesellschaft(en). Eine I. stützt sich häufig auf wissenschaftliche Erkenntnisse über die Natur und den Menschen und überträgt diese auf soziale Normen (→ Sozialdarwinismus).

Infantizid. Kindestötung. Ein bei Primaten und anderen Säugetieren häufig beobachtbares Phänomen. Die → Soziobiologie erklärt den I. auf der Basis des Drangs der Männchen, die eigenen → Gene weiterzugeben; das Männchen hätte demnach zuerst das Weibchen von ihrer Sorge um die (von einem anderen Männchen gezeugten) Nachkommen zu entbinden.

Inzest. Inzucht. Sexuelle Aktivitäten zwischen verwandten Individuen (Vater-Tochter, Mutter-Sohn, Bruder-Schwester); Erzeugung von Nachkommen durch (genetisch) eng miteinander verwandte Individuen.

Inzesttabu, Inzestverbot. In fast allen menschlichen Sozietäten bzw. Kulturen herrschendes Verbot, inzestuöse Bindungen einzugehen (»Blutschande«). Eine biologische Erklärung dafür ist, daß solche Bindungen zur Minimierung der → Fitness führen (»Degeneration«).

Kannibalismus. Das Essen von Menschenfleisch. Im allgemeinen das Auffressen des eigenen Artgenossen oder zumindest einiger seiner Körperteile. Der K. ist bei den → Hominiden weitverbreitet und dürfte zu allen Zeiten der Evolution der Hominiden aufgetreten sein.

Kognition. Erkenntnis im weitesten Sinne; Gesamtheit der Vorgänge bei einem Organismus, die zur Wahrnehmung der externen Welt oder auch zur Selbstwahrnehmung führen.

Kommentkämpfe. In der Tierwelt weitverbreitetes aggressives Verhalten zwischen Sozialpartnern. K. sind ritualisierte Kämpfe (»Turnierkämpfe«) und führen in der Regel nicht zur ernsthaften Beschädigung der Gegner (→ Tötungshemmung).

Konflikt. Bezogen auf (soziale) Gruppen bedeutet ein K. ein aus unterschiedlichen individuellen Interessen resultierendes Spannungsverhältnis zwischen zwei oder mehreren Individuen. Ein K. kann auch dadurch entstehen, daß zwei oder mehrere Individuen die gleichen

Interessen verfolgen, aber nur ein Individuum ans Ziel kommen kann (z. B. Streit zwischen mehreren Individuen um eine Beute). Ein K. begünstigt aggressives Verhalten.

Kreationismus. Schöpfungsglaube, vor allem die wörtliche Auslegung des biblischen Schöpfungsberichts; Gegensatz zu → Evolutionstheorie.

Menschenrechte. Grundrechte, die jedem Menschen ungeachtet seiner Herkunft, seiner sozialen, ethnischen oder religiösen Zugehörigkeit zugebilligt werden.

Moral. Gesamtheit der Verhaltensnormen in einer Gruppe bzw. der → Werte und → Normen, die von der Gruppe akzeptiert werden.

Moralanaloges Verhalten. In der Verhaltensforschung Bezeichnung für Verhaltensweisen bei Tieren, die z. B. eine Schonung des Gegners im Kampf → Kommentkämpfe) einschließen, »als ob« dabei ethische Richtlinien im Spiel wären, obwohl solche Verhaltensweisen nicht bewußt reflektiert werden und mit → Moral im engeren Sinne nicht identisch sind.

Moralität. Im allgemeinen sittliche Gesinnung; kennzeichnet vor allem sittliches Verhalten, das nicht von außen dem einzelnen aufgezwungen wird, sondern einem »Pflichtgefühl« entspringt.

Naturalismus. Auffassung, wonach menschliches Verhalten, auch in seinen spezifischen Aspekten soziokulturellen und moralischen Verhaltens, ebenso auch Erkennen und Denken auf eine natürliche Basis gestellt werden (→ evolutionäre Erkenntnistheorie, → evolutionäre Ethik).

Naturalistischer Fehlschluß. In der → Ethik der Schluß vom Sein auf das Sollen, von Fakten auf → Normen und → Werte.

Natürliche Auslese. → Selektion.

Nepotismus. Vetternwirtschaft; Bevorzugung von Verwandten oder Angehörigen der eigenen Gruppe. Der N. ist stammesgeschichtlich auf das Leben des Menschen in Kleingruppen zurückzuführen.

Normen. Regeln des Zusammenlebens mehrerer Individuen (des Menschen), soziale Konventionen, die meist über mehrere Generationen tradiert werden, von Sozietät zu Sozietät aber verschieden sein können.

Primaten. Ordnung der Säugetiere (»Herrentiere«, Affen und Halbaffen), rezent mit knapp zweihundert Arten vertreten.

Reduktionismus. Allgemein das Zurückführen komplexer Phänomene auf einfache, beispielsweise die Auffassung vieler Soziobiologen, daß sich Verhaltensweisen auf genetische Determinanten zurückführen lassen.

Relativismus. In der → Ethik die Auffassung, daß es keine für alle Zeiten und Sozietäten (Völker, Kulturen) verbindlichen → Normen und → Werte gibt, daß diese also von den jeweiligen Lebensbedingungen der Sozietäten abhängen.

Selektion. Nach Darwin die wichtigsten Triebkräfte evolutiven Wandels in der Organismenwelt. »Richtender« Faktor der (organischen) → Evolution, der aus der Fülle genetischer Varianten nur jeweils einige wenige bevorzugt (»Überleben der Tauglichsten«).

Sozialdarwinismus. Ideologische Richtung, die auf einer Übertragung der Lehre Darwins (insbesondere der Selektionstheorie) auf soziokulturelle Phänomene beruht.

Soziobiologie. Teilgebiet der Verhaltensforschung (Studium des Sozialverhaltens der Organismen), von der »klassischen Verhaltensforschung« aber dadurch verschieden, daß seine Vertreter nicht die Art (→ Arterhaltung) in den Mittelpunkt stellen, sondern Gruppen, Individuen und Gene; genetische Erklärung des (sozialen) Verhaltens der Lebewesen, auch des (menschlichen) Moralverhaltens.

Tötungshemmung. Von der Verhaltensforschung angenommener Mechanismus, der zu einer Schonung von Artgenossen führe.

Tradition. Die Weitergabe von sozialen bzw. kulturellen »Inhalten« (→ Normen, → Werten, religiösen Überzeugungen, aber auch Techniken usw.) von einer auf die andere Generation (soziokulturelle → Evolution).

Werte. Gesamtheit der Überzeugungen, die ethisches Verhalten leiten.

Bibliographie

Alexander, R. D. 1983. Biologie und moralische Paradoxa. In: Gruter, M. und Rehbinder, M. (Hrsg.): Der Beitrag der Biologie zu Fragen von Recht und Ethik. Duncker & Humblot, Berlin, S. 161–173.

Alexander, R. D. 1987. The Biology of Moral Systems. Aldine de Gruyter, New York.

Alexander, R. D. 1988. Über die Interessen der Menschen und die Evolution von Lebensabläufen. In: Meier, H. (Hrsg.): Die Herausforderung der Evolutionsbiologie. Piper, München–Zürich, S. 129–171.

Aelianus, C. 1990. Bunte Geschichten. Reclam, Leipzig.

Altner, G. 1991. Naturvergessenheit. Grundlagen einer umfassenden Bioethik. Wissenschaftliche Buchgesellschaft, Darmstadt.

Ardrey, R. 1972. Adam und sein Revier. Der Mensch im Zwang des Territoriums. Deutscher Taschenbuch Verlag, München.

Aristoteles 1977. Hauptwerke. (Ausgewählt, übersetzt und eingeleitet von W. Nestle.) Kröner, Stuttgart.

Axelrod, R. 1987. Die Evolution der Kooperation. Oldenbourg, München.

Ayala, F. J. 1987. The Biological Roots of Morality. Biol. & Philos. 2, 235–252.

Barash, D. P. 1980. Soziobiologie und Verhalten. Parey, Berlin–Hamburg.

Bateson, P. 1989. Does Evolutionary Biology Contribute to Ethics? Biol. & Philos. 4, 287–301.

Bayertz, K. 1990. Wie biologisch ist die Moral? Ethik u. Sozialwiss. 1, 168–170.

Bayertz, K. 1991. Praktische Philosophie als angewandte Ethik. In: Bayertz, K. (Hrsg.): Praktische Philosophie. Grundorientierungen angewandter Ethik. Rowohlt, Reinbek, S. 7–47.

Becker, W. 1989. Der fernethische Illusionismus und die Realität. In: May, H. und Striegnitz, M. (Hrsg.): Kooperation und Wettbewerb. Zu Ethik und Biologie menschlichen Sozialverhaltens. Evangelische Akademie Loccum, S. 194–201.

Bercovitch, F. B. 1991. Social Stratification, Social Strategies, and Reproductive Success in Primates. Ethol. & Sociobiol. 12, 315–333.

Birnbacher, D. 1991. Mensch und Natur. Grundzüge der ökologischen Ethik. In: Bayertz, K. (Hrsg.): Praktische Philosophie. Grundorientierungen angewandter Ethik. Rowohlt, Reinbek, S. 278–321.

Bischof, N. 1978. On the Phylogeny of Human Morality. In: Stent, G. S. (Hrsg.): Morality as a Biological Phenomenon. Springer, Berlin–Heidelberg–New York, S. 53–73.

Bischof-Köhler, D. 1991. Jenseits des Rubikon. Die Entstehungsgeschichte menschlicher Erkenntnisformen und ihre Auswirkung auf das Sozialverhalten. Mannheimer Forum *90/91*. Piper, München–Zürich, 143–193.

Bonner, J. T. 1983. Kultur-Evolution bei Tieren. Parey, Berlin–Hamburg.

Boyd, R. und Richerson, P. J. 1985. Culture and the Evolutionary Process. The University of Chicago Press, Chicago–London.

Bresch, C. 1977. Zwischenstufe Leben. Evolution ohne Ziel? Piper, München–Zürich.

Campbell, B. G. 1985. Ökologie des Menschen. Unsere Stellung in der Natur von der Vorzeit bis heute. Harnack, München.

Campbell, D. T. 1975. On the Conflicts Between Biological and Social Evolution and Between Psychology and Moral Tradition. Amer. Psychol. *30*, 1103–1126.

Campbell, D. T. 1978. Social Morality Norms as Evidence of Conflict Between Biological Human Nature and Social System Requirements. In: Stent, G. S. (Hrsg.): Morality as a Biological Phenomenon. Springer, Berlin–Heidelberg–New York, S. 75–92.

Camus, A. [1942] 1991. Der Mythos von Sisyphos. Ein Versuch über das Absurde. Rowohlt, Reinbek.

Cela-Conde, C. 1987. On Genes, Gods and Tyrants. The Biological Causation of Morality. Reidel, Dordrecht–Boston–Lancaster.

Cole, S. 1970. The Neolithic Revolution. Trustees of the British Museum, London.

Constable, G. 1973. Die Neandertaler. Time-Life International, Amsterdam.

Count, E. W. 1958. The Biological Basis of Human Sociality. Amer. Anthropol. *60*, 1049–1085.

Crozier, B. 1974. A Theory of Conflict. H. Hamilton, London.

Dahl, E. 1991. Im Anfang war der Egoismus. Den Ursprüngen menschlichen Verhaltens auf der Spur. Econ, Düsseldorf–Wien–New York.

Dahrendorf, R. 1958. Homo Sociologicus. Ein Versuch zur Geschichte, Bedeutung und Kritik der Kategorie der sozialen Rolle. Westdeutscher Verlag, Opladen.

Darwin, Ch. [1859] 1988. Über die Entstehung der Arten durch natürliche Zuchtwahl. Wissenschaftliche Buchgesellschaft, Darmstadt.

Darwin, Ch. [1871] 1966. Die Abstammung des Menschen. Kröner, Stuttgart.

Dawkins, R. 1976. The Selfish Gene. Oxford University Press, Oxford–New York.

Dawkins, R. 1987. Der blinde Uhrmacher. Ein neues Plädoyer für den Darwinismus. Kindler, München.

Dobzhansky, T. 1965. Dynamik der menschlichen Evolution. Gene und Umwelt. S. Fischer, Frankfurt/M.

Eco, U. 1987. Über Gott und die Welt. Essays und Glossen. Deutscher Taschenbuch Verlag, München.

Eibl-Eibesfeldt, I. 1984a. Die Biologie des menschlichen Verhaltens. Grundriß der Humanethologie. Piper, München–Zürich.

Eibl-Eibesfeldt, I. ²1984b. Krieg und Frieden aus der Sicht der Verhaltensforschung. Piper, München–Zürich.

Eibl-Eibesfeldt, I. 1988. Der Mensch – das riskierte Wesen. Zur Naturgeschichte menschlicher Unvernunft. Piper, München–Zürich.

Erben, H. K. ³1988. Die Entwicklung der Lebewesen. Spielregeln der Evolution. Piper, München–Zürich.

Flew, A. 1984. Darwinian Evolution. Paladin Books, London.

Flohr, H. 1986. Biological Bases of Social Prejudices. In: Reynolds, V., Falgar, S. E. und Vine, I. (Hrsg.): The Sociobiology of Ethnocentrism. Evolutionary Dimensions of Xenophobia, Discrimination, Racism and Nationalism. The University of Georgia Press, Athens, S. 190–207.

Flohr, H. und Tönnesmann, W. (Hrsg.): 1983. Politik und Biologie. Beiträge zur Life-Sciences-Orientierung der Sozialwissenschaften. Parey, Berlin–Hamburg.

Fox, R. 1989. The Search for Society. Quest for a Biosocial Science and Morality. Rutgers University Press, New Brunswick–London.

Fritze, L. 1991. Das Prinzip Weiterleben. Ein Versuch zur Beantwortung der Frage: Wie sollen wir leben? Z. f. philos. Forschung 45, 347–370.

Gehlen, A. ⁹1971. Der Mensch. Seine Natur und Stellung in der Welt. Athenäum, Frankfurt/M.

Gould, S. J. 1980. Ever Since Darwin. Reflections in Natural History. Penguin Books. Harmondsworth.

Gould, S. J. 1989. Wonderful Life. The Burgess Shale and the Nature of History. W. W. Norton, New York–London.

Gradmann, H. 1962. Das Rätsel des Lebens im Lichte der Forschung. Reinhardt, München–Basel.

Gusinde, M. 1942. Die Kongo-Pygmäen in Geschichte und Gegenwart. Nova Acta Leopoldina (N. F.) 11 (76), 149–415.

Haeckel, E. ¹⁰1902. Natürliche Schöpfungsgeschichte. Band 1: Allgemeine Entwickelungs-Lehre (Transformismus und Darwinismus). Reimer, Berlin.

Haeckel, E. 1905. Die Lebenswunder. Gemeinverständliche Studien über Biologische Philosophie. Kröner, Stuttgart.

Halliday, T. 1980. Sexual Strategy. Oxford University Press, Oxford–London.

Hassenstein, B. 1983. Evolution und Werte. In: Riedl, R. und Kreuzer, F. (Hrsg.): Evolution und Menschenbild. Hoffmann und Campe, Hamburg, S. 59–81.

Hegselmann, R. 1989. Wie weit reicht eine Klugheitsmoral? oder: Zur strategischen Analyse und spieltheoretischen Modellierung von Moral. In: May, H. und Striegnitz, M. (Hrsg.): Kooperation und Wettbewerb. Zu Ethik und Biologie menschlichen Sozialverhaltens. Evangelische Akademie Loccum, S. 8–32.

255

Helsper, H. 1989. Die Vorschriften der Evolution für das Recht. Schmidt, Köln.
Hemminger, H. 1983. Der Mensch – eine Marionette der Evolution? Eine Kritik an der Soziobiologie. S. Fischer, Frankfurt/M.
Hendrichs, H. 1985. Zu möglichen Vorformen des menschlichen Rechtsgefühls bei höheren Tieren. In: Lampe, E.-J. (Hrsg.): Das sogenannte Rechtsgefühl. Westdeutscher Verlag, Opladen, S. 57–70.
Herbig, J. 1984. Im Anfang war das Wort. Die Evolution des Menschlichen. Hanser, München–Wien.
Herbig, J. 1988. Nahrung für die Götter. Die kulturelle Neuerschaffung der Welt durch den Menschen. Hanser, München–Wien.
Herder, J. G. [1784–1791] 1885. Ideen zur Philosophie der Geschichte der Menschheit. Ausgewählte Werke. (Eingeleitet von J. Lautenbacher.) Band 2. Cotta, Stuttgart.
Herodot 1961. Historien. (Übersetzt und eingeleitet von E. Richtsteig.) Band 1. Goldmann, München.
Hobbes, T. [1651] 1980. Leviathan. (Übersetzt von J. P. Mayer, mit einem Nachwort von M. Diesselhorst.) Reclam, Stuttgart.
Hudson, W. D. 1970. Modern Moral Philosophy. Macmillan, London.
Hull, D. L. 1988. Science as a Process. An Evolutionary Account of the Social and Conceptual Development of Science. The University of Chicago Press, Chicago–London.
Hume, D. [1788] ⁴1888. Eine Untersuchung in Betreff des menschlichen Verstandes. Weiss, Heidelberg.
Huxley, J. 1964. Die Grundgedanken des evolutionären Humanismus. In: Huxley, J. (Hrsg.): Der evolutionäre Humanismus. Zehn Essays über die Leitgedanken und Probleme. Beck, München, S. 13–69.
Huxley, T. H. 1894. Evolution and Ethics. Appleton, New York.

Irwin, C. J. 1986. A Study in the Evolution of Ethnocentrism. In: Reynolds, V., Falger, V. S. E. und Vine, I. (Hrsg.): The Sociobiology of Ethnocentrism. Evolutionary Dimensions of Xenophobia, Discrimination, Racism and Nationalism. The University of Georgia Press, Athens, S. 131–156.
Ike, B. W. 1986. Man's Limited Sympathy as a Consequence of his Evolution in Small Kin Groups. In: Reynolds, V., Falgar, V. S. E. und Vine, I. (Hrsg.): The Sociobiology of Ethnocentrism. Evolutionary Dimensions of Xenophobia, Discrimination, Racism and Nationalism. The University of Georgia Press, Athens, S. 216–234.
Itani, J. 1983. Die Tötung von Artgenossen bei nichtmenschlichen Primaten. In: Gruter, M. und Rehbinder, M. (Hrsg.): Der Beitrag der Biologie zu Fragen von Recht und Ethik. Duncker & Humblot, Berlin, S. 143–157.

Jeßberger, R. 1990. Kreationismus. Kritik des modernen Antievolutionismus. Parey, Berlin–Hamburg.
Johanson, D. und Shreeve, J. 1990. Lucy's Kind. Auf der Suche nach den ersten Menschen. Piper, München–Zürich.
Jonas, H. 1984. Das Prinzip Verantwortung. Versuch einer Ethik für die technologische Zivilisation. Suhrkamp, Frankfurt/M.

Kaiser, G. 1991. »Eine Hand wäscht die andere...« Korruption in Politik und Wirtschaft. Universitas *46*, 1062–1071.

Kant, I. [1785] 1968. Grundlegung zur Metaphysik der Sitten. Werke. Band 6. Wissenschaftliche Buchgesellschaft, Darmstadt.

Kant, I. [1788] 1968. Kritik der praktischen Vernunft. Werke. Band 6. Wissenschaftliche Buchgesellschaft, Darmstadt.

Kant, I. [1795] 1968. Zum ewigen Frieden. Werke. Band 9. Wissenschaftliche Buchgesellschaft, Darmstadt.

Kinzelbach, R. 1989. Ökologie – Naturschutz – Umweltschutz. Wissenschaftliche Buchgesellschaft, Darmstadt.

Knapp, A. 1989. Soziobiologie und Moraltheologie. Kritik der ethischen Folgerungen moderner Biologie. VCH Verlagsgesellschaft, Weinheim.

Kropotkin, P. 1910. Gegenseitige Hilfe in der Tier- und Menschenwelt. Thomas, Leipzig.

Krüger, L. 1987. Ethics According to Nature in the Age of Evolutionary Thinking. Grazer Philos. Stud. *30*, 25–42.

Kummer, H. 1975. Schwerpunkte soziobiologischer Freilandforschung an Primaten. Verh. Dtsch. Zool. Ges. 1975, 59–70.

Kutschera, F. v. 1982. Grundlagen der Ethik. W. de Gruyter, Berlin–New York.

Lamarck, J. B. de [1809] 1909. Zoologische Philosophie. Kröner, Leipzig.

Landmann, M. 1961. Der Mensch als Schöpfer und Geschöpf der Kultur. Reinhardt, Basel–München.

Leakey, R. E. und Lewin, R. 1980. Wie der Mensch zum Menschen wurde. Neue Erkenntnisse über den Ursprung und die Zukunft des Menschen. Hoffmann und Campe, Hamburg.

Leinfellner, W. 1974. A New Epitheoretical Analysis of Social Theories; A Reconstruction of Their Background Knowledge Including a Model of Statistical Decision Theory. In: Leinfellner, W. und Köhler, E. (Hrsg.): Developments in the Methodology of Social Science. Reidel, Dordrecht–Boston, S. 3–43.

Leinfellner, W. 1985. Eine Rekonstruktion der Schlickschen Sozialethik. In: McGuinness, B. (Hrsg.): Zurück zu Schlick. Eine Neubewertung von Werk und Wirkung. Hölder-Pichler-Tempsky, Wien, S. 57–84.

Leinfellner, W. 1990. Wie sozial ist die Ethik? Ethik u. Sozialwiss. *1*, 182–184.

Lévi-Strauss, C. 1967. The Elementary Structures of Kinship. Beacon Press, Boston.

Lewontin, R. C., Rose, S. und Kamin, L. J. 1984. Not in Our Genes. Biology, Ideology, and Human Nature. Pantheon Books, New York.

Leyhausen, P. 1974. The Biological Basis of Ethics and Morality. Science, Medicine & Man *1*, 215–235.

Lindauer, M. 1991. Auf den Spuren des Uneigennützigen. Nutzen und Risiko des Zusammenlebens in der Natur. Artemis & Winkler, München–Zürich.

Lorenz, K. [1963] 1984. Das sogenannte Böse. Zur Naturgeschichte der Aggression. Piper, München–Zürich.

Lorenz, K. 1973. Die Rückseite des Spiegels. Versuch einer Naturgeschichte menschlichen Erkennens. Piper, München–Zürich.

Lorenz, K. 1974. Das wirklich Böse. Involutionstendenzen in der modernen

Kultur. In: Schatz, O. (Hrsg.): Was wird aus dem Menschen? Styria, Graz–Wien–Köln, S. 287–305.

Lorenz, K. 1983. Der Abbau des Menschlichen. Piper, München–Zürich.

Lorenz, K. und Wuketits, F. M. (Hrsg.): 1983. Die Evolution des Denkens. Piper, München–Zürich.

Löwenhard, P. 1982. Knowledge, Belief and Human Behaviour. Göteborg. Psychol. Reports *12* (11), 1–71.

Luhmann, N. 1987. Soziale Systeme. Grundriß einer allgemeinen Theorie. Suhrkamp, Frankfurt/M.

Lumsden, Ch. J. 1989. Sociobiology, God, and Understanding. Zygon *24*, 83–108.

Lumsden, Ch. J. und Gushurst, A. C. 1985. Gene-Culture Coevolution: Humankind in the Making. In: Fetzer, J. (Hrsg.): Sociobiology and Epistemology. Reidel, Dordrecht–Boston–Lancaster, S. 3–28.

Lumsden, Ch. J. und Wilson, E. O. 1981. Genes, Mind, and Culture. The Coevolutionary Process. Harvard University Press, Cambridge/Mass.–London.

Lumsden, Ch. J. und Wilson, E. O. 1983. Promethean Fire. Reflections on the Origin of Mind. Harvard University Press, Cambridge/Mass.–London.

Mackie, J. L. 1981. Ethik. Auf der Suche nach dem Richtigen und Falschen. Reclam, Stuttgart.

Malmberg, T. 1980. Human Territoriality. Survey of Behavioural Territories in Man with Preliminary Analysis and Discussion of Meaning. Mouton, Den Haag–Paris–New York.

Markl, H. 1978. Group Report: Evolution of Morals? Morals of Evolution? In: Stent, G. S. (Hrsg.): Morality as a Biological Phenomenon. Springer, Berlin–Heidelberg–New York, S. 233–257.

Markl, H. 1982. Constraints on Human Behavior and the Biological Nature of Man. J. Social Biol. Struct. *5*, 381–387.

Markl, H. 1983. Anpassung und Fortschritt: Evolution aus dem Widerspruch. Verh. Dtsch. Ges. Naturforscher u. Ärzte (112. Versammlung 1982), S. 41–58.

Masters, R. 1985. Biology, Ideology, and Human Social Behavior. The Quart. Rev. Biol. *60*, 309–315.

Mayr, E. 1991. Eine neue Philosophie der Biologie. Piper, München–Zürich.

Meyer, P. 1977. Kriegs- und Militärsoziologie. Goldmann, München.

Meyer, P. 1981. Evolution und Gewalt. Ansätze zu einer bio-soziologischen Synthese. Parey, Berlin–Hamburg.

Meyer, P. 1982. Soziobiologie und Soziologie. Eine Einführung in die biologischen Voraussetzungen sozialen Handelns. Luchterhand, Darmstadt–Neuwied.

Meyer, P. 1986. Ethnocentrism in Human Social Behaviour. Some Biosociological Considerations. In: Reynolds, V., Falgar, V. S. E. und Vine, I. (Hrsg.): The Sociobiology of Ethnocentrism. Evolutionary Dimensions of Xenophobia, Discrimination, Racism and Nationalism. The University of Georgia Press, Athens, 81–93.

Meyer, P. 1987. Universale Muster sozialen Verhaltens: Wie entstehen aus genetischer Variabilität strukturell ähnliche Lösungen? HOMO *38*, 133–144.

Meyer, P. 1990. Der Krieg als Gegenstand der Sozialtheorie: Evolutionäre Perspektiven. Ethik u. Sozialwiss. *1*, 525–535.

Midgley, M. 1985. Evolution as a Religion. Strange Hopes and Stranger Fears. Methuen, London–New York.

Mohr, H. 1987. Natur und Moral. Ethik in der Biologie. Wissenschaftliche Buchgesellschaft, Darmstadt.

Monod, J. 1971. Zufall und Notwendigkeit. Philosophische Fragen der modernen Biologie. Piper, München–Zürich.

Nordau, M. 1916. Biologie der Ethik. Elischer, Leipzig.

Oeser, E. 1987. Psychozoikum. Evolution und Mechanismus der menschlichen Erkenntnisfähigkeit. Parey, Berlin–Hamburg.

Oeser, E. und Seitelberger, F. 1988. Gehirn, Bewußtsein und Erkenntnis. Wissenschaftliche Buchgesellschaft, Darmstadt.

Orwell, G. [1949] 1983. Neunzehnhundertvierundachtzig. Ullstein, Frankfurt/M.–Berlin–Wien.

Paxton George, K. 1992. Moral and Nonmoral Innate Constraints. Biol. & Philos. *7*, 189–202.

Piaget, J. 1973. Das moralische Urteil beim Kinde. Suhrkamp, Frankfurt/M.

Platon 1957. Menon. Sämtliche Werke. Band 2. Rowohlt, Hamburg.

Portmann, A. 1956. Zoologie und das neue Bild des Menschen. Biologische Fragmente zu einer Lehre vom Menschen. Rowohlt, Hamburg.

Rapp, F. 1992. Der Fortschrittsgedanke. Struktur und Systemgehalt einer Idee. Wiss. u. Fortschritt *42*, 13–16.

Rasa, A. E. 1988. Die perfekte Familie. Leben und Sozialverhalten der afrikanischen Zwergmungos. Deutscher Taschenbuch Verlag, München.

Rehbinder, M. 1983. Fragen des Rechtswissenschaftlers an die Nachbarwissenschaften zum sog. Rechtsgefühl. In: Gruter, M. und Rehbinder, M. (Hrsg.): Der Beitrag der Biologie zu Fragen von Recht und Ethik. Duncker & Humblot, Berlin, S. 261–274.

Remane, A. 1950. Die biologischen Grundlagen des Handelns. Abh. Akad. d. Wiss. u. Lit. (Mathemat.-naturwiss. Kl.) Mainz, Nr. 18, S. 545–582.

Rensch, B. 1973. Gedächtnis, Begriffsbildung und Planhandlungen bei Tieren. Parey, Berlin–Hamburg.

Rensch, B. 1977. Das universale Weltbild. Evolution und Naturphilosophie. Fischer, Frankfurt/M. Neuausgabe (hrsg. von Wuketits, F. M.): Wissenschaftliche Buchgesellschaft, Darmstadt 1991.

Rensch, B. 1979. Gesetzlichkeit, psychophysischer Zusammenhang, Willensfreiheit und Ethik. Duncker & Humblot, Berlin.

Rensch, B. 1988. Probleme genereller Determiniertheit allen Geschehens. Parey, Berlin–Hamburg.

Richards, R. 1986. A Defense of Evolutionary Ethics. Biol. & Philos. *1*, 265–293.

Richards, R. 1987. Darwin and the Emergence of Evolutionary Theories of Mind and Behavior. The University of Chicago Press, Chicago–London.
Richardson, R. C. 1985. Biological Reductionism and Genic Selectionism. In: Fetzer, J. H. (Hrsg.): Sociobiology and Epistemology. Reidel, Dordrecht–Boston–Lancaster, S. 133–160.
Riedl, R. 1980. Biologie der Erkenntnis. Die stammesgeschichtlichen Grundlagen der Vernunft. Parey, Berlin–Hamburg.
Riedl, R. 1988. Der Wiederaufbau des Menschlichen. Wir brauchen Verträge zwischen Natur und Gesellschaft. Piper, München–Zürich.
Riedl, R. und Wuketits, F. M. (Hrsg.) 1987. Die Evolutionäre Erkenntnistheorie. Bedingungen, Lösungen, Kontroversen. Parey, Berlin–Hamburg.
Roth, G. 1990. Gehirn und Selbstorganisation. In: Krohn, W. und Küppers, G. (Hrsg.): Selbstorganisation. Aspekte einer wissenschaftlichen Revolution. Vieweg, Braunschweig/Wiesbaden, S. 167–180.
Rottschaefer, W. A. 1991. Evolutionary Naturalistic Justification of Morality: A Matter of Faith and Works. Biol. & Philos. 6, 341–349.
Ruse, M. 1982. Darwinism Defended. A Guide to the Evolution Controversies. Addison-Wesley, Reading/Mass.–London–Amsterdam.
Ruse, M. 1984. The Morality of the Gene. The Monist 67, 167–199.
Ruse, M. 1986a. Taking Darwin Seriously. A Naturalistic Approach to Philosophy. Basil Blackwell, Oxford.
Ruse, M. 1986b. Evolutionary Ethics: A Phoenix Arisen. Zygon 21, 95–112.
Ruse, M. 1987. Evolutionary Models in Social Theory. Perspectives and Problems. In: Schmid, M. und Wuketits, F. M. (Hrsg.): Evolutionary Theory in Social Science. Reidel, Dordrecht–Boston–Lancaster, S. 23–47.
Ruse, M. 1989. Sociobiology and Reductionism. In: Hoyningen-Huene, P. und Wuketits, F. M. (Hrsg.): Reductionism and Systems Theory in the Life Sciences. Some Problems and Perspectives. Kluwer Academic Publishers, Dordrecht–Boston–London, S. 45–83.
Ruse, M. und Wilson, E. O. 1986. Ethics as Applied Science. Philosophy 61, 173–192.
Russell, B. 1961. The Conquest of Happiness. Allen & Unwin, London.

Sachsse, H. 1976. Der Mensch als Partner der Natur. Überlegungen zu einer nachcartesianischen Naturphilosophie und ökologischen Ethik. In: Kaltenbrunner, G.-K. (Hrsg.): Überleben und Ethik. Die Notwendigkeit, bescheiden zu werden. Herder, Freiburg–Basel–Wien, S. 27–54.
Salamun, K. 1988. Ideologie und Aufklärung. Weltanschauungstheorie und Politik. Böhlau, Wien–Köln–Graz.
Sartre, J.-P. [1948] 1973. Bewußtsein und Selbsterkenntnis. Die Seinsdimension des Subjekts. Rowohlt, Reinbek.
Schipperges, H. 1985. Homo patiens. Zur Geschichte des kranken Menschen. Piper, München–Zürich.
Schopenhauer, A. [1839] 1980. Die beiden Grundprobleme der Ethik. Werke. Band 3. Wissenschaftliche Buchgesellschaft, Darmstadt.
Schweitzer, A. 1931. Aus meinem Leben und Denken. Meiner, Leipzig.
Schmidt, H. 1911. Epikurs Philosophie der Lebensfreude. Kröner, Leipzig.

Simpson, G. G. 1964. This View of Life. The World of an Evolutionist. Harcourt, Brace & World, New York.

Simpson, G. G. 1972. Biologie und Mensch. Suhrkamp, Frankfurt/M.

Singer, P. 1984. Praktische Ethik. Reclam, Stuttgart.

Smith, A. [1759] 1926. Theorie der ethischen Gefühle. 2 Bände. Meiner, Leipzig.

Spencer, H. 1882. Die Principien der Psychologie. Band 1. Schweizerbart, Stuttgart.

Sperry, R. 1985. Naturwissenschaft und Wertentscheidung. Piper, München–Zürich.

Stent, G. S. 1978. Introduction: The Limits of the Naturalistic Approach to Morality. In: Stent, G. S. (Hrsg.): Morality as a Biological Phenomenon. Springer, Berlin–Heidelberg–New York, S. 13–22.

Sterrer, W. 1992. Prometheus and Proteus: The Creative, Unpredictable Individual in Evolution. Evol. & Cogn. 1, 101–129.

Storr, A. 1968. Human Aggression. The Penguin Press, London.

Stringer, Ch. B. 1991. Die Herkunft des anatomisch modernen Menschen. Spektrum der Wissenschaft, Heft 2, 112–120.

Szczesny, G. 1971. Das sogenannte Gute. Vom Unvermögen der Ideologen. Rowohlt, Reinbek.

Teilhard de Chardin, P. 1974. Aufstieg zur Einheit. Die Zukunft der menschlichen Evolution. Walter, Olten–Freiburg.

Tembrock, G. 1985. Biotische und gesellschaftliche Aspekte der Menschwerdung und frühen Menschheitsentwicklung. Biosoziale Elemente der Anthropogenese. Schriften zur Ur- und Frühgeschichte 41, 171–179.

Tennant, N. 1983. Evolutionary v. Evolved Ethics. Philosophy 58, 289–302.

Tinbergen, N. 1968. Über Kampf und Drohen im Tierreich. In: Friedrich, H. (Hrsg.): Mensch und Tier. Deutscher Taschenbuch Verlag, München, S. 13–20.

Topitsch, E. 1979. Erkenntnis und Illusion. Grundstrukturen unserer Weltauffassung. Hoffmann und Campe, Hamburg.

Trigg, R. 1982. The Shaping of Man. Philosophical Aspects of Sociobiology. Basil Blackwell, Oxford.

Trivers, R. 1971. The Evolution of Reciprocal Altruism. The Quart. Rev. Biol. 46, 35–57.

Verbeek, B. 1990. Die Anthropologie der Umweltzerstörung. Die Evolution und der Schatten der Zukunft. Wissenschaftliche Buchgesellschaft, Darmstadt.

Verbeek, B. 1991. Der schmale Grat des Lebens. Die ökologische Herausforderung der Evolution. Universitas 46, 989–999.

Vogel, Ch. 1986. Von der Natur des Menschen in der Kultur. In: Rössner, H. (Hrsg.): Der ganze Mensch. Aspekte einer pragmatischen Anthropologie. Deutscher Taschenbuch Verlag, München, S. 47–66.

Vogel, Ch. 1987. Evolution des Menschen. In: Siewing, R. (Hrsg.): Evolution. Bedingungen, Resultate, Konsequenzen. Fischer, Stuttgart–New York, S. 415–452.

Vogel, Ch. 1988. Gibt es eine natürliche Moral? Oder: Wie widernatürlich ist unsere Ethik? In: Meier, H. (Hrsg.): Die Herausforderung der Evolutionsbiologie. Piper, München–Zürich, S. 193–219.

Vogel, Ch. 1989a. Vom Töten zum Mord. Das wirklich Böse in der Evolutionsgeschichte. Hanser, München.

Vogel, Ch. 1989b. Zur Wechselwirkung zwischen biologischer und kultureller Evolution. Loccumer Protokolle 75/1988, S. 68–110.

Vollmer, G. 1985. Was können wir wissen? Band 1: Die Natur der Erkenntnis. Hirzel, Stuttgart.

Vollmer, G. 1986. Über die Möglichkeiten einer evolutionären Ethik. Conceptus 20, 51–68.

Voltaire, F. M. [1764] 1985. Philosophisches Wörterbuch. Insel, Frankfurt/M.

Voorzanger, B. 1987. No Norms And No Nature – The Moral Relevance of Evolutionary Biology. Biol. & Philos. 2, 253–270.

Waal, F. de 1983. Unsere haarigen Vettern. Neueste Erfahrungen mit Schimpansen. Harnack, München.

Waddington, C. H. 1964. Der Mensch als Lebewesen. In: Huxley, J. (Hrsg.): Der evolutionäre Humanismus. Zehn Essays über die Leitgedanken und Probleme. Beck, München, S. 71–89.

Wade, N. 1976. Sociobiology: Troubled Birth for a New Discipline. Science 191, 1151–1155.

Wagner, G. P. 1988. Der Realitätsanspruch des Genkonzepts. In: Oeser, E. und Bonet, E. M. (Hrsg.): Das Realismusproblem. Verlag der Österreichischen Staatsdruckerei, Wien, S. 239–250.

Wagner, G. P. 1989. Der Gen-Selektionismus: Grundlagen, Grenzen und Alternativen. In: Kratky, K. W. und Bonet, E. M. (Hrsg.): Systemtheorie und Reduktionismus. Verlag der Österreichischen Staatsdruckerei, Wien, S. 223–240.

Watson, L. 1971. Omnivore. The Role of Food in Human Evolution. Souvenir Press, London.

Wendt, H. 1965. Ich suchte Adam. Die Entdeckung des Menschen. Rowohlt, Reinbek.

Wenzl, A. 1949. Philosophie der Freiheit. Band 2. Ethik. Filser, München.

White, L. 1959. The Evolution of Culture. The Development of Civilization to the Fall of Rome. McGraw-Hill, New York–Toronto–London.

Wickler, W. 1972. Sind wir Sünder? Naturgesetze der Ehe. Droemersche Verlagsanstalt, München.

Wickler, W. 1991. Die Biologie der Zehn Gebote. Warum die Natur für uns kein Vorbild ist. Piper, München–Zürich.

Wickler, W. und Seibt, U. 1991. Das Prinzip Eigennutz. Zur Evolution sozialen Verhaltens. Piper, München–Zürich.

Williams, B. 1983. Evolution, Ethics, and the Representation Problem. In: Bendall, D. S. (Hrsg.): Evolution from Molecules to Men. Cambridge University Press, Cambridge–London–New York, S. 555–566.

Williams, P. 1990. Evolved Ethics Re-Examined: The Theory of Robert J. Richards. Biol. & Philos. 5, 451–457.

Wilson, D. S. 1992. On the Relationship Between Evolutionary and Psychological Definitions of Altruism and Selfishness. Biol. & Philos. 7, 61–68.
Wilson, E. O. 1975. Sociobiology: The New Synthesis. Harvard University Press. Cambridge/Mass.–London.
Wilson, E. O. 1978. On Human Nature. Harvard University Press, Cambridge/Mass.–London.
Wilson, E. O. 1984. Biophilia. The Human Bond With Other Species. Harvard University Press, Cambridge/Mass.–London.
Wind, J. 1980. Man's Selfish Genes, Social Behavior and Ethics. J. Social Biol. Struct. 3, 33–41.
Windelband, W. 1905. Über Willensfreiheit. Zwölf Vorlesungen. Mohr, Tübingen.
Winkler, E.-M. 1986. Von Kulturisten und Biologisten. Kulturation und Evolution aus der Sicht der Kulturwissenschaften und der Biologie. Mitteilungen der Anthropol. Ges. Wien 116, 107–131.
Winkler, E.-M. 1988. Ethnos, Kultur, Rasse – Realität oder Fiktion? In: Oeser, E. und Bonet, E. M. (Hrsg.): Das Realismusproblem. Verlag der Österreichischen Staatsdruckerei, Wien, S. 271–287.
Winkler, E.-M. und Schweikhardt, J. 1982. Expedition Mensch. Streifzüge durch die Anthropologie. Ueberreuter, Wien–Heidelberg.
Wirtz, P. 1991. Ansätze der Soziobiologie zum Verständnis der Evolution. Biol. i. unserer Zeit 21, 189–195.
Wuketits, F. M. 1981a. Biologie und Kausalität. Biologische Ansätze zur Kausalität, Determination und Freiheit. Parey, Berlin–Hamburg.
Wuketits, F. M. 1981b. Evolution und Ethik. In: Morscher, E. und Stranzinger, R. (Hrsg.): Ethik – Grundlagen, Probleme und Anwendungen. Hölder-Pichler-Tempsky, Wien S. 325–327.
Wuketits, F. M. 1984. Evolution, Erkenntnis, Ethik. Folgerungen aus der modernen Biologie. Wissenschaftliche Buchgesellschaft, Darmstadt.
Wuketits, F. M. 1985a. Soziobiologie und Evolution des Menschen. Biol. i. unserer Zeit 15, 15–23.
Wuketits, F. M. 1985b. Zustand und Bewußtsein. Leben als biophilosophische Synthese. Hoffmann und Campe, Hamburg.
Wuketits, F. M. 1986. Ist menschliches Sozialverhalten genetisch programmiert? Die Umschau 86, 442–445.
Wuketits, F. M. 1987. Evolution, Causality, and Human Freedom. The Open Society from a Biological Point of View. In: Schmid, M. und Wuketits, F. M. (Hrsg.): Evolutionary Theory in Social Science. Reidel, Dordrecht–Boston–Lancaster, S. 49–77.
Wuketits, F. M. 1988a. Umweltethik als Ethik des Überlebens. Wirtschaftspolitische Blätter 35, 281–287.
Wuketits, F. M. 1988b. Darwinism: Still a Challenge to Philosophy. Zygon 23, 455–467.
Wuketits, F. M. 1988c. Jenseits von Zufall und Notwendigkeit. Biologische und kulturelle Evolution des Menschen. Edition Riannon, Basel.
Wuketits, F. M. 1989a. Biologische und kulturelle Evolution – Analogie oder Homologie? In: Albertz, J. (Hrsg.): Evolution und Evolutionsstrate-

gien in Biologie, Technik und Gesellschaft. Freie Akademie, Berlin, S. 241 bis 258.

Wuketits, F. M. 1989b. Evolutionslehre und Kreationismus: Wissenschaft kontra Ideologie. Praxis d. Naturwiss. (Biol.) *38*, 28–33.

Wuketits, F. M. 1990a. Moral – Eine biologische oder biologistische Theorie? Ethik u. Sozialwiss. *1*, 161–168.

Wuketits, F. M. 1990b. Gene, Kultur und Moral. Soziobiologie – pro und kontra. Wissenschaftliche Buchgesellschaft, Darmstadt.

Wuketits, F. M. 1990c. Evolutionary Epistemology and Its Implications for Humankind. State University of New York Press, Albany, N. Y.

Wuketits, F. M. 1990d. Evolutionäre Ethik: Biologische Wurzeln der Moral. Wissenschaftl. Nachrichten, September 1990, S. 2–6.

Wuketits, F. M. 1991. Evolution – Gehirn – Bewußtsein. Die Evolution des menschlichen Bewußtseins. Universitas *46*, 1051–1061.

Wurm, W. 1991. Evolutionäre Kulturwissenschaft. Die Bewältigung gefährlicher Wahrheiten oder über den Zusammenhang von Psyche, Kultur und Erkenntnis. Wissenschaftliche Verlagsgesellschaft, Stuttgart.

Young, J. Z. 1987. Philosophy and the Brain. Oxford University Press, Oxford–New York.

Zimmer, D. E. 1982. Unsere erste Natur. Die biologischen Ursprünge menschlichen Verhaltens. Ullstein, Frankfurt/M.–Berlin–Wien.

Personenregister

Sachregister

Franz M. Wuketits

Konrad Lorenz

Leben und Werk eines großen Naturforschers.
328 Seiten mit 8 farbigen und 35 Schwarzweißabbildungen. Leinen

Dies ist die erste umfassende Biographie des großen Naturforschers
Konrad Lorenz (1903–1989). Lorenz hat die Wissenschaft vom Leben
in entscheidender Weise beeinflußt. Seine Bedeutung wird mit jener
von Charles Darwin verglichen. Hatte dieser den Evolutionsgedanken
auf ein solides Fundament gestellt, so hat Lorenz die Vergleichende
Verhaltensforschung (oder Ethologie) als biologische Disziplin entwik-
kelt und die evolutionären Grundlagen des Verhaltens von Tier und
Mensch erhellt. Die Wirkung seiner Arbeiten reicht weit über die
Biologie hinaus – u. a. in die Psychologie, die Soziologie und die
Kulturanthropologie. Nicht zuletzt aber stellte Lorenz die Erkenntnistheorie auf ein neues Fundament. Die These, nach der unsere angebo-
renen Anschauungsformen Resultate langer stammesgeschichtlicher
Lernprozesse sind, ist Kernstück der Evolutionären Erkenntnistheo-
rie, die weitreichende philosophische Konsequenzen nach sich zieht.
Lorenz ist wiederholt auch als Warner und Mahner aufgetreten. Für
die Erhaltung natürlicher Lebensräume und für eine »menschenge-
rechte Welt« hat er sich wie kaum ein Zweiter eingesetzt. Er ist nie im
Elfenbeinturm der Wissenschaft geblieben, sondern hat unermüdlich
Wahrheit und Menschlichkeit gefordert.
Franz M. Wuketits war mit Lorenz persönlich bekannt, er hat als
Mitglied des »Altenberger Kreises« seine Gedankenwelt kennenge-
lernt und ist mit dem Menschen Lorenz vertraut geworden. Seine
Biographie reflektiert auch eine Epoche der Wissenschaftsgeschichte,
sie stellt Lorenz' Leben und Denken in den Zusammenhang der
Geschichte des 20. Jahrhunderts und verschweigt auch nicht die Anfäl-
ligkeit des unpolitischen Biologen für Ideen des Nationalsozialismus.
Wuketits zeigt die großen Linien, die zum Werk von Lorenz und, von
ihm ausgehend, zu neuen Fragestellungen geführt haben.

Das Gesamtwerk des Nobelpreisträgers liegt im Piper Verlag vor.

Piper